글쓰기와 발표하기

김 진 욱 저

연세대학교 응용통계학과 졸업
한국과학기술원 산업공학과 석사·박사 취득
창원대학교 산업시스템공학과 교수 재직

도서출판 GS 인터비전

머리말

미국이나 호주처럼 땅이 넓은 것도 아니요. 중동의 국가들처럼 석유가 나지도 않지요. 그렇다고 기후가 온화하여 동남아 국가들처럼 사시사철 농작물이 잘 되는 것도 아니요. 우리나라는 세계경제대전에서 내세울만한 자원이 하나도 없는 나라다. 이런 열악한 환경에서 경쟁력이라고는 세계 최고의 교육열이 있다고 우리는 자조적인 푸념을 내뱉곤 한다. 그런데 이제 비정상적인 교육열이 자원이 되는 시대가 되었다. 지식정보화시대가 도래하였기 때문이다.

구슬이 서 말이어도 꿰어야 보배라는 속담에서 조상들의 선견지명에 감탄할 수밖에 없다. 굳이 풀이하자면, 구슬은 자원이요. 그 구슬을 꿰는 것은 기술이니 기술은 지식에서 나온다. 땅도 좁고 석유 한 방울 나지 않더라도 산유국이 될 수 있다. 넓은 땅과 무진장한 석유를 지식으로 활용하면 내 자산이 될 수도 있다.

지식은 기본적으로 인간의 두뇌에 존재한다. 지식은 눈으로 확인하기가 어려워 무형자산이라 불린다. 십 수년 전만 해도 기업의 핵심 자산은 돈과 설비와 같은 유형자산이었다. 하지만 더 이상 유형자산만으로는 증가하는 불확실성과 급격하게 변화하는 시장 환경에 대처하기 어렵다. 지식사회라는 새로운 패러다임의 출현이 기업으로 하여금 새로운 경영방식을 찾게 하였다. 오늘날 기업의 본질은 지식을 창조하고 모으고 공유하고 활용하는 것으로 변하였다. 기업의 관점에서 지식경영이란 생존 요소로가 되었다.

이 책은 지식경영시대에 개인의 지식경영방법을 소개하는 데 주력하였다. 특히 이공계 학생들에게 자기관리기술 도서로서 역할을 훌륭히 해내리라고 기대한다. 미국도 한때 이공계의 인기가 퇴조하여 대학 지원자들이 이공계를 기피하였다고 한다. 그 원인을 대학의 이공계 교육과정에서 찾게 되었는데, 이공계 교육과정이 기술교육에만 치중하고 경영 마인드나 국제적 감각을 가르치는 것을 등한시 하여 Engineer 출신이 CEO로 진출하지 못하는 원인이 되었다고 보았다. 기술만 보유한 Engineer는 성공할 수 없다. 즉 보유한 기술을 경영할 수 있어야 한다.

이 책의 주된 내용은 지식의 수집단계인 메모하기, 지식을 정리하고 아이디어를 창출하는 마인드맵, 지식공유를 위한 문서 작성, 그리고 지식경영의 기술이 총동원되는 발표하기이다. 아무쪼록 이공계 대학생들이나 직장인들이 이 책을 통하여 글쓰기와 발표하기를 잘 익혀 자신의 지식을 잘 경영함으로써 성공하기를 기원한다.

이 책의 개정판을 쓰는 과정에서 창원대학교에서 문서작성과 발표기법을 수년간 강의하고 있는 성홍석님과 조윤주님의 도움이 컸음을 밝히고 이 지면을 빌어 감사드린다. 또한 이 책의 출판을 흔쾌히 맡아주신 GS인터비젼의 송기수사장님께도 감사드린다.

2009년 2월

김진욱

차례

제4장 문서작성 및 활용법 ■ ■ ■ 57

제5장 비즈니스 문서작성 ■ ■ ■ 83

제7장 메모와 정리기술 ■ ■ ■ 199

제8장 프레젠테이션 ■ ■ ■ 213

01

정보화시대와 문서

정보화 사회는 인류에게 새로운 환경을 제공하고 있다. 물론 문서의 체계나 방식에도 새로운 형식의 변화로 인하여 커뮤니케이션 형태와 방향에도 지대한 영향을 미치고 있다.

1.1 정보화 사회의 커뮤니케이션

컴퓨터와 정보통신 기술의 발달에 따라 급변하는 현대사회를 학자들은 **정보혁명, 정보사회, 지식기반의 사회, 지식경제사회, 정보미디어사회, 멀티미디어사회** 등으로 부르면서 나름대로의 근거를 제시한다. 원시 농경사회에서는 주로 언어를 이용하고, 상공업사회에서는 필사본과 같은 문자를 이용하고, 산업사회에 이르러서는 인쇄술을 통한 출판물을 이용하였다. 그리고 최근에 들어서는 전자통신매체를 이용해 서로의 의사를 교환한다는 점에 초점을 맞추어 해석하고 있다.

과학 기술의 눈부신 발전에 따라 이 같은 신조어들은 앞으로도 계속해서 생겨날 전망이며, 이는 우리의 생활이 컴퓨터와 통신기술의 발달과 밀접한 관계를 가지고 빠르게 변화하고 있다는 것을 의미하는 현상이다.

최근에 소개되기 시작한 **정보사회**라는 새로운 패러다임은 인간의 생활양식을 비롯해 정치, 경제, 사회, 문화에 이르기까지 또 한번의 엄청난 변화를 요구하고 있다. 기존의 산업사회에서는 토지, 광물 등과 같은 자연자원이 부를 이룰 수 있는 자원이 되었던 반면 정보화 사회에서는 정보나 지식이 부를 축적하는 수단이 되고 있다.

지금까지 인류가 역사적으로 겪은 사회변동을 커뮤니케이션 기술의 발전과정에 따른 구분방법에서는 원시농경사회 → 상공업사회 → 산업사회 → 정보화 사회로 구분하고 있다.

MIT의 Lester Thurow 교수는 '지식은 이제 부의 새로운 근거이다'라고 이야기하고 있으며, '물질적 도구가 더 이상 체제의 핵심을 차지하지 못하는 지식 기반의 자본주의 경제'를 맞이할 것이라고 예견하고 있다. 이러한 변화의 물결은 사회 전체에 영향을 미치고 있으며 커뮤니케이션 형태와 방향에도 지대한 영향을 미치고 있다.

1.2 현대사회의 정보활동

우리들의 생활 속에서 문서와 정보가 차지하는 위치는 지대하다. 우리들을 둘러싼 온갖 환경 속에서 어떠한 형태의 문서나 정보로부터 벗어난다는 것은 도저히 불가능하다. 오히려 기하급수적으로 증가하고 있는 문서나 정보를 어떻게 우리들 생활에 받아들이고 살릴 것인가를 적극적으로 판단하고 결정 할 때이다. 정보를 보다 나은 상태에서 적절히 사용하기 위해서는 정보를 활용하기 위한 창의적인 노력이 필요하다.

일반적으로 자료(Data)란 우리의 주변에서 모양, 상태, 현상 등으로 존재하는 사실로서 기호, 문자, 숫자, 소리 등으로 표시되며 끊임없이 발생하는 것이다. 이런 자료는 가공되지 않으면 의사결정에 사용하기가 쉽지 않다. 그래서 특정한 목적에 사용하기 위해 필요한 자료만 선택하여 사실의 모양, 상태, 현상 등을 알기 쉽게 표시하는 것을 정보(Information)라고 한다. 따라서 정보활동은 자료를 수집하고 정리하여 적절하게 가공 및 평가함으로써 바로 이용할 수 있는 상태로 만드는 것이다. 이런 정보활동의 과정을 그림으로 표현하면 다음과 같다.

정보활동은 먼저 발생한 자료를 수집하는 데서 시작된다. 자료의 수집은 계획적이고 합리적이며 효율적으로 하여야 한다. 다음으로 할 일은 특정한 목적을 달성하는 데 불필요한 자료는 폐기하고 유용한 자료를 선택하여 처리하고 분석함으로써 자료를 정보로 만드는 것이다. 정보화 처리에는 평균값을 계산하거나 그래프로 나타내는 등 여러 가지 방법이 사용될 수 있다. 정보는 대개 일반적으로 통용되는 형식의 문서로 작성되어 정보이용자에게 제공된다. 따라서 정보는 정확해야 하며, 또 필요한 때에 사용할 수 있어야 하므로 적시성과 신속성이 요구된다.

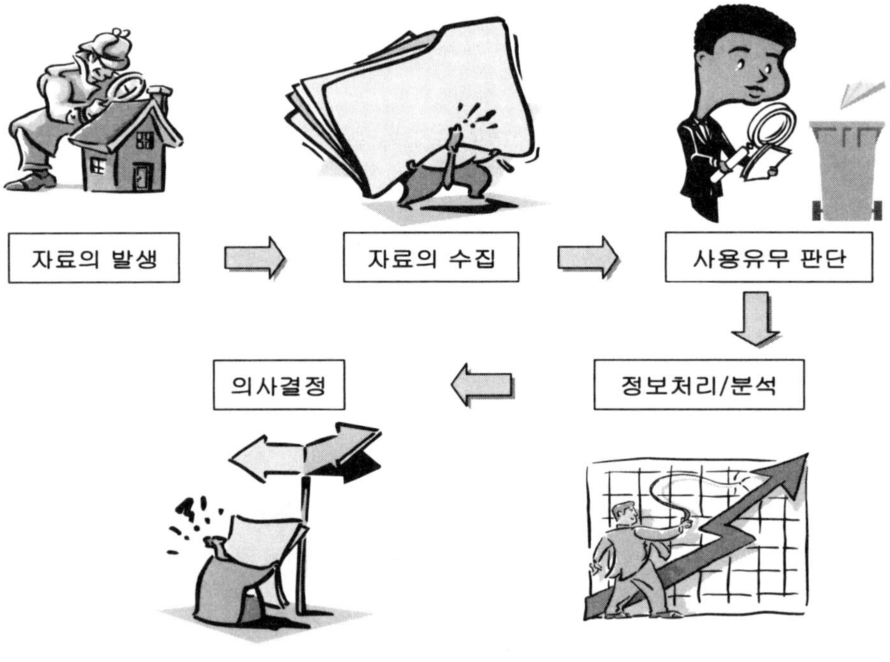

정보는 정보이용자가 의사결정에 사용함으로써 새로운 사실을 낳게 되므로 또 다른 자료가 발생하게 된다. 따라서 정보화 활동은 인간의 활동이 계속되는 한 끊임없이 진행되는 것이다.

현대사회에 있어 정보는 많은 메커니즘을 가지고 다양한 형태로 만들어지고 제공되고 있다. 따라서 정보화 시대에 자신이 속한 사회에서 도태되지 않기 위해서는 정보화 메커니즘을 잘 이해하여 다양한 정보를 신속하고 효율적으로 이용해야 할 것이다.

1.3 커뮤니케이션 미디어로서의 정보유형

현대의 정보는 그 범위가 무한하다. 그러나 정보 그 자체가 무한하다 하더라도 존재가치가 있는 것은 그 가운데 극히 일부에 불과하여 대부분의 정보는 버려지고 만다. 이러한 정보과다 시대에 있어서 정보에 접근할 정도의 정신적 여유나 시간적 여유도 주어지지 않는다.

현대의 매스커뮤니케이션 정보의 특성은 일방적 커뮤니케이션에 의해 전달하는 것이 그 주된 목적이며, 이들의 정보가 수신자에 의해 어떻게 받아들여지는가는 그리 문제시 되지 않는다. 수신자의 의식이라든가 감정 등의 개개인의 인격은 완전 무시되고 일방적으로 커뮤니케이션 하는 것만이 목적으로 되어 있다. 이러한 커뮤니케이션의 유형으로서 보면 다음과 같이 나눌 수 있다

① 비언어 커뮤니케이션과 언어 커뮤니케이션
② 개인적 커뮤니케이션과 매스커뮤니케이션
③ 물리적 커뮤니케이션과 정신적 커뮤니케이션
④ 의식적 커뮤니케이션과 무의식적 커뮤니케이션
⑤ 항상적 커뮤니케이션과 순간적 커뮤니케이션
⑥ 종적 커뮤니케이션과 횡적 커뮤니케이션

위의 유형이 어떻든 간에 인류가 지구상에 거주하게 된 시점부터 현재까지 커뮤

니케이션의 활동은 영원히 계속되고 있다. 이후로 형식이나 표현방법에 다소의 변화가 생길지라도 커뮤니케이션 그 자체는 영구히 부정될 수 없다. 따라서 많은 정보를 매개로 하여 커뮤니케이션 활동은 활발하게 되고 커뮤니케이션에 의해 우리들의 일상생활은 유지되고 있다. 의식적이든 무의식적이든 커뮤니케이션 미디어는 종횡으로 상호간에 결합하면서 사회를 유지하고 있다.

1.4 정보

정보(Information)란 '어떤 사항으로부터의 소식'이라고 할 수 있지만, 그 의미는 대단히 폭이 넓고 심오하다. 정보에 대한 의미를 정리하면 세 가지 해석으로 크게 구별할 수 있을 것이다.

① 인간의 행동의 의사결정 선택에 도움이 되는 일련의 기호와 그 계열의 것
② 어느 목적을 위해 의미를 지니고 이는 일련의 기호와 그 계열의 것
③ 물질과 에너지의 모든 것을 패턴화한 일련의 기호와 그 계열의 것

정보 그 자체는 추상적인 것으로 구체적인 형태를 지닌 것은 아니다. 정보의 개념은 대단히 광범위하여 우리 인간이 오감을 통해 들어오는 모든 것을 포함하는 것이다. 또한 정보의 교환은 인간과 인간과의 사이에만 행해지는 것이라 할 수 없다. 인간으로부터 기계, 기계로부터 인간, 기계로부터 기계, 동물의 체내에 있는 부분으로부터 다른 부분, 예를 들어 뇌에서 다른 감각기관이나 근육 등에도 정보의 교환이 이루어지고 있다. 즉 정보란 「안다」라는 것의 실체화이다.

1.5 정보의 가치

정보 그 자체는 추상적인 것으로 구체적인 형태를 지닌 것은 아니다. 그러나 일반적으로 정보에는 경제적 가치가 있다. 따라서 정보의 가격은 다른 유형물의 가격과 마찬가지로 희소성과 유용성에 의해 결정되는 것이다.

물질이나 에너지는 사용하면 확실하게 감소하지만 정보는 사용해도 감소하는 것은 아니다. 예를 들면 컨설턴트로부터 기업경영상의 귀중한 기업자문을 받아도 컨설턴트가 가진 정보가 감소하지는 않는다. 그러나 자문을 받은 사람은 얼마간의 금액을 지불해야만 한다. 그렇다면 그 금액은 어떻게 결정될까? 여기에 정보가치의 계산, 정보를 매매할 때의 가치를 매기는 문제가 발생한다. 물질이나 에너지의 가격은 그 원가와 수요공급 관계에 의해 결정된다.

정보의 가격을 계산할 때는 물질 등과 동일한 원가계산의 경우와 기대이익에 의해 계산하는 대략 두 가지 사고방식을 취하고 있는데, 그러나 현실에서는 두 개의 방법을 절충하는 것으로 가격을 결정하고 있다고 볼 수 있다.

1.6 정보관리

우리들이 살고 있는 세계는 **물질**, **에너지**, **정보**라는 세 개의 요소로 성립되어 있다고 할 수 있다. 이 중 정보에 대한 연구는 통신기술컴퓨터 등과 같이 기술적 측면에서 시작되어 결국 정보 그 자체의 질적 측면에서 연구가 진행되고 있으나 어쨌든 물질이나 에너지의 연구와 비교하면 아주 새로우며 그 개념도 아직 정착되지 않은 현실이다. 마찬가지로 정보 관리라 하는 말도 모든 분야에 있어서 사용되며 이것 또한 개념의 아직 확립되지 않아 다양하게 정의되고 있다.

① 정보의 생산, 이용, 전달이라고 하는 정보활동을 효율적으로 실행하는 것, 생산이란 자료화나 회의에 의해 행해지고, 이용이란 정보의 수집 · 축척 · 분석 · 검색이란 과정을 거쳐 생겨나고, 전달이란 송부 · 배포라는 유통과정을 보이고 있다.

② 각종 정보행위에 대해 항상 적절한 조직적 조정을 꾀하는 것, 시스템화 한 정보의 발생 · 전달의 조정을 행하는 것의 예로서 특허제도, 학술협회활동 등은 주로 발생의 제어를 조직적으로 행하고 있다.

③ 창조활동을 영위하는 자로부터 그 정보활동부분을 분리 · 독립하여 전문기관에 대행시킨다. 그 대행하는 전문기관은 데이터센터, 정보센터, 도서관, 자료

실 등이고 그것을 위해 필요한 기술은 문서화(Documentation)라 한다.

따라서 기업내부에서 정보관리 활동이란 '기업 활동에 도움이 될 지식을 그 목적에 가장 도움이 되도록 생산 · 수집 · 정리 · 처리 · 제공의 업무들을 조직화하는 것이다'라고 볼 수 있다. 또한 정보관리는 기업경영에 있어서 필요한 모든 정보를 적시에 적절한 형태로 제공하기 위한 의도적인 노력이다. 따라서 기업목표나 조직목표를 달성하기 위한 경영정보 또는 기업정보가 정보관리의 대상이라고 할 수 있다. 바꿔 말하면 정보관리는 기업정보의 수집 · 처리 · 전달 · 이용이라 하는 광의의 정보처리 활동을 통해 기업 활동, 특히 경영관리활동의 수행을 정보제공이란 측면에서 지원하는 것이다. 그리고 정보를 유효하게 이용할 능력이 없다면 그 정보는 무가치한 것이 된다. 따라서 수집한 정보 속에서 가치 있는 것과 무가치한 것으로 선별하고 분석하는 정보의 평가능력이 중요한 요건이 된다. 그리고 평가된 정보를 더욱 이용하기 쉽도록 처리가공하고 정보의 수요자에게 적절하게 전달, 제공할 필요가 있다.

1.7 정보화시대의 정보형태와 문서 정의

① 정보화시대인 오늘날 필요한 정보를 적시에 취사선택하고 능숙하게 활용하는 것은 극히 중요한 일이다. 그러나 그러기 위해서는 그 나름대로의 창의와 연구가 요구된다. 현대사회에 있어서 정보활동의 의의가 그 점에 있다.

② 정보를 그 형태 면에서 고찰한 경우, 커뮤니케이션 미디어의 대상이 되는 매개체 전부가 정보라 말할 수 있다.

③ 정보의 정의로서는 '주어진 상황에 있는 특정인에 대해 특별한 의미를 지니는 통보'라는 설명이 가장 이해하기 쉽다.

④ 정보는 여러 가지 신호로 바뀌어 전달된다.

⑤ 정보량의 측정에서 일반적으로 비트(Bit)라 하는 단위를 사용한다. 그러나 정보량의 대소는 정보가 수신인에 대해 지니는 영향력을 고려하여 측정 할 필요가 있다.

02

지식경영과 문서

Chapter 2 >>>

지식경영에서 지(知)란 '조직 · 경영 · 기업 활동에 있어서 가치가 있다고 인정되는 모든 지식이나 정보'를 지칭하고 있다. 지식은 기본적으로 인간의 두뇌에 존재한다. 따라서 눈으로 확인하기가 어렵다. 그래서 지식을 무형자산이라고 한다. 수년 전만 해도 생산의 핵심 요소는 돈이나 설비와 같은 유형자산이었다. 그러나 유형자산만으로는 점점 더 불확실해지고 극심한 생존경쟁을 해야 하는 시장 환경변화에 대처하기 어렵다. 지식사회라는 새로운 패러다임의 출현은 기업으로 하여금 새로운 경영방식을 요구하게 되었고, 오늘날 기업은 지식을 창조하고, 수집하고, 공유하고, 활용하는 데에 전력을 기울이게 되었다.

대부분의 기업이 지식의 중요성을 인식하고 있음에도 불구하고 지식경영으로 경쟁력을 강화하고 생산성을 올리는 기업들은 극소수에 불과하다. 보이지 않는 지식을 경영하기는 더 어렵기 때문이다. 지식은 아무리 사용해도 줄어들지 않으며, 다른 지식과 연결되어 진화를 거듭하는 속성을 갖고 있다. 또한 지식은 무형자산이기 때문에 어느 한 조직에서만 독점하기도 어렵다. 이러한 지식의 고유한 속성 때문에 지식경영을 성공적으로 도입하고 유지하기가 어려운 것이다.

지식경영은 지식관리보다는 그 범위가 넓다. 지식경영은 마치 품질관리와 품질경영이 관계처럼 경영 전반에 걸친 패러다임으로서 경영원리이다. 지식경영은 조직, 구성원, 문화, 인프라 등 기업을 이루는 모든 구성요소에 적용된다. 이와 달리 지식관리는 기업에서 지식의 중요성을 인식하고 이를 체계적, 조직적으로 관리하는데 초점을 맞춘 것으로서 주로 지식관리시스템(KMS, Knowledge Management System)을 사용하는 정보기술에 바탕은 두고 있는 개념이다. 간단히 말하자면, 지식관리는 지식경영의 필수 요소 중의 하나로 하부구조를 이룬다.

2.1 지식경영의 배경

기업을 둘러싼 환경은 E-Business의 진전이 더해져서 과거 몇 십년간의 변화보다 최근 몇 년간의 변화에 어떻게 대응해야 하는지 더욱더 고심하고 있다. 또한 많은 기업이 어려운 경영상태의 개선은 물론 종래의 경영수법이나 전략을 뿌리부터 재검토해 보아야 할 절박한 시점에 놓여 있고 자기변혁을 기민하게 하지 못하는 기업은 어쩔 수 없이 시장에서 퇴출되는 시대가 되었다. 이러한 새 시대에 있어서 경쟁력의 원천으로서 그리고 새로운 경영자원으로써 최근에 특히 주목을 받고 있는 것이 **지식경영**이다.

즉, 개개인이 비즈니스 활동을 통하여 얻은 경험적 지식과 업무 노하우, 그러한 **지적자산**을 조직 전체가 공유함으로써 사원의 생산성 향상이나 창조성의 발휘를 촉진하고 나아가서 기업의 수익향상과 경쟁력 강화에 직결시키려는 움직임이 지식경영이라고 할 수 있다.

예를 들면, 조직의 구성원이 가지고 있는 지식을 기업경영에 효율성 있게 적용함으로써 상품개발이나 판매력의 강화, 매출액과 이익을 증대 시켜 갈 것인가? 비즈니스 환경의 격변에 빠르고 정확하게 대응하고 소비자의 다양한 욕구를 만족시킬 수 있는 물건과 서비스 제공의 실현에 어떻게 도움이 되게 할 것인가? 조직과 사원의 의식개혁을 어떻게 도모하고 이것이 결국 소비자 만족으로 이어지게 하는 것이 지식경영인 것이다.

지식 (Knowledge) 이란?

넓은 의미로는 '기업 활동에 있어서 가치가 있다고 인정되는 모든 지식이나 정보'라고 할 수 있다. 예를 들면, 어떤 영업사원이 상품 판매 노하우나, 혹은 고객으로부터 얻은 크레임 정보나 그것을 노련하게 처리하는 방법을 가지고 있었다고 하자. 이것이야말로 훌륭한 지식이다. 그러나 이것만으로는 그 지식은 개인적 소유물에 머무르고 만다. 그래서 이것을 공유하고 다른 사원들도 언제라도 활용할 수 있도록 하는 것이 매우 중요하게 되었다.

지식(Knowledge)은 중요한 경영자원

종래 기업의 경영자원은 사람, 물자, 돈 그리고 정보가 그의 대표적인 것이었다. 그러나 생산, 유통시스템의 효율화, 혹은 노동력 삭감이나 단순한 비즈니스 데이터의 활용만으로는 이미 경영이 성립되지 않게 되었다. 앞으로는 그것에 더해 경영자원으로서 「지식」을 중시하여 경영활동을 하여야 한다.

지식경영의 프로세스

① 사회화(Socialization) : 개인의 암묵지를 공유, 팀(조직)내의 암묵지를 창조
② 표출화(Externalization) : 암묵지에서 형식지를 창조
③ 결합화(Combination) : 개별 형식지에서 체계적인 형식지를 창조
④ 내면화(Inetrnalization) : 형식지를 활용하는 과정에서 새로운 암묵지를 창조

2.2 지식경영

지식이란 조직 경영, 기업 활동에 있어서 가치가 있다고 인정되는 유무형의 모든 자료나 정보라고 하였다. 지식경영은 사람이나 물자와 같이 눈에 보이는 것의 생산성 향상으로부터 '앎'이라는 눈에 보이지 않는 자산의 활용에 경영의 중심을 바꾸는 일이며, 이때 지식은 기업의 재성장을 위한 강력한 추진력이 된다.

2.2.1 지식의 분류

지식은 데이터 · 정보 · 지식 · 지혜로 분류된다.

지혜란 행동의 성공패턴이나 올바른 판단 기준이 되는 「철학」이라고도 할 수 있다. 비즈니스에 있어서 지식은 고객정보, 시장동향, 제품서비스의 내용, 기술혁신, 경쟁상대의 상황, 종업원의 능력, 경영 변혁 수법, 업무 프로세스 등을 지칭한다.

'Knowledge란 조직 안에서 활용할 수 있는 정보'라는 Peter Drucker 교수의 지식의 정의에서 보는 바와 같이 기업목적을 달성하기 위하여 필요한 가치 있는 정보, 그 모든 것이 지적자산이라고 할 수 있다. 따라서 지식이라고 하는 것은, 정보 · 지식 · 지혜 등으로 분류되며 이들을 정리해서 생각하는 것이 이해에 도움이 된다.

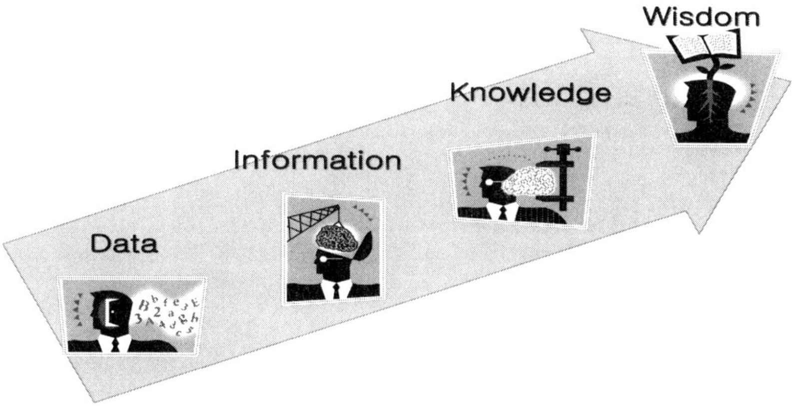

① 데이터 : 데이터란 소재로 그것 자체는 의미나 문맥이 없는 사실이나 수치에 불과 하다. 매일 점포로부터 모여드는 POS데이터라든가 매출액이나 물가지수, 강수량이나 입장자수와 같은 단순한 정량적인 수나 기호와 같은 것이다.

② 정보 : 데이터를 의도나 목적을 가지고 정리 가공해서 어떤 상황이나 상태를 나기내기 위하여 의미를 붙인 것이 정보이다. 예를 들면 POS 데이터를 상품별, 혹은 지역별 등으로 집계하고 매출경향이나 특성을 종합한 것 등이다.

③ 지식 : 무언가에 이용할 수 있는 정보, 목적 달성을 위하여 도움이 되는 정보, 가치를 산출하기 위한 직접적인 기준 재료가 되는 정보 등을 말한다. 각종 조사결과 보고서, 사용설명서, 혹은 고객에 대한 설명 방법이나 상품의 반송법 등은 모두가 지식이라고 할 수 있다. 이 지식을 체계화하고 표준화하여 범용성을 갖게 하는 것이 중요하다.

④ 지혜 : 지식을 기초로 개인이 갖는 독자적 노하우나 응용력, 경험과 같은 주관적 정보를 더하여 보다 정확성이 높아진 종합적인 판단력이므로 해결책에 이르게 한다. 모든 정보 중에서 가장 세련된 결과에 가까운 정보로 되는 것이다. 따라서 지혜란 행동의 성공패턴이나 올바른 판단기준으로 하는 철학이라고 말할 수 있다. 지식경영(Knowledge Management)은 이런 데이터・정보・지식・지혜를 가급적 광범위하게 공유함으로써 기업가치의 창출이나 창조성을 가져오는 지혜를 배양하는 방법론이다.

2.2.2 지식의 조직화

지식은 조직이 함유하고 있는「조직지식」과 개인이 습득하고 있는 「개인지식」의 형태를 구성하고 있다. 그러므로 기업경영에 있어「조직지식」의 확대와「개인지식」의 공유가 잘 되면 효율이 최대화가 된다. 따라서 두 가지 지식을 어떻게 균형 있게 공유 시킬 것인가가 지식경영의 중요 과제이다.

조직지식이나 개인지식 모두 조직의 가치창조에 공헌하는 지식이지만 전자의 「조직지식」이 노하우로써 정형화되기 쉽고 관리가 쉬워서 다른 사람들과 공유하는 것이 쉬운데, 후자의 「개인지식」은 그것이 개인에게 귀속된 것이기 때문에 공유되기가 어렵고 조직에 의해서 매니지먼트가 미치지 못하는 면이 있다.

예를 들면 조직지식에는 영업보고서 라든가 제안서, 장표류, 업무매뉴얼, 고객 데이터, 설계도 등이 있다. 한편 개인지식에는 독자적인 고객 정보라든가 접객노하우, 문제발견능력, 부하의 육성 능력, 인맥, 경험, 아이디어, 요령 등이 포함된다.

조직지식은 McDonald의 접객매뉴얼과 같이 단순한 작업순서나 틀에 박힌 업무를 시스템화 한 것이 많기 때문에 누가 해도 가능하고 대치될 수도 있지만 창조적인 일에는 이어지기 어려운 지식이다. 반면 개인지식은 스스로 쌓은 경험과 바탕이 있기 때문에 높은 수준의 예술 감각이며 지혜의 수준까지 승화된 고도의 노하우이므로, 그런 만큼 개인적 능력에 머물러있고 보편화시키기가 어려운 것이다.

기업의 일이란 이 두 가지의 지식의 혼합으로 이루어져 있다. 조직지식에 개인지식을 더하여 이룬 총합, 소위 기본적 힘에 응용력을 플러스함으로써 보다 높은 성과를 올릴 수 있을 것이다.

조직지식의 확대를 통하여 전체가 활용할 수 있는 지식의 질이 향상되어 감에 따라 개인의 문제해결 능력도 향상되어 가는 것이다. 따라서 기업으로서는 조직지식의 확대와 개인지식의 공유가 이루어졌을 때 그 효율이 최대화가 된다.

조직지식만을 중시해도 창조성은 나오지 않으며 기업 가치를 향상시키기가 어렵게 된다. 개인지에 너무 의존해도 수익은 안정되지 않고 시장 적응력을 잃게 된다. 이 두 가지를 어떻게 높은 수준으로 균형 있게 공유할 수 있게 하는가가 그것이 기업의 중요한 과제가 된다. 특히 요구되는 것이 지혜의 데이터베이스화이며, 말하자면 공유 시키는 것이다.

2.3 지식경영의 실현에 필요한 프로세스

지식경영(Knowledge management)을 효과적으로 수행하려면 수집→ 정리・분석 → 공유 → 활용의 과정을 반복하는 것이 중요하며, 프로세스를 통해 지속적인 변화와 순환으로 정보를 보다 높은 정보로 발전시킬 필요가 있다.

① 먼저 지식을 수집할 것

그 지혜의 수집을 순조로이 할 수 있는 환경조성이 중요하다. 개인의 소유물인 아이디어나 노하우의 공유화를 위해서는 공개적으로 제공받은 개인의 지식을 회사의 자산화 할 필요가 있지만 그것을 위하여 지식의 제공을 지원하는 전사적인 체제 구축이 불가결하다. 따라서 지식의 제공자에 대하여 보수를 포함한 적절한 평가를 해서 사원의 참가 의욕이나 공동체의식을 높여서 지식을 제공하기 쉬운 환경으로 만드는 일이다.

② 모아진 지식을 정리·선별하는 시스템이나 적절한 능력을 갖춘 자원을 구축

수집된 지식은 중요한 가치를 가진 것과 아닌 것 들이 뒤섞인 상태라고 볼 수 있다. 따라서 비즈니스에 이용가치가 있는 것만을 골라 평가하고 축적하는 작업이 필요하다. 이 작업에는 지식의 질을 선별할 수 있는 확실한 눈을 가진 전문담당자로 지식정보관계자를 선임해서 이 일을 맡기는 것이 좋다.

③ 선별 축적된 지식을 누구나 자유로이 쓸 수 있는 지혜의 공유시스템을 구축

지식을 공유하기 위한 효율적인 Network System으로 누구나 언제든지 지식을 접속할 수 있는 PC를 갖추고 정보 인프라의 정비가 지식경영의 성공에 불가결한 조건이다. 물론 정보시스템만 정비되면 지식관리가 실현된다는 이야기는 아니다. 다만 지혜를 사내에 순조롭게 유통시키기 위해서는 전자 Network의 정비는 빼 놓을 수 없는 중요한 요건이다.

④ 현장에 활용되어 새로 창출되는 지식을 피드백 시키는 시스템 구축

공유되는 지식들을 현장에서 실천적으로 활용해서 그 경험을 바탕으로 다시 새로운 지혜를 창조·재생산해 나간다.

다시 말해, 이들 프로세스는 시점과 종점이 있는 단선적인 것이 아니며, 몇 번이고 순환 반복되어야 할 끝없는 기업 활동이다.

2.4 암묵지와 형식지

지식경영을 논할 때 암묵지(暗默知)와 형식지(形式知)라는 말이 자주 등장하는 데, 이것은 지식 경영의 기초 개념이다.

암묵지는 보이지 않는 것으로 이용되고 혹은 공유되어 있는 지식(앎)이고 형식지는 형상화되어 표면에 나타나 있는 누구나가 인식할 수 있는 지식(앎)이다. 암묵지는 문자 그대로 암암리에 누구나 가지고 있는 또는 공유하고 있는 지식이다. 주관적으로 언어화나 형식화가 어렵고 개인적 경험이라든가 이미지, 숙련된 기능이나 기업문화 등으로써 표현되는 것이다. 사고방법이나 노하우 등 형식화되어 있지 않기 때문에 추측할 수는 있어도 다른 사람 눈에는 보이지 않는 추상적인 지식이다.

형식지는 형태로서 표면에 노출되어있는 지식으로 누구에게나 인식이 가능하다. 보고서나 방법론, 매뉴얼이나 컴퓨터 프로그램 등이 이에 해당한다. 예를 들어 영업 노하우를 공유하기 때문에 제안서나 프리젠테이션 자료를 그룹웨어(Groupware)로서 축척해 있을 때 이것은 이미 눈에 보여 형식화된 지식이고 형식지라고 말 할 수 있다. 그러나 형식지의 배경에는 왜 제안서를 이런 형식으로 쓴 것인가. 어떤 정보를 사용해서 작성하였는가 하는 지식이 잠재해 있다. 이것이 암묵지이다.

지식경영에서는 암묵지와 형식지의 두 가지를 공유의 대상으로 하고 있다. 형식지만을 중시한 종래의 정보공유와는 그런 점에서 크게 다르며 형식화하기 어려운 암묵지를 어떻게 표면화 시키고 누구에게나 이용할 수 있게 하는가가 지식경영의 기술상의 요체라 하겠다.

암묵지와 형식지의 사고 방법이 세계에 급속하게 보급된 것은 노나카 이쿠지로(野中)와 다께우지 히로다까(竹內)라는 두 교수가 옥스퍼드 대학에서 그 이론을 발표하고 영어로 출판 되면서부터이다. 영어로는 암묵지를 Tacit Knowledge, 형식지를 Explicit Knowledge 라고 한다.

지식창조기업, 즉 미국에서 발표된 것이 다시 일본으로 수입된 셈이다. 일본과 미국을 비교해보면, 암묵지는 일본인의 습성이 강하고, 형식지는 미국인의 습성이 강하다고 할 수 있다. 촌(村)이라는 사회적 구조 속에서 모두가 같은 한솥밥을 먹고 살아온 경험의 공유가 기초로 되어 있는 일본인은 암묵지의 형태로 지식을 공유해 왔다고 볼 수 있다. 이와 반대로 미국인은 다민족국가로 자기 의견을 명확하게 주장하지 않으면 살아남기 어려운 사회 환경에서 형식지가 발달하였을 것이다.

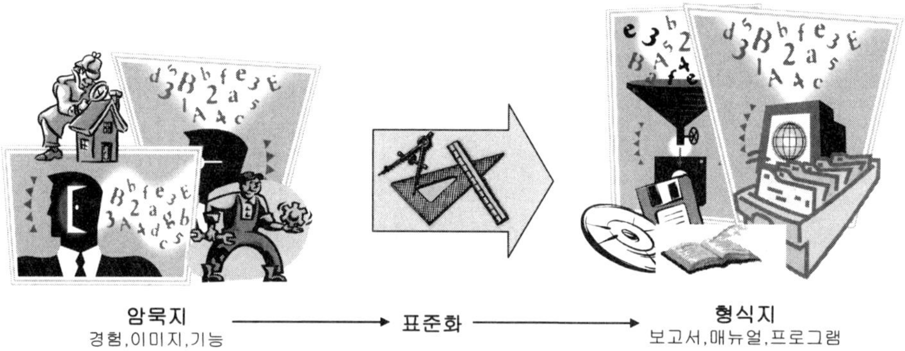

2.5 암묵지의 형식지화

암묵지와 형식지 사이에는 사회화, 표출화, 연결화, 내면화라는 4개의 지식변환 프로세스가 있다. 개인, 그룹, 조직의 일체화로 지식을 산출해낸다. 노나카 이론에 의하면 지식창조를 위해서는 암묵지와 형식지의 상호작용에 의한 4단계의 변환 프로세스가 있다.

① 그룹 내 개개인의 암묵지를 창조하는 사회화(Socialization)

신체의 오감을 구사하여 직접 경험을 통한 암묵지를 공유하거나 창출한다.

② 암묵지에서 형식지를 창조하는 표출화(Externalization)

대화나 사고에 의하여 디자인을 창조하고 암묵지를 형식지화 한다.

③ **개별형식지에서 체계적인 형식지를 창조하는 결합화**(Combination)

형식지 조합에 의한 신지식을 창조하고 정보로 활용한다.

④ **형식지에서 암묵지를 창조하는 내면화**(Internalization)

형식지를 행동이나 실천 수준으로 전달하며, 새로운 암묵지로 이해하고 학습한다.

결국 언어화되지 않고 개인의 내부에 잠들고 있는 지식이 그룹에 공유되고 표면으로 형식화되어 누구에게나 알기 쉬운 형태로 체계화되고 노하우로써 그룹 전체에 터득(내면화)되고 공유된다. 지식은 이렇게 해서 개인지에서 조직지로서 창조되고 성숙되어가는 데 이것을 지식변환 프로세스라고 한다.

노나까는 암묵지가 형식지화 되고 그것이 다른 사람의 행동을 촉진하고 그 암묵지가 풍부해 진다라고 설명하고 있다. 이 사이클은 한번으로 끝나는 것이 아니라 일상적이며 지속적으로 반복되는 것이 중요하다고 한다.

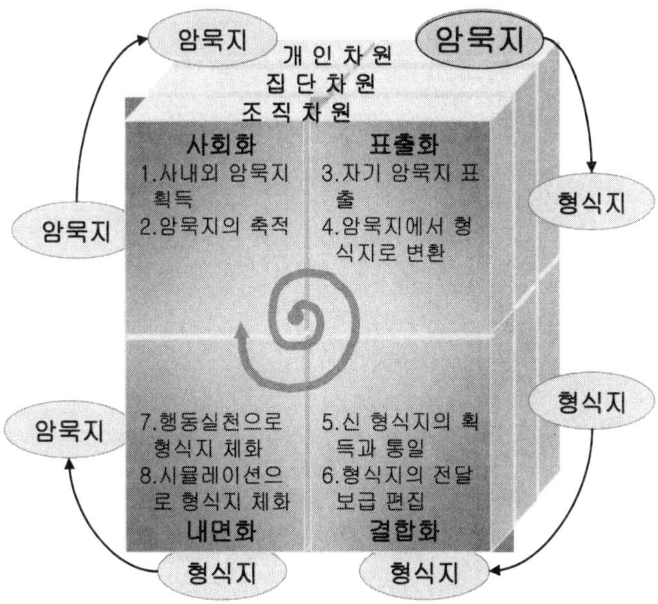

2.6 지식변환 프로세스를 경영에 도입

지식변환 프로세스를 경영에 도입함으로써 전종업원이 지식을 공유하고 지식창조기업이 되고자 하는 기업의 예로 약품회사인에 사이가 있다.

① 개인 상호간 지식의 공유 도모
② 각각의 생각 및 노하우 언어화
③ 지식을 기존의 지식이나 정보와 짜 맞추어 구체적인 형태로 구성
④ 시행(試行)이나 실천에 의해서 개인내부에 노하우로써 다시 내장

에사이에서는 지식변환 프로세스를 통해 개인과 집단과 조직이 일체가 되어서 지식을 창조하는 기업 활동을 추진하고 있다. 에사이는 지식의 창조활동에 필요한 요소로서 다음과 같은 사항을 적극적으로 실천하고 있는 지식경영의 선진적 실천 기업이라 할 수 있다.

① 경영자의 이념・메시지의 발신
② 지식 경영자의 계속적인 육성
③ 지식의 목표와 업무목표의 정합화
④ 전임조직의 설치
⑤ 지식 창조활동의 인사평가와 표창

에사이는 아래와 같은 3가지 현대인에 관련된 문제의식을 가지고 있으며, 그 해결책으로서 지식경영을 추진하고 있다.

① 회사가 번창하면 사원은 좋은 급료로 보상 받는다는 메시지는 통용하지 않는다.
② 젊은이, 여성, 외국인 등 모든 계층에 집단과 개인의 목적이나 지식의 괴리가 있다.
③ 잠시도 유예할 수 없는 글로벌화가 진전되고 있고, 나라, 문화, 언어, 습관을 초월한 공통의 뚫고 들어갈 입구가 필요하다.

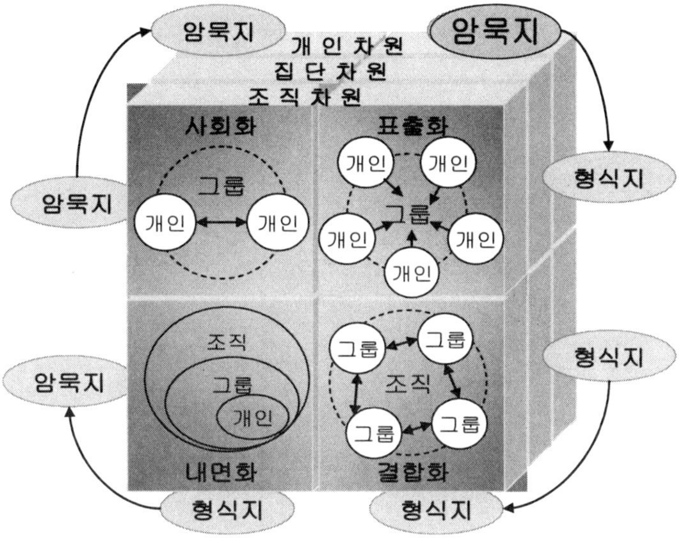
암묵지
개 인 차 원
집 단 차 원
조 직 차 원
암묵지
사회화
그룹
개인
개인
암묵지
표출화
개인
개인
그룹
개인
개인
개인
형식지
조직
그룹
개인
암묵지
내면화
그룹
그룹
조직
그룹
그룹
형식지
결합화
형식지
형식지

03

문서와 문서관리

Chapter 3 >>>

3.1 문서

3.1.1 문서의 의의와 목적

학문의 진보나 과학기술진흥을 위해서도 정보(자료)관리는 적절하게 행해지지 않으면 안 된다. 올바른 정보관리를 수행하기 위해서는 정보나 자료를 끌어내려는 구체적인 정리체계가 필요하게 된다. 정보나 자료가 많이 증가하게 되면 다만 그것을 수집, 보관하는 것만으로는 도움이 되지 않는다. 정보나 자료를 활용하는 것을 생각해야만 한다.

우리의 일상생활에서 자주 사용되는 문서(文書, Document)라는 말을 사전에서 찾아보면 글이나 기호로서 일정한 의사나 관념 또는 사상을 표시한 것이라 설명되어 있다. 즉 문서(서류)는 문자 또는 사람이 알아 볼 수 있는 특수한 부호나 기호 등에 의하여 사상 또는 개념을 표시하는 것이다. 2장에서 설명한 지식경영에서 지식관리를 하기위해 암묵지를 형식지로 변환할 필요가 있다고 하였는데 문서는 형식지의 하나이다. 문서를 다시 정의하면 '완전한 일련의 절차를 밟아 포괄적으로 처리된 문자로서 기록된 지식을 수집하고 부호화하여 제공 유포하는 것을 말한다.'라고 정의할 수 있겠다.

문서에 관한 국제기관인 FID(Federation Internationale de Documentation)는 '문서란 모든 종류의 정보수집과 보관, 분류와 선택 및 주지와 이용이다'라고 정의하고 있다. 문서의 관리는 일반적으로 정보관리 또는 문헌정보활동 등으로 불리고 있다. 문서는 Document(문서 · 공문서 · 자료문서 · 기록 · 관청출판물 · 증거서류 등의 총칭)이며 이 Document를 조작하고 이용하는 것이 정보관리 · 문헌정보활동이기 때문이다. 그러나 이제는 문서를 단순히 관리하는 차원을 넘어서 지식화하고 그 지식을 경영하는 차원으로 확장되어야할 것이다.

문서란 문자나 기호 등으로 인간의 의사 또는 사물의 상태, 관계 또는 현상 등을 지면을 이용해 표시한 기록을 말한다. 그러나 광의로 보면, 지면에 한하지 않고 계속해서 보존할 수 있는 물체, 즉 목판석재 등도 문서의 대상이 되며, 문자뿐 아니라 그림이나 암호, 지도, 사진, 도화, 음성을 녹음한 테이프 등도 이에 포함된다.

① 문서는 문서 활동의 기본적 매체가 되며 사무내용은 문서작성이 주가 된다.
② 문서는 정보의 존재 양태로서 정보의 표시 매체이다. 또한 정보는 정책 결정의 전제요소가 된다.
③ 문서사무의 기능으로는 의사소통 기능과 의사보존 기능을 들 수 있다.

따라서 문서는 경영(행정)관리의 중심적 관리도구, 즉 수단이라고 할 수 있다. 이러한 의미에서 Max Weber는 관료제를 문서주의라고 했다. 최근의 문서 활동은 컴퓨터 등의 처리가 그 업무의 중심이 되어 있다. 정보자료의 집약화를 도모하고 정보자료의 수집·송달·분석·배포를 신속하고 정확하게 하기 위해서 컴퓨터는 필수적인 요소가 되었다. 따라서 근래의 문서 활동은 현재의 정보를 즉시 제공할 수 있는 기능을 갖게 되었다.

3.1.2 문서의 필요성

오늘날 사무자동화의 발전은 컴퓨터에서 작성한 문서를 종이에 출력하여 전달하지 않고, 문서를 컴퓨터에서 직접 상대방 컴퓨터로 송수신하고 전자결재까지 가능하게 하였다. 그러나 여전히 문서는 의사소통수단의 기본매체로 자리하고 있으며, '모든 사무는 문서에서 시작해서 문서로 끝난다.'라고 말할 정도로 사무활동에서 차지하는 문서의 비중이 매우 크다.

문서는 주로 다음과 같은 이유에 의해서 작성하게 된다.

① 내용이 복잡하여 문서 없이는 곤란할 때
② 내용을 분명히 나타내야 할 때
③ 사무처리의 증거자료로서 문서가 필요할 때
④ 구두(말 혹은 대화)로써는 사무처리가 불충분 할 때: 말은 감성적이고 정확하

지 못하기 때문에 의사전달에 오류가 생길 수 있다.

⑤ 사무처리의 형식이나 관례, 혹은 체제상 문서의 형식이 필요할 때: 모든 업무를 체계적이고 책임이 분명한 절차를 밟아 집행할 수 있다.

⑥ 사무처리의 결과나 기록을 일정기간 보존해야 할 때: 말이나 기억은 잊혀지거나 착각할 수 있지만, 문안에 의한 기록은 반영구적이다. 그리고 누구나 필요한 때에는 절차를 밟아 몇 년이 지나도 언제나 열람할 수 있으므로 기입의 역사자료이자 사전과 같은 참고자료가 될 수 있다. 그러나 전달하고자 하는 내용이 간단한 경우에는 구두나 전화, 혹은 게시판 등의 수단을 이용하는 것이 효과적이다. 정식으로 처리한다는 이유로 또는 증거 자료로 남길 필요가 없는 사항을 문서화하여 비능률을 초래하지 않도록 해야 한다.

또한 반드시 문서를 작성해야 할 사항을 귀찮다거나 바쁘다는 이유로 소홀히 한 경우, 중대한 내용이 문서로 남지 않음으로써 후에 업무수행에 지장을 초래할 수도 있으므로 문서작성에 신중을 기해야 한다.

3.1.3 문서의 기능

문서는 원활한 경영활동을 보조하고 촉진해 주며, 의사전달, 의사보존, 자료제공, 협조의 기능을 한다.

① 정보전달의 기능 : 당사자의 의사를 문자 등에 의하여 현실적으로 표출시킬 뿐만 아니라 상대방에게 문서작성자의 의사를 종이상의 기록을 통하여 전달하는 기능이다. 조직체의 의사를 외부 또는 내부의 상하좌우로 연결해 주는 기능을 수행한다.

② 정보보존의 기능 : 사람은 누구나 기억능력의 한계를 가지고 있으므로 사무활동의 결과를 문서로 남겨야 할 필요성이 있다. 또한 의사내용이나 거래에 관해 분쟁이 발생하였을 경우 문서는 사실을 증명할 수 있는 증거기능을 가진다.

③ 자료제공의 기능 : 문서처리가 완료되어 보관 및 보존된 문서는 필요할 때 언제든지 다시 활용되어 경영활동을 촉진시키는 기능을 수행한다.

④ 협조의 기능 : 각 책임 부서 간에 문서를 전달하고 자료를 제공하며 회람(공

람) 과 결재를 하는 과정에서 조직체의 운영상황 파악이 가능해지므로 해당 부서 간에 협조의 기능을 수행하게 한다.

⑤ 상징의 기능 : 표창장이나 감사장과 같이 문서의 내용이 추상적인 것일 수도 있으며, 허가증이나 등록증과 같이 권리나 의무 관계를 표시하는 중요한 의미를 가질 수도 있다.

[표 3.1] 문서의 주요 기능

의사전달기능	의사보존기능
업무상 계약 체결	업무사항의 분류 및 구분
조사결과 및 보고사항 기록	판정처리를 위한 기록
어떤 사항의 요구나 의뢰	조직내외 증거물건으로 활용
요청에 대한 결정 및 결재	계획 · 경과 · 실적에 대한 평가자료
작업 지시나 명령	역사적 자료 활용

3.2 문서의 종류

3.2.1 문서의 분류

문서는 작성 주체에 따라 공문서와 사문서로 구분되고, 수신대상에 따라 대내문서, 대외문서 등으로 구분된다.

(1) 문서에 의한 분류

① 원본 : 의사표시를 위해 맨 처음 작성한 문서

② 정본 : 권한이 있는 책임자가 원본에 의거하여 작성한 것으로서 법률상 원본과 동일한 효력을 갖는다.

③ 등본 : 원본 내용의 전부를 등사한 문서 예) 주민등록등본

④ 초본 : 원본 내용의 일부를 등사한 문서 예) 호적초본

⑤ 사본 : 원본을 복사 또는 필사한 문서

(2) 목적에 의한 분류

① 공문서 : 공무상 필요에 의해 작성 또는 접수된 문서

② 사문서 : 사인명의로 작성된 사인간의 문서

(3) 수신대상에 의한 분류

① 대내문서 : 기업 또는 조직 내부에서 지시, 명령, 협조, 보고, 통지하기 위하여 오고 가는 문서

② 대외문서 : 국민이나 단체 및 다른 행정기관 간에 또는 조직체 외부의 거래처나 기타 외부 대상자 사이에서 오고 가는 문서

(4) 처리단계에 의한 분류

접수/배부/공람/기안/시행/미결/완결/보관/보존/폐기

(5) 성질에 의한 분류

① 법규문서 : 법률, 조약, 대통령총리부령, 조례, 규칙 등을 말하며 또한 사기업에 있어서의 정관, 규약, 규정, 예규 등이 포함된다.

② 지시문서 : 상급기관에서 하급기관으로의 문서, 소속공무원에 대한 지시 명령, 예규 그리고 일일명령을 포함하며, 유사한 것으로서 영달 문서가 있는데 이는 회장이 회원에게로 보내는 문서, 직원에 지시, 발령, 일일명령이 이에 속한다.

③ 공고문서 : 공고, 고시, 광고를 말한다.

④ 일반문서 : 일반 발신문서, 내부문서, 기타 문서를 의미한다.

[표 3.2] 공문서의 종류

종류	내용	문서 예
법규문서	법규사항을 규정하는 문서	헌법, 법률, 대통령령, 규칙, 조례
지시문서	행정기관이 그 하급기관 또는 소속 공무원에 대하여 일정한 사항을 지시하거나 명령하는 문서	훈령, 지시, 예규, 일일명령
공고문서	행정기관이 일정한 사항을 일반에게 알리기 위한 문서	고시 공고
비치문서	행정기관이 일정한 사항을 기록하여 행정기관 내부에 비치하면서 업무에 활용하는 문서	비치대장, 비치카드
민원문서	민원인이 행정기관에 대하여 허가, 인가, 처분 등의 행위를 요구하는 문서 및 그에 대한 처리 문서	주민등록등본
일반문서	이상의 문서에 속하지 않는 모든 문서	회보, 보고서

[표 3.3] 문서작성에 사용하는 매체에 따른 분류

종류	내용	문서 예
종이문서	종이에 작성되는 문서	기안서, 보고서, 도면
전자문서	컴퓨터 응용프로그램에서 만들어져 전자적으로 저장된 Text, 기호, 도면	워드파일, CAD파일, 이미지파일
멀티미디어문서	녹음기, 카메라 등에서 만들어져 전자적으로 저장된 음성이나 영상	음성, 정지영상, 동영상

(6) 작성 매체에 의한 분류

문서는 작성에 사용하는 매체에 따라 다음과 같이 분류되기도 한다. 멀티미디어문서도 전자문서로 보아 종이문서와 전자문서로 구별할 수도 있다.

3.2.2 전자문서

오늘날 컴퓨터 및 통신 기술의 급속한 발달은 그것이 상거래이든 단순한 정보교환이든 상관없이 기존의 종이문서에 의한 방식을 상당 부분 전자적 방법으로 대체하고 있다. 이와 같은 전자문서의 등장은 단순히 전통적인 종이문서의 형식만을 바꾸는데 그치지 않고 문서 및 업무의 성격에도 중대한 변화를 초래하고 있다. 전자문서란 컴퓨터 등 정보처리기기에 의하여 전자적인 형태로 작성, 시행, 접수, 처리되는 정보를 말한다. e-mail로 오고가는 문서가 대표적인 전자문서이다. 그런데 개인이나 법인 간의 거래에서 전자문서도 종이문서처럼 효력이 인정되어야 활용될 수 있다. 이러한 전자거래를 촉진하고 건전한 전자거래 질서를 확립할 목적으로 1999년 전자거래기본법(電子去來基本法)이 법률로 제정되었다. 이 법은 전자문서로 이루어지는 거래의 법적 효력을 명확히 함으로써 거래의 안전성과 신뢰성을 확보하고, 거래의 공정성을 기함으로써 건전한 거래질서를 확립하고, 전자거래를 촉진해 국민경제발전에 이바지할 목적으로 제정한 법률이다.

종이문서를 작성할 때 작성자는 자신의 행위에 대한 권리나 의무를 표시하기 위해 서명 또는 날인을 한다. 전자문서에도 종이문서의 서명 또는 날인과 같은 역할을 하는 전자서명이 필요하다. 전자서명법(電子署名法)은 전자서명에 관한 기본사항을 정하여 정보화를 촉진하고 국민생활의 편익을 증진하기 위해 1999년에 제정된 법이다. '전자서명'이란 서명자가 해당 전자문서에 서명하였음을 나타내기 위해 전자문서에 첨부되거나 논리적으로 결합된 전자적 형태의 정보를 말한다. 다른 법령에서 문서에 서명, 서명날인 또는 기명날인을 요구하는 경우, 전자문서에 공인전자서명이 있으면 법적인 효력을 갖는다. e-banking 등과 같은 금전거래에는 공인인증기관에서 발급받은 공인인증서가 전자서명이다. 그러나 모든 전자문서가 전자서명을 필요로 하는 것은 아니다. 전자문서도 종이문서처럼 반드시 서명이 있어야하는 것은 아니다. 우리는 e-mail로 모임에 대한 안내를 하거나 문안인사를 하는 등의 전자문서는 전자서명이 없이도 서로 주고받고 있다.

전자문서의 작성은 종이문서를 작성하는 요령과 같다. 종이에 필요한 내용을 펜으로 쓰거나 타자기로 치는 대신에 일반적으로 문서작성기를 이용하는 것이므로 육하원칙(六何原則, 5W1H)을 기본으로 명료하게 작성하면 될 것이다. 전자서명이 필요한 전자문서는 Online 상에서 대부분 도움말을 제공하며 필요한 사항을 선택하거나 Key-in하게 하므로 종이문서보다 오히려 작성하기가 쉬울 수 있다. 전자문서는 위조나 변조가 종이문서보다 쉬우므로 작성보다 접수하고 처리하는 데 더 신중해야 할 것이다.

(1) 전자문서의 정의

전자문서란 전자거래기본법에 '컴퓨터 등 정보처리능력을 가진 장치에 의하여 전자적인 형태로 작성, 송수신 또는 저장된 문서'로 정의하고 있다. UN의 전자문서표준화위원회(CEFACT)는 전자문서를 '실제 비즈니스 거래와의 관련된 식별자나 정보를 구조화되고 기능화된 방법으로 구성한 비즈니스 정보개체들의 집합'으로 정의한다.

(2) 전자문서의 분류

전자문서는 워드프로세서로 작성된 문서, MP3, AVI, JPG 등의 멀티미디어파일, 기계/건축 설계에서 사용하는 CAD 등의 도면문서 등을 포함하는 일반적인 의미의 전자문서와 전자거래분야에 국한되어 사용되는 전자거래문서가 있으며, 전자거래문서는 일반전자문서에 비해 정형화, 표준화되어 있다.

일반전자문서

① 한글, MS 워드, 파워포인트, 엑셀 등 문서작성 소프트웨어를 사용하여 작성된 HWP, DOC, PPT, XLS, TXT, PDF 형식의 파일

② 종이문서를 스캔하거나 디지털카메라 등을 이용하여 만든 이미지 파일

③ CAD/CAM 을 이용하여 작성된 도면 파일, 인터넷에서 사용되는 HTML 형식의 파일

④ JPG, MP3, AVI 등 음악, 사진, 동영상등 멀티미디어 관련 파일

전자거래문서

① 전자문서교환방식(EDI: Electronic Data Interchange)을 사용한 문서

EDI는 컴퓨터를 이용하여 표준화된 거래정보를 서로 합의된 통신표준에 따라 문

서 없이 전달하는 것을 말한다. 기업간 거래에 관한 데이터와 문서를 표준화하여 컴퓨터 통신망으로 거래 당사자가 직접 송·수신하는 정보전달 시스템이다. 주문서·납품서·청구서 등 무역에 필요한 각종 서류를 표준화된 상거래서식 또는 공공서식을 통해 서로 합의된 전자신호로 바꾸어 컴퓨터 통신망을 이용하여 거래처에 전송한다. 전자문서교환에서 사용하는 국제적인 통신표준은 현재 국제연합이 중심이 되어 만든 UN/EDIFACT의 표준을 따르고 있다. 현재 통상산업부와 관세청에서는 EDI시스템을 이용하여 수출입관련 무역자동화망을 구축하였고, 은행에서도 외환업무의 전산화를 본격 추진하면서 그 일환으로 신용장의 개설 및 통지 기타 펌 뱅킹(Firm Banking)업무에 이 시스템을 적용하고 있다.

② 확장형 표기언어(XML: Extensible Markup Language)를 사용해 작성한 문서

XML은 데이터의 저장 및 교환을 위한 대표적 문서교환 표준인 SGML(Standard Generalized Markup Language)과 HTML(Hyper Text Markup Language)의 장점을 모두 가질 수 있도록 1996년 W3C(World Wid Web Consortium)에서 제안하였으며 웹상에서 구조화된 문서를 전송 가능하도록 설계된 정보 교환을 위한 웹 표준이며, 최근 전자거래 및 각종 업무에서 표준으로 폭넓게 채택되어 사용되고 있다.

③ e비즈니스 확장성 표기언어(ebXML)로 작성한 문서

ebXML은 전세계적으로 단일한 전자거래 시장을 형성하는 것을 그 목적으로 유엔산하 무역촉진 및 전자거래 표준제정 국제기구인 UN/CEFACT(United Nations Center for Trade Facilitation)와 민간 세계 최대 XML 표준화 기구인 OASIS(Organization for the Advancement of Structured Information Standards)가 공동으로 개발하였다.

그림은 종이로 된 주문서를 전자거래문서로 표현한 예를 보여주고 있다. 종이문서로 된 주문서를 송신자가 EDI나 XML로 작성하여 송신하면 수신자는 원래 주문서의 내용을 재생하여 볼 수 있다.

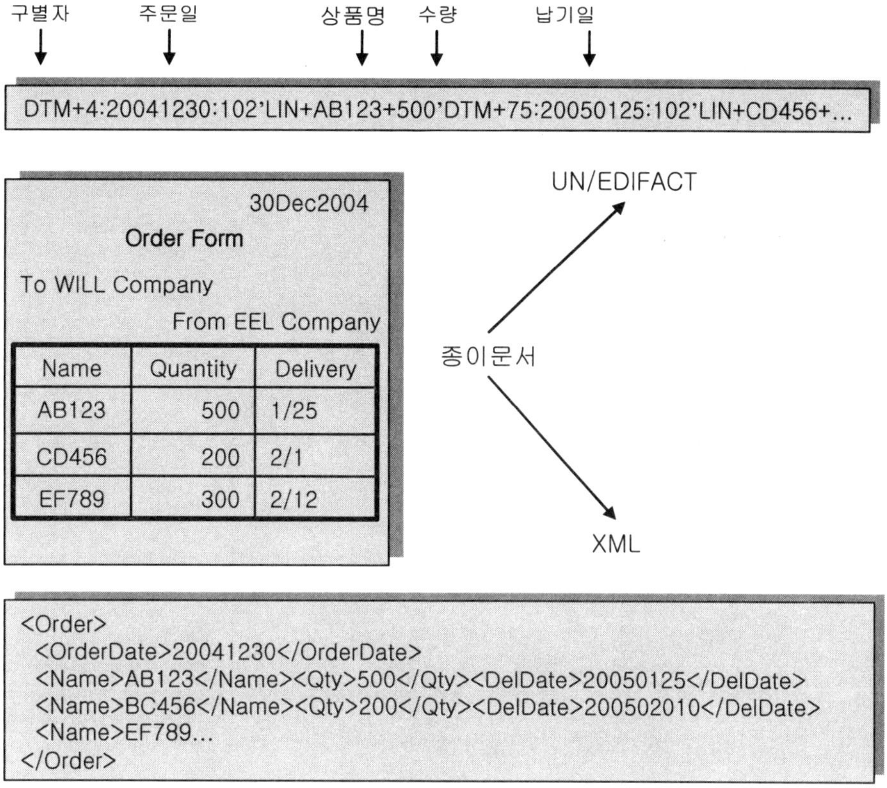

[그림 3.1] 종이 주문서의 전자거래문서 변환 예

3.3 문서의 성립과 효력발생

공문서의 성립요건으로는 정당한 권한을 가진 직원이 직무범위 안에서 문서로 작성한 것으로 내용(의사표시)이 정확, 명백, 합당하여야 하며, 또한 규정된 형식과 절차에 적합하여 최종 결재권자의 결재가 행해진 것이어야 한다는 점을 들 수 있다.

① 문서성립의 시점은 결재권자가 결재를 하는 때로 하는 것이 원칙이다.

② 문서의 효력발생시기에 있어서는 일반문서는 도달주의를 원칙으로 하고 있으며, 공고문서는 공고 후 5일 경과 시를 그 효력발생시기로 본다.

③ 문서의 수발은 조직계통에 따라 흐르는 것을 원칙으로 삼고 있는데 직속 상하급기관이 아닌 경우는 대등한 기관으로부터 경유하여 계통적으로 처리하도록 한다. 단순한 자료요구 · 업무연락 · 통보조회 등은 예외사항에 속한다.

3.3.1 문서처리의 원칙

① 기간 내 처리의 원칙 : 문서는 그 내용이나 성질에 따라 처리기간과 방법이 다르다. 그러나 효율적인 업무수행을 위해서는 바로 그 날로 처리하는 것이 좋다. 모든 문서는 처리기간을 명확히 하고 기간준수를 위해 노력해야 한다.

② 책임 처리의 원칙 : 문서는 여러 단계를 거쳐 처리된다. 그러므로 사무 분장에 정해진 대로 각자가 자신의 직무범위 내에서 책임을 갖고 관계규정에 따라 신속하고 정확하게 처리해야 한다. 문서처리 담당자는 당해 문서처리에 있어서 어느 직급의 결재권자에게까지 결재를 받을 것인가 또는 내용에 따라 타부서와의 관련성 등을 고려하여 필요한 조치를 해야 한다.

③ 법령 적합의 원칙 : 문서는 법령의 규정에 따라 일정한 형식적, 절차적 요건을 갖추어야 하고 권한 있는 자에 의해 작성, 처리되어야 한다. 따라서 중요한 요건을 빠뜨림으로써 문서의 신뢰성을 저해 시키거나 법령위반 등의 문제로 문서의 효력에 영향을 미치는 일이 발생되지 않도록 해야 한다.

3.4 문서관리

3.4.1 문서관리의 의의

문서관리란 사무관리의 한 분야로 업무에서 발생하는 모든 문서 양식의 통일과 분류 · 보관 · 폐기에 이르기까지의 문서 작업을 계통적으로 조직하여 관리하는 것을 말한다. 따라서 문서관리를 하는 것은 원활한 정보 전달을 통하여 정확하고 효과적인 의사 결정을 가능하게 하며, 필요한 문서를 쉽고 빠르게 찾을 수 있고 문서의 보관 및 보존의 효율화를 기하는데 목적이 있다.

문서관리의 중요성은 정보화 사회에의 대처라는 점에서 그 의미가 커지는데 이는 곧 정보의 정리, 보존, 활용이라는 측면을 일컫는 것이다. 기업규모가 확대되고 복잡해지면서 문서(정보)의 양이 방대해졌는데. 이에 따라 문서의 신속, 정확한 처리의 필요성이 대두되었다. 또한 종이가격의 상승과 문서의 보관을 위한 공간 관리도 중요하게 되었다.

사무의 자동화 내지 기계화의 기초가 되는 것도 문서화(사무의 표준화)에서 비롯된다고 볼 수 있다. 또한 지식경영에서 문서관리는 필수적인 요소이다.

(1) 문서관리의 기능

문서관리에는 다음과 같은 기능이 필요하다.

① 중간 과정을 거치지 않는 빠른 검색
② 문서의 보안과 접근제어
③ 서로 다른 형식의 문서를 관리할 능력
④ 배우기 쉽고 사용하기 쉬워야 함
⑤ 간편한 실행과 변환
⑥ 기존 네트워크와 하드웨어의 연결용이

(2) 문서 관리의 목표

신속성(迅速性)

문서의 유통 및 처리 과정의 정체 요인을 제거하여 신속하게 처리한다. 문서처리를 빠르게 하자는 것으로, 다음의 사항들이 고려되어야 한다.

① 문서의 유통경로와 처리과정은 단축할 수 있도록 설계한다.
② 문서의 경유지를 최대한 줄이고, 어느 한 곳에서 문서가 정체되는 시간을 단축시키기 위해서 정체의 원인을 파악한 후 제거해야 한다.
③ 문서의 처리기간을 사전에 정하여 주어진 시간 내에 문서가 처리될 수 있도록 사전점검을 한다.
④ 신속히 처리할 수 있는 방안을 평소 업무를 통하여 개선 보완한다.

정확성(正確性)

문서를 착오 없이 올바르게 처리하는 과정이다. 자동화된 사무기기를 사용하여 처리 과정에서 착오가 발생하지 않도록 한다.

① 옮겨 적거나 다시 기재하는 것을 줄이고, 되도록 복사해서 사용한다.
② 사람이 처리하기에 분량이나 규모가 큰 경우에는 자동화된 사무기기를 이용한다.
③ 배부, 인계인수, 결재 등의 근거를 남겨둔다.

용이성(容易性)

문서를 취급하는 주체가 사람이므로 인간 공학적인 측면에서 사무 자동화 시스템을 도입하여 업무를 간편히 처리할 수 있도록 설계한다. 불필요한 단계나 동작을 줄여 담당자가 쉽게 처리한다.

① 장기간의 업무로 인한 신체적정신적인 피로를 경감시키는 방안으로 적당히 휴식을 취한다.
② 반복적이고 계속되는 업무는 유사 관련 자료를 참고하여 사무의 절차와 방법을 간소화 시킨다.
③ 불필요한 동작이나 작업부분은 미리 없애고, 필요한 동작이라 하더라도 작업 경제의 원칙을 지키도록 한다.
④ 사무를 격이나 형식에 구애 받아서 필요이상으로 어렵게 하지 말고, 같은 성과인 경우에는 언제나 쉬운 방법을 우선 시킨다.

경제성(經濟性)

문서처리의 모든 부문에서 원가관리의식을 갖고 일 처리를 한다. 소요자재, 기계, 기구 등의 철저한 관리 및 집중 처리를 통하여 비용 발생을 줄인다.

① 사무를 처리하는 인원 및 사무관리비는 절감할 수 있는 방안으로 집중 관리 및 집중처리방법을 강구하도록 한다.
② 평소에 기계나 기구의 관리를 잘 하여 불필요한 보수비용의 발생을 막는다.
③ 사무원가관리를 실시하여 사무비용이 낮은 상태를 유지한다.
④ 사무량 측정 등의 방법을 도입하여 불필요한 인원이나 예산을 절감한다.

(3) 문서관리의 원칙

문서관리의 방법이 표준화, 정형화되지 않으면 문서가 사유화 되거나 문서를 관리하는 개인의 경험이나 관습에 맡겨질 수 있으므로 문서 관리에 대한 기본 원칙에 따라 문서를 효율적으로 관리해야 한다.

① 표준화(標準化)의 원칙

문서의 양식, 처리방법, 취급방법, 보존관리 등에 관한 기준을 정하여 관리자가 바뀌더라도 관리가 일관성과 객관성을 유지하도록 한다.

② 간소화(簡素化)의 원칙

간소화란 문서사무를 처리하는 과정에서 중복되는 것이나 불필요한 것을 없애고 꼭 필요한 절차나 방법만을 채택하여 시행함으로써 문서처리 시간을 단축시키는 것을 말한다.

③ 전문화(專門化)의 원칙

전문화란 문서관리업무를 담당하는 전문 인력을 배치함으로써 숙련도의 향상과 더불어 문서사무의 능률을 증대 시키자는 것을 말한다.

④ 기계화자동화(機械化自動化)의 원칙

사무자동화의 발전으로 문서사무를 기계화자동화 시킴으로써 많은 양의 사무를 보다 더 정확하고 신속하게 처리할 수 있게 되었다.

⑤ 경제성(經濟性)의 원칙

문서사무는 경영활동을 촉진시키는 보조 역할을 하는 취지이므로, 경제성이란 최소의 사무비용으로 최대의 사무능률을 올리자는 것을 말한다.

(4) 문서 관리의 표준화

표준화란 사무처리의 여러 방법들 중에서 가장 합리적이고 타당하며 신속, 정확한 것을 기준으로 정하는 것이다. 문서 관리의 표준화는 문서의 양식, 용지 규격, 항목, 서체 등을 하나의 기준으로 통일시켜 관리할 수 있도록 한 것이다. 문서사무는 표준화에 의해 통일성과 객관성을 유지할 수 있게 되며, 같은 내용의 문서사무는 누가, 언제 처리하더라도 같은 방법이 적용되게 된다.

문서사무의 표준화는 보다 세부적이고 구체적인 부문에까지 확대되는 추세를 보이고 있으며 간단한 문안 또는 문장의 세세한 구절에 이르기까지 표준화를 시도하는 기관들이 늘고 있다.

① 문서 양식의 표준화 : 사무용지의 크기지질의 통일, 서식 설계 및 사용의 표준화
- 용지 규격의 통일 : 일반적으로 통용되는 문서용지(A4)로 문서의 사용목적, 보존기간, 용도 등에 따라 정한다.
- 표 양식의 통일 : 문서의 양식을 정하고 장표화하여 반복적인 업무처리절차를 간소화한다.

② 문서 처리의 표준화 : 문서의 접수, 배부, 선결, 기안, 결재 작성 시행 등 문서 운행의 전반적인 과정의 표준화 . 문서를 일정한 기준으로 분류하기 위한 방법으로 분류 체계, 관리 방법, 분류 번호 등에 대한 기준이 마련되어야 한다.

③ 문서 취급의 표준화 : 문서의 수발 사무에 대한 방법 및 절차에 대한 기준을 정한다.

④ 문서 보존 관리의 표준화 : 문서의 분류·정리·보관·이용·검색·이관·보존·폐기 등 문서의 보존관리에 관한 표준화. 문서의 수집부터 폐기에 이르는 수명동안 관리의 절차 및 방법에 대한 명확한 기준이 있어야 함.

[표 3.4] 문서의 표준화

표준화 대상	표준화 내용	
문서양식	용지규격의 통일	사용목적, 보존기간에 적합한 규격 제정
	장표양식의 통일	문서의 양식을 규정(장표화)
문서처리	분류체계, 관리방법, 분류번호 등에 대한 기준	
문서취급	문서 수발 사무에 대한 방법과 절차에 대한 기준	
문서보존관리	문서의 편철, 보관, 이관, 보존, 폐기 등에 관한 절차와 방법	

3.4.2 문서 관리의 방법

(1) 문서 관리의 기본 방법

문서관리의 방법이 표준화, 정형화되지 않으면 문서가 사유화 되거나 문서를 관리하는 개인의 경험이나 관습에 맡겨질 수 있으므로 문서 관리에 대한 기본 규칙을 정하여 문서를 효율적으로 관리해야 한다.

① 문서의 편철 : 처리가 끝난 문서는 문서철에 완결 일자 순으로 최근 문서가 위에 오도록 묶는 것이다.
② 문서를 기능별, 보존기간별로 분류하여 200매를 기준으로 묶는다.
③ 전자문서는 기능별, 보존기간별로 분류하되, 완결일자 순으로 최근 문서가 아래에 오도록 한다.
④ 같은 기능에 속하는 문서의 양이 많아 그 전부를 1개의 문서철에 편철할 수 없는 경우에는 지역별, 인명별, 기관별, 월별 등으로 구분하여 수 개의 문서철에 나누어 철할 수 있다.
⑤ 문서의 색인목록은 문서철 뒷면에 첨부하거나 인쇄하고, 문서색인목록을 작성하는 때에는 개별 문서 단위로 기재하되, 처리 또는 완결된 문서와 같은 제목으로 여러 건 편철된 경우에는 이를 처리문서와 완결문서로 구분하여 1단위로 묶어 기재할 수 있다. 이 경우에는 문서색인 목록의 비고란에 전자 문서임을 표시한다.
⑥ 문서철의 면 표시는 문서의 아래 오른쪽에 일련번호를 기입하되 밑에서부터 위로 기입한다.

(2) 문서의 정리

문서를 일정한 기준에 따라 분류, 편철하고 보관, 보존하며, 불필요한 문서를 적시에 폐기하는 것을 말한다.

① 문서의 정리는 일반적으로 매년 2월부터 3월 사이에 10일 이상의 기간을 정하여 정기적으로 실시하며, 이의 실시에 관하여 필요한 사항 및 실시결과의 통보에 관한 사항은 기업이 정한 절차에 따른다.

② 공문서의 경우는 행정기관의 장은 당해 기관의 문서를 정리할 필요가 있다고 인정하는 때에는 정기정리 외에 수시로 이를 실시할 수 있다.
③ 처리를 담당하는 부서 및 장은 문서정리가 끝난 후 보존 문서기록대장 말미에 문서이관사항, 문서폐기사항 등을 기록하고 확인 서명으로 종결한다.

(3) 문서의 보관

문서를 처리, 완결한 날이 속하는 연도의 말일까지 문서를 관리하는 것을 말한다.

① 문서(전자문서 제외)는 서류함(파일 캐비닛 등)에 보관하고 서류함 외부에는 서류함번호와 문서철의 분류 번호를 기재한다.
② 1건 문서로 완결되지 아니한 미결문서는 문서철에 임시로 철하여 완결될 때까지 지정된 서류함에 보관한다.

파일링시스템을 이용하면 문서를 효율적으로 보관하고 이용할 수 있다. 파일링시스템의 장점은 아래와 같다.

① 문서의 분실 방지
② 문서의 신속한 검색용이
③ 불필요한 문서의 폐기
④ 문서의 체계화

[표 3.5] 문서관리의 유형

집중식 관리	문서를 전담하는 부서에서 모든 문서를 보관·관리 분실의 염려가 없고 어느 부서에서든 사용 가능 이용절차가 복잡하고 시간이 오래 걸림
분산식 관리	각 부서에서 모든 문서를 직접 보관·관리 부서 내 사람들은 수시로 쉽게 사용 가능 다른 부서에서 이용하기 어렵고 분실의 위험이 큼
절충식 관리	일정한 범위의 문서는 각 부서별로 분산 보관·관리 중요한 문서는 주관 부서에서 집중 관리 정부나 대기업에서 주로 사용하는 방식

[표 3.6] 문서관리의 과정

업무	내용
구분	문서들 중에서 파일링해야할 문서를 선별하여 나눈다.
분류	분류 규정에 따라 분류한다.
편철	200매 기준으로 묶는다.
보관	관리규정에 따라 서류함에 일정기간 보관한다.
열람	보안등급 · 복사 · 시간 · 장소 등을 준수하여 대출한다.
이관	보관 중인 문서를 연장보존하기위해 주관부서로 옮긴다.
보존	정해진 기간까지 서류함이나 서고에 보존하여 관리한다.
폐기	보관 또는 보존기간이 끝난 문서를 절단 · 천공 · 재활용 · 소각하여 폐기한다.

(4) 문서관리의 절차와 업무

문서관리의 대상이 되는 문서는 구분, 분류, 편철, 보관, 이관, 보존, 폐기에 이르는 일련의 과정을 거친다. 보관이나 보존 중에 문서를 사용할 경우에 열람자의 보안등급, 문서의 복사 허용범위, 열람기간, 열람장소 등을 규정에 따라 명확하게 확인하여 관리한다.

(5) 문서의 보존

보존문서란 보관이 끝나고 이관함에 따라 자주 사용되지 않고 검색빈도가 낮으나, 유사시 기록 또는 자료용으로 일정기간 보존의 가치가 있는 문서로 보존기간을 명시하여 문서 공용 창고에 집중 보존 후 폐기되는 문서를 말한다. 보존기간은 영구, 30년, 20년, 10년, 5년, 3년, 1년 등이 있다. 통상 보존기간의 시작일은 당해 문서를 처리, 완결한 날이 속하는 해의 다음해 1월 1일로 한다.

보존문서의 관리 원칙은 아래와 같다.

① 보존 장소의 적절한 온도(18～22℃), 습도(40～60%)유지 및 소독을 실시하여 문서의 변질 및 병충해를 방지한다.

② 보존 장소의 화재 방지를 위해 소화기 및 방범시설을 설치한다.

③ 보존문서 기록 대장을 비치하고 보존이 시작되는 날부터 기록한다.
④ 보존 장소를 최대한 확보하고, 이동식 서가를 활용한다.
⑤ 파일링한 문서 그대로 보존한다.
⑥ 문서과 또는 처리과에서 연 1회 이상 보존문서와 보존문서 기록대장을 대조하여 확인한다.

일반적인 문서의 보존 방법은 아래와 같다.

① 문서는 보존기간의 기산일로부터 3년 간(보존기간 1년인 문서는 1년간) 보관 장소에서 보존한다.
② 보존기간(3년)이 만료된 문서는 문서과에 인계하여 문서과에서 보존한다.
③ 영구 보존문서는 10년간 발생한 곳에서 보존한 후 보존 장소에, 보존기간 5년 이상 30년 이하인 문서는 4년간 보존한 후 보존 장소에 이관하여 보존한다.
④ 비치문서는 보존기간에 따른 이관절차에 불구하고 발생 한 곳에서 비치, 활용의 필요성이 없을 때까지 보존, 활용한 후 보존 장소에 인계한다.

문서를 컴퓨터 파일, 마이크로필름, 광 디스크 등 전자매체에 수록하여 보관, 보존하는 경우에는 멸실, 분실, 도난, 유출, 변조 또는 훼손을 방지하기 위하여 2부 이상을 복사하여 보존한다. 종이문서를 다른 매체로 복제했을 때는 해당 문서의 표지에 마이크로필름 등의 촬영필 표시를 한다. 복제된 문서는 해당 문서가 폐기되면 보존문서로 본다.

[표 3.7] 보존문서의 유형(계속)

보존매체	내용
전자문서	컴퓨터파일 또는 출력하여 보존 보존기간이 20년 이상인 전자문서는 전자문서와 장기보존이 가능한 용지에 출력한 출력물과 함께 보존 출력이나 복사를 할 경우에는 전자문서출력・복사대장에 기입하고 발생부서의 확인을 받음
마이크로필름	육안으로 식별할 수 없는 비율로 축소 촬영하여 필름으로 보관 중요기록의 안전한 보존과 보존공간과 보존비용을 절약

[표 3.7] 보존문서의 유형

보존매체	내용
광디스크	대량의 기록물을 레이저를 이용한 광디스크에 기록 보존 기록용량이 매우 크고 문서의 교정 및 편집 가능 빠른 검색이 가능하고 출력이 용이

(6) 문서의 폐기

보존기간이 경과한 문서는 적절한 방법으로 폐기한다.

① 발생한 장소에서 보존하고 있는 문서 중 보존기간이 경과하면 자체 폐기한다.
② 폐기하지 아니하기로 결정된 문서 중 그 보존기간이 5년 또는 10년인 문서의 보존, 관리에 관하여는 당해 발생한 곳의 장이 정하는 바에 따라 계속 보존한다.
③ 폐지하지 아니하기로 결정된 문서 중 그 보존기간이 20년 또는 30년인 문서는 보존 장소에 이관한다.
④ 업무로 인한 상호 간에 수발 되는 대내 문서로서 접수한 문서는 보존할 필요가 없는 경우 문서를 처리, 완결한 때에 문서접수대장에 폐기 내용을 기재한 후 이를 폐기할 수 있다.

마이크로필름 등에 수록한 문서의 폐기방법은 아래와 같다.

① 문서가 마이크로필름 또는 광 디스크에 수록된 때에는 당해 문서의 보존 기간에도 불구하고 그 문서를 폐기할 수 있다.
② 기록 보존 장소에서 보존 중인 문서를 마이크로필름 및 광 디스크에 수록한 경우에 당해 문서를 폐기할 때에는 문서를 이관한 기관의 장과 미리 협의한 후 폐기한다.
③ 보존기간이 20년 이상인 전자문서는 보존기간 중 이를 폐기할 수 없다.
④ 폐기 방법으로는 소각, 절단, 천공, 재활용 등이 있으며 특별한 사유가 있는 경우를 제외하고는 재활용한다.

OUT
IN

04

문서작성 및 활용법

4.1 문서작성의 기본

4.1.1 문서 작성의 목적

우리가 일상생활이나 업무상, 또는 비즈니스를 위하여 사용되는 문서를 작성하는 목적은 다음과 같다.

① 사실과 정보의 전달을 위한 문서

직접적인 대화나 전화 등을 통해서 사실이나 정보를 전달하게 되면 정확성이 떨어질 뿐만 아니라, 착오 또는 시간의 흐름에 따라 잊어버리는 결과를 가져오기도 한다. 따라서 문서는 정확한 사실의 전달은 물론 기록 내지는 증거로 남기기 위하여 작성된다.

② 상대방의 적극적인 행동을 유도하기 위한 문서

문서를 작성하는 것은 상대방의 협력이나 도움을 행동으로 나타낼 수 있도록 하기 위하여 작성된다.

③ 기록으로 남기기 위한 문서

문서는 거래상 또는 내부에서 중요한 기록이 되어 증거서류가 되기도 한다.

4.1.2 문서 작성의 문체

문서는 읽기 쉬우며 정리하기 쉽게 작성되어야 하는 것이 원칙이다. 문예작품이 아닌 일반 문서는 만연체(蔓延體)를 지양하고 간결체(簡潔體)로, 화려체(華麗體)보다는 건조체(乾燥體)로 작성한다. 비즈니스문서는 '...입니다(이다), ...합니다(하다)' 등과 같이 주로 구어체(口語體)로 작성되며 한 문서 내에서 구어체와 문어체(文語體)

를 혼용하지 않는다. 비즈니스문서에서는 주로 다음과 같이 쓰는 것이 일반적이다.

① 평어체(評語體)로 작성되는 문서 : 인사・노무관리문서, 사내문서, 계약서, 기타 기록문서 등
② 경어체(敬語體)로 작성되는 문서 : 상거래문서, 거래문서, 의례문서 등

상조사와 관련된 의례문서나 감사를 내용으로 하는 문서는 서술형(敍述形)으로 작성하고, 주문장, 계약서, 조사보고서와 같은 비즈니스 문서는 개조형(個條形)으로 쓰는 것이 원칙이다.

(1) 문장의 장단(長短)에 따라

① 간결체 : 압축・요약된 표현의 글로, 여기서 멋을 빼면 건조체가 된다.
② 만연체 : 말 수가 많고, 구절이 길어 노인의 이야기 같은 글로, 지나치면 만담조가 된다.

(2) 표현의 강유(剛柔)에 따라

① 강건체 : 굳세고 정열적이며 웅혼, 침중, 호방, 강직한 남성적인 글체
② 우유체 : 고요하고 부드럽고, 아름다워 청초, 온화, 겸허의 감정을 담은 여성적인 글체

(3) 수식의 유무에 따라

① 건조체 : 꾸밈이 전혀 없이 뜻만 전하는 법조문, 논설문, 기사문 따위의 글체

[표 4.1] 개조형 문서작성의 예

서술형 문서 작성	개조형 문서 작성
귀사의 ABC123 제품을 개당 백원씩 2,000개를 구입하려합니다. 2005년 1월 15일까지 납품해주시기 바라며 반품이나 AS에 대한 안내를 해주시기 바랍니다.	구매품목 : ABC123 구 매 량 : 2,000개 구매단가 : 100원/개 납 기 일 : 2005년 1월 15일 요구사항 : 반품조건 및 AS에 대한 안내

② 화려체 : 수식의 운율을 있는 대로 동원하여 쓴, 꾸밈이 많은 감정적인 글체

(4) 문투에 따라

① 구어체 : 현대의 일상생활에서 쓰는말을 그대로 문장으로 옮긴 글체

② 문어체 : '구약 성서'나 '기미 독립 선언문'처럼 고체, 고문체, 예스러운 말투로 쓴 글체

(5) 존경의 유무에 따라

① 경어체 : 높임말로 끝맺는 문체

② 평어체 : 보통 말씨로 끝맺는 문체

4.1.3 문서작성의 기본 원칙

비즈니스 문서는 조직을 대표하는 의사표시의 한 방법으로서 조직의 의사를 정확하게 전달하려면 문장의 수려함보다는 문서의 기본적인 원칙을 지키는 것이 더 중요하다. 조직 내의 여러 부서에 공통으로 쓰거나 자주 반복되는 문서는 양식화하고, 하나의 문서에는 1건씩 기록하며, 간결하게 1장의 용지로 마무리 짓는 것이 좋다.

① 쉬운 용어로 정확하게 표현한다.

문서의 기본 목적은 의사전달이기 때문에 상대방이 쉽게 이해할 수 있도록 보편적인 단어를 사용해야 한다. 그리고 여러 가지 의미가 내포되어 있어 읽는 사람에 따라 다르게 해석될 소지가 있는 단어는 사용하지 말아야 한다. 사람이 인지할 수 있는 어떠한 문자 또는 그에 갈음할 부호 등으로 표시되어야 한다.

② 문서의 담긴 일정한 사상 또는 개념을 한눈에 파악할 수 있도록 작성한다.

여러 번 읽은 후에야 내용을 이해할 수 있는 문서는 실패작이다. 비즈니스 문서는 전달하고자 하는 요점을 먼저 기술하고 부가 설명은 뒤에 해서 상대방이 문서의 내용을 한눈에 파악할 수 있도록 해야 한다. 그리고 본문의 내용을 항목별로 분류하여 간략하게 기재하면 내용을 빠뜨리지 않고 기록할 수 있고 이해가 빠르고, 오래 기억할 수 있다. 문제점이나 결론을 먼저 쓰고, 필요한 설명을 부가하는 것이 읽

는 사람의 이해도를 높일 수 있다.

③ 6하원칙(5W1H)에 입각해 객관적이고 구체적으로 기술한다.

누가 읽어도 같은 의미로 받아들일 수 있도록 사실을 객관적이고 정확하게 기술해야 한다. 읽는 사람에 따라 다르게 받아들일 소지가 있다면, 문서로서의 가치는 이미 상실해 버린 것이다. 부정문, 의문문, 반어법, 비유법 등의 표현은 이해를 어렵게 하므로 지양하고 긍정문을 사용한다. 사실과 의견, 인용과 추측을 명확히 구분하고 주관적인 표현은 지양한다.

④ 문장부호와 맞춤법에 중의하고 적절한 문장의 길이를 유지한다.

내용이 아무리 좋은 문서라고 문장이 장황하면 읽기에 지루하고 이해하기도 어렵다. 그리고 문장이 길어지면 일반적으로 쉼표(,)를 많이 사용하게 되는데, 쉼표의 위치에 따라 문맥의 의미가 달라질 수 있어 혼선을 일으킬 수도 있다. 따라서 문장은 끊을 수 있는 부분은 끊어서 짧고 간결하게 작성하는 것이 좋다. 그리고 맞춤법에 어긋나면 문서에 대한 인상이 흐려지므로, 사전 등을 활용해 가며 정확하게 작성한다.

⑤ 격식에 맞추어 정중하게 작성한다.

일상생활에서는 경어를 많이 사용하지 않지만, 비즈니스 문서는 의례적인 요소가 많으므로 적절한 경어의 사용은 문서의 효과를 높일 수 있다. 단, 부적절한 경어의 사용은 상대에게 불쾌감을 줄 뿐 아니라 작성자의 품위도 떨어뜨리게 된다. 그리고 반박이나 거절하는 내용의 문서를 작성할 때는 문장표현에 특히 신중해야 한다. 지나치게 일방적이고 강력한 표현을 쓰게 되면 상대를 불쾌하게 만들어 이후의 교섭을 어렵게 만들 수도 있다. 따라서 항상 정중한 표현을 사용하는 것이 좋다.

⑥ 필수 기재사항에 유의해 정확하게 작성한다.

문서에 인명 · 지명 · 수량 · 금액이 들어가는 경우에는 작성에 주의하고 작성 후에도 여러 번 확인하는 것이 좋다. 그리고 법령과 관계된 계약서, 차용증 등의 문서는 필수 기재사항을 빠뜨릴 경우 그 문서 전체의 효력을 상실할 수 있으므로 특히 유의해서 작성해야 한다.

⑦ 성의를 다해 책임질 수 있는 문서를 작성한다.

비즈니스 문서는 상대에게 어떠한 반응이나 행동을 요구하는 것인데 문서 작성자 의성의가 전달되지 못하면 문서의 목적을 달성할 수 없다. 그리고 문서는 기록으로 보존되는 특징을 가지고 있기 때문에 작성자는 그 내용에 문제가 발생할 경우 언제든지 책임을 지겠다는 자세로 문서 작성에 임해야 한다.

⑧ 신속하게 작성하여 시기를 놓치지 않는다.

비즈니스 문서는 대부분 실무처리를 위해 작성하는 것인 만큼 그 시기를 놓치게 되면 아무리 좋은 내용이라도 소용이 없게 된다. 사교문서일 경우에도 이 점은 마찬가지이다. 따라서 사안이 발생했을 때 신속하게 작성할 수 있도록 문안을 매뉴얼화해 사용하는 것이 좋다.

⑨ 간단한 표제를 붙이고 행을 적당히 나눈다.

문서의 내용을 일목요연하게 파악할 수 있도록 간단한 표제를 붙인다. 한 단락이 너무 길면 보기에도 안 좋고 이해를 어렵게 한다. 그러므로 내용을 보면서 적절히 단락을 나누어준다. 대개 한 단락은 4~5행이 보기에 적당하다.

⑩ 한자는 상용한자의 범위 내에서 사용한다.

일상적으로 사용되지 않는 한자는 피하고, 그에 알맞은 다른 말로 대체하여 사용한다. 한자의 오자가 없도록 하며, 한자를 효과적으로 사용하기 위해서는 한자의 비율을 적당히 조정한다.

⑪ 외형을 보기 좋게 꾸민다.

어떤 종류의 용지를 사용했는지, 어떤 식으로 구성 요소들이 배치되었는지 또는 어떤 글씨체와 글자크기를 사용했는지 등의 외형적인 요소는 문서의 내용만큼이나 중요하다. 또한 문서의 외형은 작성자의 첫 인상을 좌우하므로 보기 좋게 작성해야 한다.

4.2 초보자를 위한 문서작성의 요령

문서작성의 요령을 알면 문서의 활용을 극대화할 수 있다.

① 문서의 내용이나 조건은 명확하게 작성하라

서식집을 활용하여 실제로 서식을 작성할 경우에는 우선 작성하고자 하는 계약서나 의사록 등의 조건을 명확하게 표현하는 것이 필요하다. 우선 별도의 용지 등에 요점이나 핵심을 정리하여 조항별로 적은 후에 문서작성에 들어간다면 효율적으로 문서를 작성할 수 있을 것이다.

② 가장 유사한 서식 예를 선택한 후에 작성하라

우선 서식집에서 작성하고자 하는 서식의 내용과 조건에 가장 가까운 서식 예를 선택하도록 한다. 그러나 그대로 사용할 수 있는 서식 예는 좀처럼 없으므로 자신이 작성하려고 하는 서식의 내용이나 조건에 맞추어 서식예의 내용을 보태거나 빼거나 하여 수정한다. 경우에 따라서는 유사한 여러 개의 서식 예에서 사용할 수 있는 부분을 발췌하여 사용하는 경우도 있을 수 있다. 이러한 경우에는 문서 전체의 일관성이 유지될 수 있도록 주의하여야 한다.

③ 서식예의 내용을 파악한 후에 작성하라

문서작성을 위하여 서식 예를 검토할 때에는 그 서식 예를 충분히 숙독하고 그것이 어떠한 조건을 전제로 하여 작성된 것인지를 확인함과 동시에 각각의 조항의 의미를 완전하게 이해하여야 하다. 그러기 위해서는 서식집의 해설부분과 작성요령부분을 충분히 읽고, 경우에 따라서는 관련 도서나 관련 법령을 확인하고 검토할 경우도 대비하도록 한다.

④ 자신이 직접 써보도록 하라.

이상과 같은 내용확인과 검토를 마쳤다면 자신의 힘으로 직접 작성해 보도록 한다. 특히, 처음으로 작성하는 문서는 반드시 자신의 손으로 직접 써 봄으로써 문서의 구성이나 필요한 조항 등이 누락되었는지의 여부를 알 수 있다.

⑤ 문서의 표현은 평이하면서 일목요연하게 작성하라.

실제로 문서를 작성할 때는 평이하면서 명쾌한 표현을 사용함으로써 누가 보아도 동일한 내용으로 이해할 수 있는 문장으로 구성할 필요가 있다. 따라서 여러 번의 수정을 거친다고 하여 시간을 아까워해서는 안된다. 즉, 평범한 문서 하나에도 기안자의 품격이 나타날 수 있으므로 사용과 표현에 유의하도록 한다.

⑥ 본인만의 서식집을 만들도록 하라.

본인이 노력하여 작성한 문서는 파일화하여 자기만의 서식집을 만들어 둔다. 그렇게 함으로써 앞으로의 업무에 소중한 자료가 될 뿐 아니라, 직장 상사에 의하여 지적된 원고를 반복해 읽어봄으로써 문서작성의 핵심과 보완해야 할 사항이 무엇인지도 알 수 있다. 그러는 사이에 문서작성 능력은 향상되어 갈 것이다.

4.2.1 서식집의 활용

서식집은 사용하기에 따라서 문서작성에 커다란 힘이 되기도 한다. 서식을 유료나 무료로 제공하는 홈페이지는 매우 흔하므로 인터넷에서 쉽게 찾을 수 있다.

① 서식집 활용과 효과

거래신청서나 각종 보고서 등의 회사서식을 기안하는 경우, 서식집을 이용하면 시간을 절약할 수 있을 뿐만 아니라, 능률을 향상시킴과 동시에 반드시 기재해야 할 사항에 누락이 있는지를 점검하여 실수를 미연에 방지할 수 있다. 특히, 초보자에게는 각각의 서식들이 어디에 어떻게 사용되는지를 알 수 있을 뿐만 아니라. 적절한 용어와 문구의 사용법을 익히는데 큰 도움이 된다.

② 적절한 수정을 가하여 활용하라.

서식집은 서식을 기안하려고 하는 자에게 있어서 훌륭한 업무의 보조자이기는 하지만, 모든 경우에 그대로 적용될 수 있는 표준서식은 될 수 없다. 즉, 서식집에 수록된 모델 서식들은 일반적인 조건을 전제로 하여 만들어져 있다. 따라서 실제에서는 개별적인 조건들에 달리 적용되어야 하는 경우도 발생하므로 개별적인 조건에 맞도록 적절하게 수정하여 사용하도록 한다.

③ 최신의 서식집을 이용하라

기업의 조직이나 거래에 관한 법령, 제도, 관습 등은 항상 어지럽게 변하고 있다. 이러한 변화를 반영하여 계약서나 의사록 기타 회사서식의 내용이나 표현방법도 때에 따라서 조금씩 변한다. 이러한 변화에 민감하지 않으면 계약서나 법령의 개정을 무시한 채 의사록이 만들어질 우려도 있으므로 실무 참고서나 서식집은 항상 최신의 것을 이용하도록 한다.

4.3 문서작성의 주의점

4.3.1 용어의 표현

쉽고 간명한 한글로 작성하되, 한글맞춤법에 따라 가로로 쓴다. 표준말과 순화된 행정용어를 사용하며, 특수계층의 언어나 방언(方言)의 사용을 금지한다. 상대방에게 호감을 주는 글자를 사용하고, 상사나 거래처의 이름은 정중하고 정확히 쓰도록 주의한다. 글자의 색깔은 검은색 또는 파란색으로 한다. 다만, 도표를 작성할 때, 또는 문서의 내용을 수정하거나 강조하는 등, 특별한 표시를 할 때에는 다른 색을 사용할 수 있다. 그러나 누란색, 보라색, 담홍색 등과 같이 문서를 복사하거나 모사전송할 때에 글자가 잘 나타나지 아니하므로 사용하지 않는 것이 좋다.

용어	설명
글자	문서는 문화예술진흥법 제7조의 규정에 의한 어문 규범에 맞게 한글로 작성하되, 쉽고 간명하게 표현하고, 뜻을 정확하게 전달하기 위하여 필요한 경우에는 괄호 안에 한자 그 밖의 외국어를 넣어 쓸 수 있으며, 특별한 사유가 있는 경우를 제외하고는 가로로 쓴다.
숫자	아라비아 숫자로 쓴다.
연호	서기연호를 쓰되, "서기"는 표시하지 않는다.
날짜	숫자로 표기하되, 년, 월, 일의 글자는 생략하고 그 자리에 온점(.)을 찍어 표시한다.
시분	24시각제에 따라 숫자로 표기하되, 시·분 글자는 생략하고 그 사이에 쌍점(:)을 찍어 구분한다.

숫자는 아라비아 숫자로 쓰며 글자의 기울기는 45° 정도로 한다. 다 쓴 다음에는 착오가 없는지를 반드시 검토한다. 문서 및 유가증권에 금액을 표시할 때는 아라비아 숫자로 쓰며, 천 단위마다 콤마(,)를 표시한다. 숫자 다음에는 괄호를 하고 한글로 한번 더 기재한다.

금액표시 예 : 금2,893,584원(금이백팔십구만삼천오백팔십사원)

서기 연호(年號)를 쓰되 서기 표시는 생략한다. 날짜의 표기는 연월일의 글자를 생략하고 그 자리에 온점(.)을 찍어 표시한다.

날짜표시 예 : 2005.1.7. 또는 2005.01.07.

시간은 시간제에 따라 숫자로 표기하되, 시분의 글자는 생략하고 그 사이에 쌍점(:)을 찍어 구분한다.

시간표시 예 : 오후 1시 45분 → 13:45

특히 정확히 사용해야 하는 용어로는 다음과 같은 것들이 있다.

① 이상과 이하는 제시한 그 숫자를 포함한다.

표시 예 : 시속 70㎞ 이하로 제한 → 시속 70㎞도 포함된다.

② 미만과 초과는 제시한 그 숫자를 포함하지 않는다.

표시 예 : 19세 미만 입장가능 → 19세는 제외되므로 입장 불가

③ 외는 제시한 숫자까지 포함한다.

표시 예 : 홍길동 외 6명 → 사람 수가 모두 7명이라는 뜻

④ 이전·이후·이래 등은 표시한 일시를 포함한다.

표시 예 : 8월 25일 이전 반납 → 8월 25일까지 반납

⑤ 전과 후는 표시된 일시를 포함하지 않는다.

표시 예 : 7월 7일 전에 완납 → 7월 6일까지 완납

4.3.2 장표의 기입요령

① 장표에 표기(票起)할 때는 장표용지가 남아 있지 않는 것이 보통이므로 주의해서 적는다.

② 연월일은 효력발생 시점과 유효기간을 확인하는 기준이 되므로 빠뜨리지 않고 작성한다.

③ 숫자와 글자는 모두 밑 부분이 양식의 아래 구획선에 닿도록 쓰고, 글자의 크기는 난의 ⅔정도의 크기가 적당하다. 이는 잘못 쓴 경우 수정해야 할 여백이 필요하기 때문이다.

4.3.3 문서의 수정

비공식의 개인적인 문서를 수정할 때는 새로운 용지에 다시 작성한다. 그러나 결재를 받은 문서이거나 기타 공적인 문서일 경우에는 정해진 방식에 따라 수정해야 한다. 수정액 등으로 내용을 수정하면 될 것이라고 쉽게 생각해서는 안 된다. 이런 행위는 엄격하게 말하자면 '공문서 위조'에 해당되기 때문이다. 문서를 수정할 때는 수정할 글자의 중앙에 두 선을 그어 원래 글자를 알아볼 수 있도록 하며, 그 옆의 여백에 내용을 다시 적는다. 이때는 문서 수정자가 반드시 수정 부위에 날인을 해야 한다.

① 문서의 일부분을 삭제 또는 수정하는 경우

삭제 또는 수정하는 글자의 중앙에 가로로 두 선을 그어 삭제 또는 수정하되 원안의 글자를 알 수 있도록 한다. 필요에 따라 글자의 중앙에 가로로 두 선을 긋지 아니하고 ‘ ⌣ ’, ‘ ⌢ ’ 등 특수한 기호로 삭제 또는 수정할 수 있다.삭제 또는 수정한 곳에는 수정한 자가 서명 또는 날인하는 것이 원칙이다.

② 문서의 중요한 내용을 삭제 또는 수정하는 경우

문서의 여백에 삭제 또는 수정한 자수를 표시하고 서명 또는 날인한다.

정정의 예 : 기안문 3자 수정(서명 또는 날인)

③ 시행문을 정정하는 경우

문서의 여백에 정정한 자수를 표시하고 관인으로 날인한다.

정정의 예 : 시행문 5자 삭제(관인으로 날인)

④ 전자문서를 수정한 경우

수정한대로 재작성하여 시행하되, 수정전의 전자문서는 기안자·검토자 또는 결재권자가 보존할 필요가 있다고 인정하는 경우 이를 보존하여야 한다.

4.3.4 인쇄교정

원고 쓰기를 끝마친 원고는 원고교정과 편집을 거쳐 인쇄소로 넘어간다. 여기에서 문선공에 의해 활판에 식자되어, 조판이 되면 초벌 교정지가 나온다. 이때 틀린 것을 교정하게 되는데, 이것을 인쇄 교정이라 한다.

인쇄교정은 보통 세 번을 보는 데 첫 번 것을 초교, 다음 것을 재교, 그 다음 것을 삼교라 한다. 경우에 따라서는 그 이상 교정할 때도 있고, 맨 마지막 교정을 종료 또는 OK라 한다. 현재는 컴퓨터를 이용한 전자출판이 일반화되어 식자공과 활판은 점차 사라지고, 인쇄나 교정이 더욱 신속하고 편리하게 바뀌는 추세이다.

① 붉은 잉크나 붉은 펜을 사용한다.
② 고치고자 하는 글자(또는 부호)를 기점으로 하여 우측으로 45° 정도 비스듬히 되도록 짧게 행간이나 여백에 선을 긋고, 그 선 끝에 바꾸어 넣을 글자나 부호를 명료하게 쓴다.
③ 바꾸어 넣을 글자가 많은 경우에는 교정선이 서로 섞이지 않도록 한다.
④ 지시, 설명문은 교정문자와 혼동하지 않도록 아무런 약속이 없이도 구분이 되

게끔 특수한 선으로 표시한다.

4.3.5 서명 날인

① 문서가 완전하게 작성되면 작성자가 장표의 작성내용에 책임을 진다는 뜻으로 서명 또는 날인을 하게 된다. 내부문서의 경우에는 담당자의 서명·날인만으로 되지만 대외적인 문서인 경우에는 기관인 또는 대표자의 직인을 찍어야 한다.

② 기관의 직인은 보통 30~40㎜의 크기로 한다. 다만, 발신자가 연명인 경우에는 쌍방 도장의 크기에 따라 발신자간의 간격을 조절한다. 날인 후의 우측여백은 연명일 경우 2~3자 정도, 회사 직인일 경우 4~5자 정도를 두며, 개인의 사인은 여백이 없게 하는 것이 보통이다.

4.4 문서작성의 형식조건

4.4.1 용지의 규격

용지의 규격, 지질 및 중량을 표준화함으로써 문서의 작성·편철·보관·보존이 용이해진다.

① 기본규격: 문서작성에 쓰이는 용지의 크기는 특별한 사유가 있는 경우를 제외하고는 A4(210 ㎜ × 297 ㎜)로 하고 있다.

② 장부 및 대장의 규격: 장부 및 대장의 기본규격은 다음과 같이 하고, 특수한 것은 그 용도에 적합한 규격을 사용할 수 있다.

③ 특수규격: 기본규격으로 정하기 곤란한 것은 서식용지 규격 중에서 적정규격을 선택하여 사용하면 된다. 특별한 사유가 있는 경우에는 그에 적합한 규격의 용지를 사용할 수 있다.

문서를 작성하는 사람마다 크기가 다른 용지를 사용한다면, 문서를 정리하기가 매우 불편할 것이다. 옷이나 신발에도 표준화된 치수가 있듯이 문서를 작성할 용지도 표준화된 치수가 있다. 1975년 발행된 ISO 216을 따라서 산업자원부 기술표준원에서 필기용지와 각종인쇄물의 재단치수에 대한 한국산업규격(Korean Standards)을 만들었다. 따라서 ISO의 규격을 따르는 국가들에서 작성하는 문서들은 그 크기가 동일하게 된다. KS규격의 코드는 KS M ISO 216 : 2008이다. KS규격은 지식경제부 기술표준원의 국가표준종합정보센터(www.standard.go.kr)에서 온라인으로 열람할 수 있다. 이 규격은 제지공장에서 생산되는 용지의 재단치수를 정하고 있는 데, 주요 열(A열)의 크기를 표준으로 하고, A열의 두 이웃한 치수 사이에 중간치수가 필요할 때 예외적인 용도로 사용할 용지의 크기를 보조 열(B열)로 정하고 있다.

영문 A나 B 뒤에 오는 숫자는 원지를 반절로 나눈 회수를 표시한다. 0은 원지를 표시하며 보통 전지배판이라고 한다. 1의 크기를 전지, 2를 반절내기, 3을 4절 내기, 4를 8절 내기, 5를 16절 내기 등으로 부르고 있다. 그림과 같이 한 용지를 이등분하

[표 4.2] 문서의 표준 크기

A열		B열		전지의 등분 수	용도
명칭	치수(㎜)	명칭	치수(㎜)		
A0	841×1189	B0	1000×1414	전지배판	특수 제작품
A1	594×841	B1	707×1000	전지	포스터
A2	420×594	B2	500×707	2절	포스터
A3	297×420	B3	353×500	4절	포스터, 광고지
A4	210×297	B4	250×353	8절	광고지, 일반인쇄용
A5	148×210	B5	176×250	16절	일반인쇄용
A6	105×148	B6	125×176	32절	엽서
A7	74×105	B7	88×125	64절	일반인쇄용
A8	52×74	B8	62×88		
A9	37×52	B9	44×62		
A10	26×37	B10	31×44		

$$y : x = \sqrt{2} : 1$$
$$xy = 1m^2$$

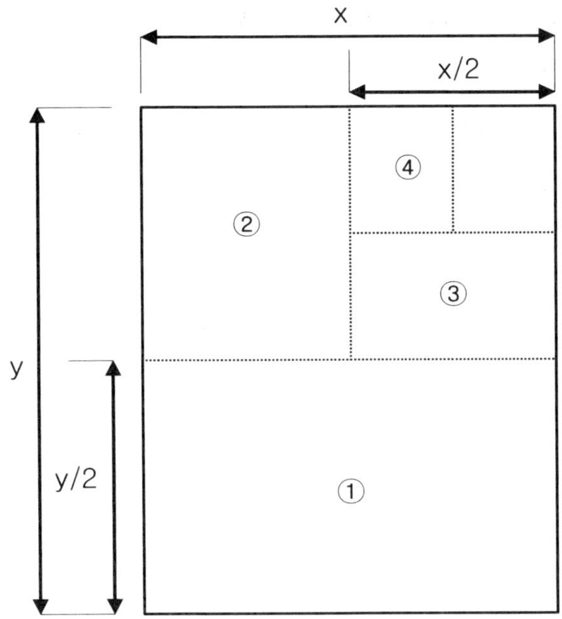

[그림 4.1] 규격 용지 간의 크기

[표 4.3] 특별한 용도의 용지 규격 예

명칭	치수(㎜)	재단방법
1/3 A4	99×210	A4의 긴 변을 3등분
1/4 A4	74×210	A4의 긴 변을 4등분
1/8 A7	13×74	A7의 긴 변을 8등분

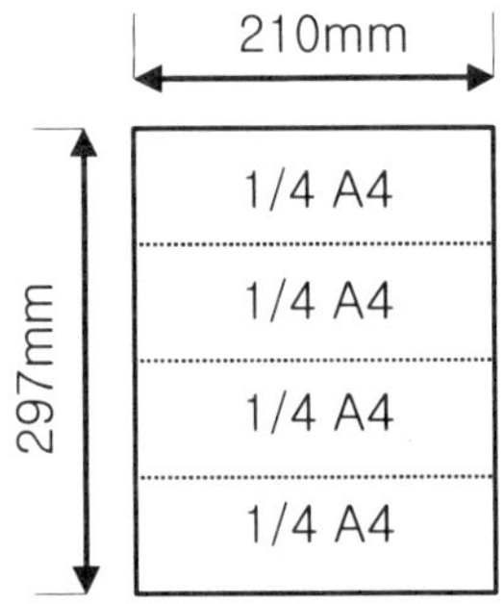

[그림 4.2] 규격 용지 나누기

면 한 치수 작은 용지가 만들어진다. A열이나 B열의 용지는 모두 긴 변(x)과 짧은 변(y)의 비율이 $\sqrt{2}$:1이 된다. A0용지의 면적이 1㎡가 되면서 이 비율을 유지하려면 다음과 같은 수식이 만족되어야하는데 이 연립방정식을 풀면 x는 841㎜, y는 1,184 ㎜가 된다. B0용지의 면적은 A0용지의 면적보다 $\sqrt{2}$배 크다.

특별히 좁고 긴 치수를 필요로 할 때에는, 긴 변을 3절 또는 4절한 치수를 사용한다. 이들은 라벨지나 티켓용지 및 기타용도로 사용되며 그예는 아래 표와 같다.

4.4.2 도서 및 인쇄물의 판형

책과 같은 인쇄물에서는 주로 국판, 사륙판 등과 같은 명칭을 사용한다. A열 용지에 국(菊)이란 말이 붙는데, 일본에서 유래된 용어로, 종이를 서양에서 수입하여 판매하는 회사의 마크가 국화를 닮았다고 해서 붙여진 명칭이다. 그리고 B열 용지에는 4×6(사륙)이라는 이름이 붙는데, 일본에서 주로 만들었던 책의 크기가 [4치 2푼]×[6치 2푼]이어서 이것을 4×6으로 부른 데서 유래된 명칭이다. 이런 판형의 치수는 국제표준규격인 ISO 216보다 이전에 통용되었던 규격인 KSA 5201(2006.11.10 폐지)에서 확인할 수 있다. 아래 표는 KSA 5201에 맞추어 도서의 판형을 표시하였다. (1자=10치=100푼÷30.3)

[표 4.4] 도서 및 인쇄물의 규격

명칭	별칭	KS규격(㎜)	명칭	별칭	KS규격(㎜)
A0		841×1189	B0		1030×1456
A1		594×841	B1		728×1030
A2		420×594	B2		515×728
A3		297×420	B3		364×515
A4	국배판	210×297	B4	타블로이드판	257×364
A5	국판 5×7판	148×210	B5	4×6배판	182×257
A6	국반판 5×7반판 문고판	105×148	B6	4×6판	128×182
A7		74×105	B7	4×6반판	91×128
A8		52×74	B8		64×91
A9		37×52	B9		45×64
A10		26×37	B10		32×45

[표 4.5] 도서 및 인쇄물의 판형

판형	치수(㎜)	본문치수(㎜)	용도
A4	210×297	160×260	디자인잡지, 여성지, 보고서
4×6배판	182×257	140×210	학술교재, 교과서, 여성지, 논문
크라운판	175×250	125×200	사진집, 교재
크라운변형	165×235	115×190	교양서,학술교재
신국판	152×223	105×175	단행본, 학술서
문고판	130×210	90×165	단행본, 문고형태

도서의 크기는 제본을 하고 테두리가 가지런하게 되도록 자르는 작업을 하므로 KS규격에서 정한 치수와 정확하게 일치하지 않고 출판사마다 그 치수가 조금씩 다르게 된다. 따라서 특별한 용도가 아니라면 KS규격을 따르는 것이 바람직할 것이다. 또한 명칭도 별칭보다는 A4, B5 등과 같이 표준화하는 것이 혼동을 줄일 수 있을 것이다. 다음 표는 도서의 판형 치수와 일반적인 용도를 예시한 것이다.

4.4.3 문서 용지의 작성 방향

문서를 볼 때 세로를 길게 놓고 보거나 가로를 길게 놓고 보게 된다. 일반적으로 대부분의 문서는 세로를 길게 하여 작성하고, 프리젠테이션용 슬라이드나 특별한 용도의 문서는 가로를 길게 하여 작성한다. 컴퓨터로 작성한 문서를 인쇄할 때 이미지를 세로(Portrait) 또는 가로(Landscape)로 출력할 지를 정해야 한다. 이것은 예로부터 초상화(Portrait) 용지는 세로가 긴 것을, 풍경화(Landscape) 용지는 가로가 긴 것을 사용한 데서 유래한다.

한국표준규격은 KSM ISO 353(2008.10.15 폐지)에서 읽거나 쓰는 방향이 짧은 가장자리와 평행한 것을 세로(Portrait)로 하고, 읽거나 쓰는 방향이 긴 가장자리와 평행한 것을 가로(Landscape)로 했으나 이 기준을 폐지하였다. 개정된 규격인 KS M ISO 216과 217에서 가공필기용지와 프린터용지에 대한 치수표시방법을 정하고 있다. 기계방향을 식별하기위해 종이의 치수는 mm(예를 들어, 594mm×841mm)로 표시하고, 두번째 숫자가 기계방향에 평행한 것이다. 또한 종이가 종목방향 즉, 긴 변이 기계방향에 평행하다면 LG(long-grain)라는 기호를 추가(예를 들어, 594mm×841mm LG)할 수 있다. 이와 달리, 종이의 짧은 변이 기계 주행방향에 평행인 경우에는 SG(short-grain)이라는 기호를 추가 표기할 수 있다. 그림과 같이 A4는 KS규격에 따르면, A4, A4 LG, 210mm×297mm, 210mm×297mm LG 등으로 표시할 수 있다. 또 A4 L은 A4 SG, 297mm×210mm, 297mm×210mm SG 등으로 표시할 수 있다.

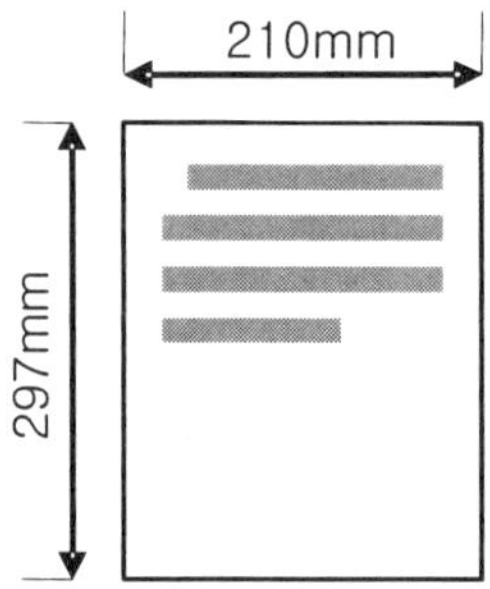

[그림 4.3] A4로 표시

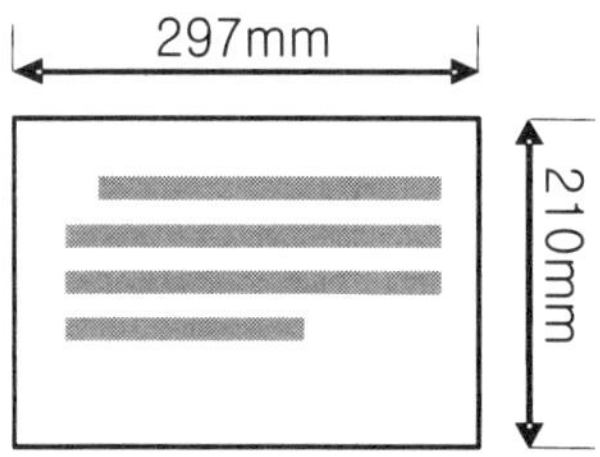

[그림 4.4] A4 L로 표시

4.4.4 장과 절의 번호

문헌 문서를 작성할 때에는 본문의 내용을 구분하기 위해 장이나 절을 표시한다. 한국표준규격인 KS X ISO 2145에 문헌 문서의 장과 절의 번호부여 방법을 정하고 있다. 성문문서의 주가 되는 장(첫 단계)은 1로 시작하여 연속적으로 매기며, 장은 여러 개의 절로 나누어질 수 있는 데(2단계), 이것 역시 연속적으로 번호를 매긴다. 이 절은 더 많은 절로 나누어진다(3단계 이후).

[표 4.6] 장·절의 표시 KS규격

1단계(장)	2단계(절)	3단계
1	2.1	2.11.1
2	2.2	2.11.2
3	2.3	2.11.3
…	…	…
9	2.9	2.11.9
10	2.10	2.11.10
11	2.11	2.11.11

본문에서 장과 절을 인용할 때에 다음에 예시한 방법을 따른다.

표시 예1 : …절 4에서…
표시 예2 : …3.5를 보면
표시 예3 : …1.2.2.3의 셋째 단락에서…

장과 절 번호를 읽는 방법은 마침표를 생략하고 예시한 방법과 같이 읽는다.

읽기 예1 : 2 '이'
읽기 예2 : 3.2.1 '삼 이 일'
읽기 예3 : 1.15 '일 십오'

4.4.5 항목의 번호

문서의 장수가 많은 보고서나 논문은 위와 같이 장절을 부여하는 것이 바람직하지만, 장수가 적은 문서에는 다음과 같이 항목을 세분하여 번호를 부여하는 것이 좋다. 이것은 표준규격은 아니나 관습적으로 사용하고 있다. 항목의 단계가 아래로 내려갈 때마다 항목 번호와 해당 본문은 전단계보다 오른쪽으로 들여쓰기를 한다. 항목부호와 그 항목의 내용사이에는 1타를 띄운다. 하나의 항목만 있을 경우에는 항목구분을 생략한다. 부분적으로 필요한 경우에는 □, ○, -, ·등과 같은 특수한 기호로 표시할 수 있다.

(1) 항목의 표시위치 및 띄우기

첫째 항목부호는 제목의 첫 글자와 같은 위치에서 시작한다. 첫째 항목 다음 항목부터는 바로 앞 항목의 위치로부터 1자(2타)씩 오른쪽에서 시작한다. 항목부호와 그 항목의 내용사이에는 1타를 띄운다.

[표 4.6] 항목번호의 표시 예

수준	번호	들여쓰기
단계1	1. 2. 3. 4. …	제목의 첫 글자와 같은 위치에서 시작
단계2	가. 나. 다. 라. …	전단계보다 1자(2타) 띄고 표시
단계3	1) 2) 3) 4) …	전단계보다 1자(2타) 띄고 표시
단계4	가) 나) 다) 라) …	전단계보다 1자(2타) 띄고 표시
단계5	(1) (2) (3) (4) …	전단계보다 1자(2타) 띄고 표시
단계6	(가) (나) (다) (라) …	전단계보다 1자(2타) 띄고 표시
단계7	① ② ③ ④ …	전단계보다 1자(2타) 띄고 표시
단계8	㉮ ㉯ ㉰ ㉱ …	전단계보다 1자(2타) 띄고 표시

수신자□○○○장관(○○○국장)
제목□글쓰기와 발표하기
1.□첫째 항목 ○○○○○○○○○○○
□□가.□둘째 항목 ○○○○○○○○○○○
□□□□1)□셋째 항목 ○○○○○○○○○○○
□□□□□□가)□넷째 항목 ○○○○○○○○○○○
□□□□□□□□(1)□다섯째 항목 ○○○○○○○○○○○
□□□□□□□□□□(가)□여섯째 항목 ○○○○○○○○○○○
....
※ □는 1타(빈칸)를 표시한다.

하나의 본문 아래 항목 구분은 주의를 요한다. 하나의 본문 아래 항목의 순서는 첫째 항목(1. 2. 3. ……)부터 시작한다.

수신자□○○○장관(○○○국장)
제목□글쓰기와 발표하기
□□□□□글쓰기와 발표하기 교육을 다음과 같이 실시하니 참석하기 바랍니다.
□□□□□□1.□일시 : ○○○○○
□□□□□□2.□장소 : ○○○○○
□□□□□□3.□참석대상 : ○○○○○.□끝.

4.4.6 기타 형식

(1) 용지의 재질 및 중량

용지의 재질 및 중량은 서식용지의 사용용도별 지질중량기준과 그 문서의 보존기간, 활용빈도, 사무자동화기기의 사용 등을 고려하여 결정한다.

(2) 용지의 여백

문서의 편철 및 관리상의 필요에 의해 용지에 일정한 여백을 두며, 문서의 편철이나 용도에 따라 각 여백을 달리할 수 있다. 문서의 편철(編綴)이란 문서를 한 묶음으로 묶어두는 것으로서 보통 문서의 좌측이나 상측)에 구멍을 내고 줄로 묶거나 접착제로 붙이게 되므로 편철 시에 문서의 내용이 가려지지 않도록 여백을 충분히 두어야 한다.

편철의 용도 외에도 문서에는 좌우 및 상하에 적절히 여백을 두는 것이 바람직하다. 대부분의 문서편집기에는 이런 용지의 위쪽 여백 아래에 머리말을 넣는 여백과 용지의 아래쪽 여백 위에 꼬리말을 두는 여백을 지정하게 한다.

머리말과 꼬리말 여백은 머리말과 꼬리말 내용을 넣거나 넣지 않는 것에 상관없이, 일단 여백을 지정하면 그 높이만큼 공간을 띄고 본문을 시작한다.

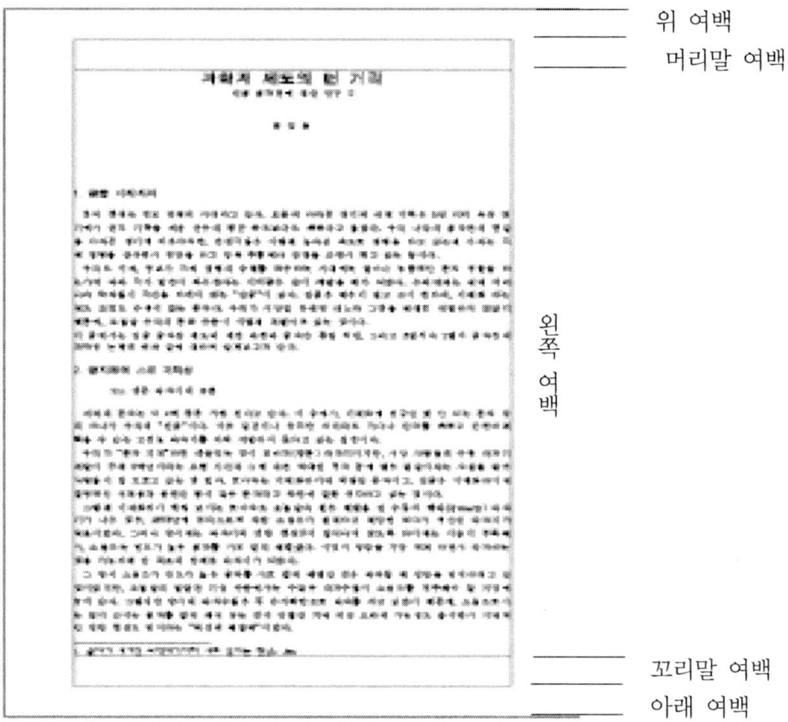

(3) 문자의 표기

① 글자 : 한글 맞춤법 통일안 및 표준어 규정에 따라 가로쓰기로 작성하고, 문서내의 장, 절, 항목 및 본문의 서체 종류, 크기, 자간, 행간을 통일되게 적용하여 깔끔하게 작성한다.

② 숫자 : 원칙적으로 아라비아 숫자를 쓴다. 단, 순서를 붙일 필요가 있는 문서명 등에는 로마자를 사용한다.

③ 색깔 : 검은색 또는 파란색 필기구 사용을 원칙으로 한다. 단, 도표나, 글자의 수정 등 특별한 경우 다른 색을 사용할 수 있다. 보고문서의 경우 수정은 붉은색을 사용한다.

(4) 문서의 끝 표시

문서의 마지막 문장이 끝났을 경우에는 1자(2타)를 띄우고 "끝"자를 표시한다. 그리고 문서에 첨부물이 있을 경우에는 본문이 끝난 다음에 첨부물 표시를 하고 표시 옆에 한 칸을 띄우고 "끝"이라고 쓴다. 본문 또는 붙임의 표시문이 오른쪽 한계선에서 끝났을 경우에는 다음 줄의 왼쪽 기본선에서 1자를 띄우고 "끝"자를 표시한다.

① 본문이 끝났을 경우의 예 : ……… 주시기 바랍니다.□□끝.

② 붙임물이 있는 경우의 예 : 붙임 1. 서식승인 목록 1부.
2. 승인서식 2부.□□끝.

③ 본문 또는 붙임물의 표시문이 오른쪽 한계선에서 끝났을 경우의 예 :
붙임 글쓰기와 발표하기…………………………1부.
□□끝.

연명부와 같은 목록을 작성하는 경우, 기재사항이 서식의 중간에서 끝나면 기재사항의 마지막 다음 줄에 "이하빈칸"이라고 표시한다.

응시번호	성명	주민등록번호	주소
10	홍길동	760223-1××××××	창원시 사림동 1
78	일지매	750415-2××××××	진주시 봉래동 10-5
		이하빈칸	

기재사항이 서식의 마지막 칸까지 작성되는 경우에는 서식의 칸 밖 다음 줄의 왼쪽 기본선에서 1자를 띄우고 "끝"자를 표시한다.

응시번호	성명	주민등록번호	주소
10	홍길동	760223-1××××××	창원시 사림동 1
78	일지매	750415-2××××××	진주시 봉래동 10-5
		이하빈칸	

□□끝.

(5) 붙임물의 표시

본문이 끝난 다음 줄에 붙임물을 표시한다. 붙임물이 두 가지 이상인 때에는 항목을 구분하여 표시한다.

(본문) …………………하시기 바랍니다.
붙임□□1.□사업계획서 1부.
2.□신청서 1부.□□끝.

(6) 문서의 면 표시

하나의 문건에 대한 면표시는 중앙하단에 일련번호로 표시하고, 여러 문건을 모아 하나의 문서철로 된 면표시는 우측하단에 표기한다. 양면 기재된 문서는 양면에 모두 표시한다. 기록물철의 면표시는 편철순서대로 맨 위로부터 아래로 일련번호로 부여하되, 표지와 색인목록은 제외하고 본문(붙임포함)부터 면표시 시작한다. 동일 기록물철을 2권 이상으로 나누어 편철시 2권 이하의 철단위 면표시는 전권의 마지막 쪽수 다음부터 시작한다. 이 경우에도 표지와 색인목록은 면표시를 제외한다. 기록물 철단위 면표시는 최초에는 연필로 했다가 기록물 정리가 끝나면 비로소 잉크 또는 넘버링기기로 확정하여 표시한다. 관공서의 문서작성 규정은 1999년까지는 본문과 붙임의 면표시를 각각 달리하였으나, 2000부터는 본문과 붙임은 하나의 문건으로 보고 계속 이어서 면표시를 한다.

사실증명이나 법률관계, 회사업무와 관련된 중요한 문서에는 문서의 총면수도 기입한다. 방법은 문서의 가장 아랫부분 중간에 전체 면수와 해당면의 번호를 적는다. 예를 들어 본문 전체가 3쪽이면, 첫째 쪽은 1/3, 둘째 쪽은 2/3 등으로 표시한다.

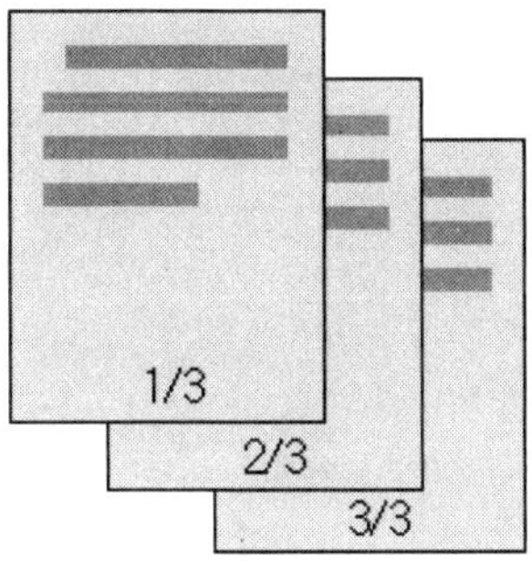

05

비즈니스 문서작성

Chapter 5 >>>

5.1 비즈니스 문서의 구성

5.1.1 기본 구성

① 문서번호 : 문서의 증빙과 보관상 편의를 위해 업무부서 단위로 정한 규칙에 따라 기재한다.

② 작성 연월일 : 작성 연월일은 원칙적으로 문서를 발신한 날로 한다. 날짜는 줄여서 쓰지 말고 정확히 기재한다. [“05. 5. 5]보다는 [2005년 5월 5일] 또는 [2005.05.05]이라고 쓴다.

③ 수신인 : 일반적으로 수신처는 회사, 관공서, 단체명을 첫 행에, 직위명과 성명은 다음 행에 쓴다. 그리고 수신처의 주소는 원칙적으로 쓰지 않는다. 단 내용증명우편이나 수신처명을 개인적으로 특칭 할 필요가 있는 경우는 별도이다. 수신처명에 붙이는 경칭은 다음과 같다. 동일한 문서를 한번에 여러 곳으로 송부할 경우에 수신인의 이름은 쓰지 않고, 각위 다음에 님이나 귀하를 붙이지 않는다.

④ 발신인 : 일반적으로 회사명, 영업소명, 직위, 이름을 쓴다. 보통 발신인은 대표자(사장, 지점장 등)가 되는데 담당과장 등 책임 있는 사람의 이름을 써도 좋다.

표기 예 :
(주)위일시스템즈 대표이사 홍길동 (인)
(주)EEL 총무부 경리과장 동길홍 (인)

[표 5.1] 수신인 표기 예

수신처	경칭	표기 예
직위가 있는 개인	귀하	(주)위일시스템즈 부장 홍길동 귀하
직위가 없는 개인	님	서울특별시 종로구 세종로 1번지 광화문 님
법인·관공서 등	귀중	사단법인 대한산업공학회 귀중
다수	각위	협력업체 및 거래처 각위

⑤ 제목 : 제목은 건명(件名)이라고도 하며, 일목요연하게 내용을 파악할 수 있도록 [○○○○건]이라고 간단하게 적는다. 그러나 사외문서에는 건명을 쓰는 것이 오히려 어색한 경우도 있다. 예를 들어 안부를 묻는 문안서나 인사장에는 생략하는 것이 좋다.

⑥ 첫머리 : 첫머리에는 주로 계절인사나 축하인사를 쓴 다음 사례인사를 하는 것이 무난하다. 계절인사는 자연, 날씨, 추위, 더위 등에 대해 언급하면 된다. 그리고 계절인사 다음에 상대방의 좋은 일에 대해서 축하하는 인사말을 쓴다. 안부를 묻는 인사도 있다. 이런 것은 다소 의례적인 것이므로 경우에 따라서는 생략해도 좋다.

⑦ 본문 : 본문은 그 문서의 용건을 쓰는 부분이다. 첫머리에 이어서 본문 문장 제일 앞에 **다름이 아니오라**로 시작하면 무난하다. 그러나 머리말을 생략한 경우에는 이 말도 생략한다. 본문은 문서의 용건을 말하는 주요 부분이므로 간단명료하게 쓰도록 한다. 실용적인 문서의 경우에는 항목별로 쓰는 것이 좋다.

⑧ 맺음말 : 맺음말은 문장을 요약해서 매듭짓는 것이므로 행을 바꿔서 **우선**, **일단** 등으로 쓰기 시작해서 **부탁드립니다**라든가 **해주시면 감사하겠습니다.** 등으로 끝내는 것이 관례이다. 머리말을 생략한 경우에는 맺음말도 생략하고 본문의 마지막에 끝내는 말로 마무리하면 충분하다.

⑨ 별첨 : 원래는 본문에 넣어야 할 중요한 사항이지만 본문에 넣게 되면 너무 장황해질 우려가 있는 경우에 따로 작성하여 첨부하는 것을 별첨(덧붙임)이라고 한다. 본문 중에서 덧붙임 자료와 관계되는 항목에서 **덧붙임 자료 참고**라고 표기하여 문서를 보는 사람이 알 수 있도록 해야 한다. 모든 덧붙임 자료는 번호

를 달아 본문이 끝난 후에 그 목록을 표시한다.

⑩ 추신 : 맺음말까지 쓰고 나서 꼭 써야 할 말이 생각났을 때 추신이라고 쓰고 추가사항을 첨가한다. 추신은 본문보다 들여쓰기 하는 것이 좋다.

⑪ 페이지 수 : 문서가 두 장 이상일 경우에는 페이지 수를 기입한다.

5.1.2 문서의 구성

전자결재시스템이 시행되면서 공문서 양식이 조금 바뀌었다. 그러나 공문서에 들어가야 할 항목들은 별로 변하지 않았으므로 작성 방법은 전과 다를 바 없다.

(1) 문서의 구성은 두문, 본문, 결문으로 구성되어있다.

① 두문에는 발신기관명(우편번호, 주소, 전화번호, 모사전송, 처리과, 담당자 등), 문서번호, 시행일자, 보존기간, 공개여부, 수신란(경유, 수신, 참조)으로 구성되어있다.

② 본문에는 제목, 내용, 첨부로 구성되어있다.

③ 결문에는 발신명의(전결, 대결의 표시), 수신처란으로 구성되어있다.

(2) 문서번호는 처리과 기관 코드와 연도별 등록 일련번호로 구성된다.

① 처리과 기관 코드: 기록물 관리기관에서 전산으로 고시

② 연도별 등록 일련번호 : 처리과 별로 기록물 등록대장에 등록된 순서에 따라 연도별 등록 일련번호를 부여

(3) 시행일자 및 보존기간

① 시행일자 : 문서가 작성된 날짜나 시행된 날짜를 기재한다.

② 보존기간 : 시행일자 뒤의 ( )에 접수기관에서 보존할 기간을 기재한다. 문서의 보존기간은 1년, 3년, 5년, 10년, 20년, 영구로 나눈다.

(4) 수신 란 : 경유, 수신, 참조로 구분된다.

① 경유 : 수신처에 앞서 먼저 경유할 기관이 있으면 그 기관장을 기재한다. 경유

가 있을 때 문서는 먼저 경유기관으로 발송된다.

② 수신 : 문서를 접수할 수신 기관명을 기재한다. 수신기관이 2곳 이상인 경우에는 두문의 수신란에 **수신처 참조**라고 쓰고 결문의 수신처 란에 수신처를 기재한다.

③ 참조 : 수신기관에서 당해 문서를 처리할 자의 직위를 기재한다.

(5) 본문

① 제목 : 문서의 내용과 목적을 쉽게 이해할 수 있도록 간단, 명료하게 기재한다.

② 내용 : 제목과 관련된 내용 파악을 쉽게 서술하며, 강조할 내용을 표시한다.

③ 첨부 : 문서에 첨부물이 있을 때 표시하는 란으로 본문이 끝난 다음 줄에 표시한다.

④ 첨부 항목이 둘 이상일 경우 항목을 구분하여 표시 한다.

(6) 결문

① 발신명의 : 문서를 발송할 때 그 문서 작성기관장의 직위를 문서 중앙에 일정한 간격으로 8cm ~ 12cm 범위 내에서 기재한다.

② 법령에 의하여 행정권한이 위임, 위탁인 경우 위임 또는 위탁을 받은 자의 명의로 발신한다. 행정기관 내 보조기관 및 보좌기관 상호 간에 발신하는 문서는 보조기관 또는 보좌기관 명의로 발신한다.

③ 내부결재 문서는 발신명의를 기재하지 않는다.

(7) 수신처

문서의 수신기관이 2곳 이상인 경우에 기재한다. 두문의 수신란에 **수신처 참조** 라고 쓰고, 2곳 이상의 수신기관을 콤마(,)로 구분하여 수신처 기호나 수신기관명을 기재한다.

두문

창원대학교

우 000-000 ○○시 ○○동 1 /전화(000)000-0000 /전송(000)000-000

○○과 　과장 홍길동 　사무관 동길홍 　담당자 길홍동

문서번호 ×× 0000-0000
시행일자 2005.02.11.(5년)
공개여부 부분공개
경유 ××○○
수신 수신처 참조
참조 ○○××

선람			지시		
접수	일자시간	. . :	결재·공람		
	번호				
처리과					
담당자					
심사자			심 사 일		

본문

제목: ○××○○×

○○××○○××○○××○○××

붙임: ×○○×. 끝.

결문

○○대학교총장 [인]

수신처 ○○대학장, ××대학장, ×○대학장, ○×원장

[그림 5.1] 공문서 양식

행정기관명

수신자 ××○○
(경유) ×○×○
제목 ○××○○×○

1.
2.

붙임: ○×○○×. 끝.

발신명의 [인]

수신자

전결 월/일
기안자(직위/직급) 서명 검토자(직위/직급) 서명 결재권자 (직위/직급) 서명

협조자(직위/직급) 서명

시행 처리과명-일련번호 (시행일자) 접수 처리과명-일련번호 (접수일자)

우 000-000 주소 / 홈페이지 주소

전화 ( ) 전송 ( ) / 공무원의 공식 전자우편주소 / 공개구분

[그림 5.2] 전자결재시스템 시행과 함께 개정된 공문서 양식

5.2 문서 처리

5.2.1 문서 처리의 일반 원칙

① 즉시(일) 처리 : 문서의 내용 또는 성질에 따라 그 처리 기간이나 방법이 다를 수 있으나 효율적인 업무수행을 위하여 당일 또는 즉시 처리해야한다.

② 책임 처리 : 공문서 처리 시 각자의 직무 범위 내에서 책임을 가지고 신속, 정확하게 처리해야 한다.

③ 법령 적합 처리 : 법령의 규정에 따라 일정한 요건을 갖추어야 하며, 권한 있는 자에 의해 작성, 처리되어야 한다.

④ 행정 계통 처리 : 행정 기관의 상하 지휘계통에 따라 문서의 발송, 접수, 경유, 인계 등을 처리한다.

5.2.2 문서의 기안

기관의 의사를 결정하기 위하여 문안을 작성하는 것을 기안이라 한다. 문서의 기안은 정확한 의사를 상대방 또는 상대기관에 정확하게 전달함에 목적이 있다. 문서의 기안은 전자문서로 함을 원칙으로 하며 다만 업무의 성격 및 기타 특별한 사정이 있는 경우에는 종이문서로 기안한다.

문서는 다음과 같은 상황에서 기안하게 된다.

① 접수한 문서를 처리하기 위한 경우

② 상급자의 지시 사항을 처리하기 위한 경우

③ 생산성 향상, 업무개선 등을 위해 창안을 하는 경우

④ 법령, 훈령, 예규 등의 근거에 의하여 하는 경우

5.2.3 기안의 종류

(1) 일반 기안

하나의 안건을 처리하기 위하여 정해진 소정의 기안용지에 작성하는 것을 말한

다. 기안문의 내용은 간단명료하게 1면으로 처리할 수 있도록 작성한다. 다만 내용이 길어 1면으로 작성이 불가능한 경우에는 뒷면을 이용하거나 그 기안용지와 같은 규격 및 지질의 용지를 사용하여 작성한다.

(2) 일괄 기안

① 문서의 내용이 서로 관련성이 있는 문서로서 제1안, 제2안 등으로 구분하여 동일한 기안용지에 작성한다.
② 제목은 각 안의 내용 및 성격에 따라 다르게 설정할 수 있다.
③ 끝 표시는 각 안의 내용 끝부분에 붙여야 한다.
④ 각 안의 발신명의 표기에 있어 발신명의가 다를 경우 각 안 별로 발신 명의를 기재하고, 각 안의 발신명의가 동일하면 최종안에만 발신 명의를 표기한다.

(3) 공동 기안

2 이상의 행정기관장의 결재를 필요로 하는 문서는 그 문서의 처리를 주관하는 기관에서 기안한다.

(4) 수정 기안

① 수신한 문서 그 자체에 간단한 수정(수신한 문서와 다른 색깔로 수정)을 하거나 필요한 사항을 추가하여 기안하는 방법이다.
② 보통 상급기관의 문서를 수정하여 하급기관에 하달할 때 사용한다.

(5) 서식에 의한 기안

정기보고 또는 수시보고, 경미한 사항의 허가, 인가, 증명서 교부, 기타 관례적인 사무에 관한 문서 및 비치 문서는 그 내용을 관계 서식에 작성한다.

5.2.4 기안서 작성 사례

기업이나 기관 등에서는 그 조직에서 사용하는 일정한 양식의 기안용지가 있기 마련이다. 따라서 사용하는 기안용지들의 양식이 조금씩 다르지만 일반적으로 다음과 같은 내용이 담겨지도록 작성한다.

① 조직 내의 문서분류 규정에 따라 분류기호 및 문서번호를 기재한다.
② 결재권자가 기안자에게 기안 내용을 문의할 수 있도록 주소, 전화번호, 모사전송번호 등을 기재한다.
③ 기안자, 기안일, 시행일을 기재한다.
④ 기안문서의 보존기간(영구 · 30년 · 20년 · 10년 · 5년 · 3년 · 1년)을 기재한다.
⑤ 수신처가 하나일 경우 그대로 수신기관명을 기재하고, 수신기관이 둘이상일 경우에는 수신란에 "수신처 참조"라고 쓴 뒤, 결문의 발신명의 아래에 수신처 기호 또는 기관명을 열거한다. 기관 내부의 기안문일 경우는, 수신란에 "내부결재"라고 기재한다.
⑥ 참조란에는 문서를 직접 처리할 최하위의 주무부서장(과장급)을 기재한다.
⑦ 경유란에는 수신처에 앞서 경유할 부서가 있는 경우, 그 부서명을 기재한다. 경유가 있을 경우에는 먼저 경유기관으로 발송한다.
⑧ 문서의 공개여부는 공개, 부분공개, 비공개로 구분하여 표시한다.

기 안 서

(주)위일시스템즈

<table>
<tr><td colspan="2">분류 기호:</td><td colspan="3" rowspan="2">전화번호:</td><td colspan="2" rowspan="2">위임규정 제 조 제 항
전결 사항</td></tr>
<tr><td colspan="2">문서 번호:</td></tr>
<tr><td rowspan="2">결 재</td><td>담당</td><td>대리</td><td>과장</td><td>차장</td><td>부장</td><td>사장</td></tr>
<tr><td></td><td></td><td></td><td></td><td></td><td></td></tr>
<tr><td>기 안 자</td><td>(인)</td><td rowspan="3">협 조</td><td></td><td rowspan="3">이 사</td><td colspan="2" rowspan="3"></td></tr>
<tr><td>기 안 일</td><td>200 . . .</td><td></td></tr>
<tr><td>시 행 일</td><td>200 . . .</td><td></td></tr>
<tr><td rowspan="2">경 유
수 신
참 조</td><td rowspan="2"></td><td>발 신 일</td><td>공 개 여 부</td><td>처 리 기 간</td><td colspan="2">보 존 년 한</td></tr>
<tr><td></td><td></td><td></td><td colspan="2"></td></tr>
<tr><td>제 목</td><td colspan="6"></td></tr>
<tr><td colspan="7"></td></tr>
<tr><td colspan="7"></td></tr>
</table>

분 류 기 호 문 서 번 호					전결규정 ○조 ○항		
기 안 부 서	대리	과장	차장	부장	이사	이사	사장
결 재 일	/	/	/	/	/	/	/

기 안 자		협조부서	대리	과장	차장	부장	감사	
기 안 일 자	200 . . .							
시 행 일 자	200 . . .		/	/	/	/		/

경 유 수 신 참 조		발신	공개여부	처리기간	보존년한
제 목	문서작성 방법과 발표기술에 대한 사내교육				

사무업무의 생산성 향상을 위하여 아래와 같이 문서작성 방법과 발표기술에 대한 사내 교육을 실시할 계획입니다.

- 아래 -

1. 교육명 : 문서작성 방법과 발표기술
2. 강사명 : 홍길동(창원대학교 교수)
3. 교육일시 : 2009.03.05. 15:00~17:00
4. 교육장소 : 멀티미디어 교육실
5. 참석대상 : 생산직을 제외한 전 사원. 끝.

5.2.5 문서의 결재

① 전결 : 행정기관의 장으로부터 사무의 내용에 따라 결재권을 위임 받은 자가 행하는 결재를 말한다.

② 대결 : 결재권자가 휴가, 출장, 기타의 사유로 결재할 수 없을 때 그 직무를 대리하는 자가 행하는 결재를 말한다.

③ 사후보고 : 대결한 문서 중 그 내용이 중요한 문서에 대하여 결재권자에게 사후에 보고하여야 한다.

④ 선람 : 법령의 규정에 의하여 소관사항에 대한 기관의 의사를 결정할 권한을 가진 자가 직접 그 의사를 결정하는 행위를 말한다.

조직의 결재 라인이 담당-대리-과장-부장-이사-부사장-사장의 순서일때, 부장이 전결권자일 경우에 부장이 결재할 칸에 "전결"이라는 고무인을 찍고 부장이 사장이 결재할 곳에 결재(서명 또는 날인)한다. 그리고 결재란의 빈 공간(이사와 부사장 칸)은 역대각선 방향으로 줄을 긋는다. 이때 부장 직위 아래까지는 정상적으로 결재를 받는다.

5.3 문서흐름 및 처리절차

5.3.1 비즈니스 문서의 흐름

(1) 문서접수

기업 또는 행정기관으로 발송된 모든 공문서는 서무담당자가 접수하여 문서접수대장에 등록한다.

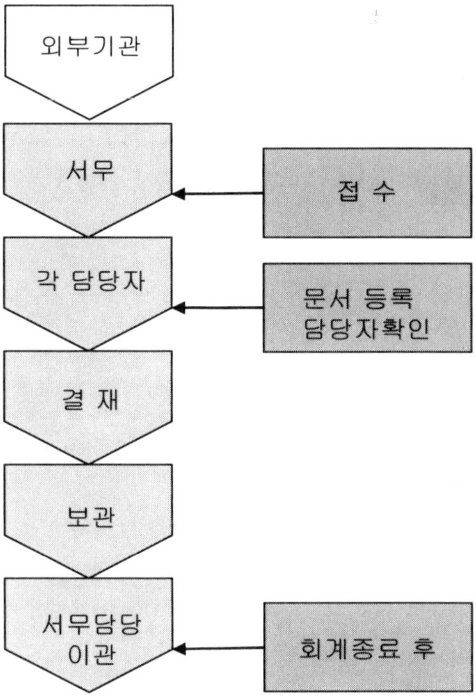

[그림 5.3] 비즈니스 문서의 흐름도

(2) 업무별 이관

접수된 문서는 해당업무별로 분류하여 담당자에게 이관한다.

(3) 문서 처리

① 결재 : 해당업무 담당자는 공문서 확인 후 담당/검토/승인 순으로 결재

② 기안 : 결재된 문서의 지시상황에 따라 업무처리 및 기안

(4) 발송

기안 결재 후 시행문을 작성하여 기안문과 함께 심사자(과장)의 확인 및 시행문에 직인 날인을 받은 후에 발송한다.

5.3.2 문서의 처리절차

(1) 문서의 발송

① 문서는 처리과에서 발송하되 정보통신망을 이용하여 발신함을 원칙으로 한다.

② 업무의 성격, 기타 특별한 사정이 있는 경우에는 인편, 우편, 모사전송, 전신, 전신타자, 전화 등으로 발신한다.

③ 내용이 중요한 문서는 발송 사실을 증명할 수 있는 특수한 방법(인편, 등기우편 등)으로 발신한다.

④ 인편, 우편으로 발송하는 문서는 문서과의 지원을 받아 발송할 수 있다.

⑤ 전자관인을 찍은 문서 중 정보통신망을 이용하여 시행할 수 없는 문서는 출력하여 시행할 수 있다.

⑥ 우편에 의하여 발송하는 때에는 규격봉투에 넣어 발송한다.

⑦ 인편에 의하여 문서를 발송하는 때에는 문서발송대장을 작성하여 해당란에 수령자의 서명 또는 날인을 받아야 한다.

⑧ 전자문서의 경우에는 별도의 시행문을 작성하지 아니하고 결재한 문서를 시행문으로 변환하여 시행한다.

⑨ 단순지시, 경미한 자료요구, 업무연락, 통보, 공지사항, 일일명령 등의 시행문을 정보통신망을 통하여 게시한 때에도 문서를 시행한 것으로 본다.

⑩ 관인(전자관인 제외)을 찍어 시행하는 문서는 관인관리자가 관인을 찍은 후 처리과에서 발송하며 관인관리자는 문서 심사여부를 확인하고 문서 등록대장의 비고란에 서명한다.

⑪ 행정기관의 장은 공문서를 수발함에 있어서 문서의 보안유지와 분실, 훼손 및 도난방지를 위한 적절한 조치를 강구하여야 한다.

(2) 문서의 접수

① 문서는 처리과에서 접수하여야 하며, 문서과에서 직접 받은 문서는 문서 배부대장에 기록한 후 지체 없이 처리과에 이를 배부하여 접수하여야 한다.

우편 접수 : 발송기관의 요구가 있는 때에는 공문서 발송 영수증을 보내주어야 한다.

인편 접수 : 서명 또는 날인하여 영수의 표시를 하여야 한다.

모사전송·전신접수 : 감열기록 방식의 모사 전송기로 보존기간이 3년 이상인 문서를 접수한 때에는 당해문서를 복사하여 접수하고 수신한 팩스문서는 즉시 폐기한다.

정보통신망을 통한 접수 : 사무관리규정에 따라 처리되며 발신자의 주소, 성명 등이 불분명한 경우에는 접수하지 아니할 수 있다.

② 접수된 문서는 행정자치부령이 정하는 문서 처리인을 찍고 그 접수일시와 번호를 기재한다. 다만, 문서과에서 직접 받은 문서는 문서과가 접수일시를 기재하여 처리과로 보낸다.

③ 처리과는 중요한 내용의 문서에 대하여는 보조기관 또는 보좌기관의 공람을 거치기 전에 결재권자의 선람을 받아야 한다.

(3) 문서의 배부

① 문서과로부터 배부된 문서가 2 이상의 보조, 보조기관에 관련된 때에는 처리과는 당해 문서를 복사하여 관련기관에 이송한다.

② 2 이상의 기관에 관련된 문서의 경우 가장 관련성이 많은 기관에 보낸다.

(4) 문서의 등록

① 당해문서에 대한 결재가 끝난 즉시 결재일자순에 따라 문서번호를 부여하고 처리과별로 문서 등록대장에 등록하여야 한다.

② 비치문서는 특별한 규정이 없는 한 그 종류별로 당해 기관의 장이 지정하는 바에 따라 등록할 수 있다.

(5) 문서처리 유의점

① 기안문 : 문서를 작성하는 기관에서 결재를 받아 보관하는 문서

② 시행문 : 결재 받은 문서의 내용을 똑같이 하여 수신기관으로 보내는 문서

③ 전결(대결)한 문서를 시행할 경우에는 발신명의 밑에 전결(대결) 표시를 한다.

④ 행정기관 외의 자에게 시행하는 문서는 전결(대결)표시를 생략한다.

⑤ 관인 : 행정기관의 장 또는 보조기관의 명으로 발송, 교부되는 문서에 사용되는 직인

⑥ 독촉장을 발부하는 경우에는 3일 이상의 보고 기일을 부여한다.

5.4 비즈니스 영문서 작성법

5.4.1 비즈니스 영문서 작성 원칙

영문서의 작성은 비즈니스맨의 필수적인 능력이 되었다. 무엇보다 영문 비즈니스 문서는 받아보는 상대가 외국인임을 명심하고, 정확한 의사전달이 이루어지도록 해야 한다.

(1) 영문 비즈니스 작성 원칙

① 언어가 달라도 문서의 기본은 불변이다.

영문 비즈니스 문서도 국문서와 마찬가지로 그 기본은 같다. 비즈니스 문서이기 때문에 특히 철자나 문법적인 실수를 조심하여 내용에 틀린 부분이 없도록 해야 한다. 영어 실력이 서툰 사람이라도 기본적인 작성원칙에 근거하여 빠짐없이 쓴다면 충분히 의사를 전달할 수 있다.

② 간단명료하게 문장을 쓴다.

정확하게 의사를 전달하기 위해서는 짧은 문장을 사용하는 것이 좋다. 그리고 불

필요한 수식어를 늘여놓아 장황하게 되지 않도록 한다. 긴 단어나 오해의 소지가 있는 단어는 쓰지 않는다.

③ 곧바로 본론으로 들어간다.

계절에 따른 인사나 안부를 길게 하지 않고 간단한 인사말 후에 곧바로 본론으로 들어가는 것이 영문서의 방식이다. 문장 첫 마디부터 이 편지를 왜 쓰게 되었는지 그리고 용건이 무엇인지를 바로 설명한다.

④ 한 장의 문서에 한 용건만 쓴다.

한 장의 문서로 정확한 정보를 파악할 수 있어야 한다. 많은 내용을 쓰다보면 초점이 흐려지기 때문에 한 장 안에 전달하려는 모든 내용이 들어가게 한다. 분량이 많으면 각각 별도 문서로 작성하는 것이 좋다.

⑤ 일상용어를 사용 한다

실용성을 중시하는 비즈니스 습관으로 일상회화에 가까운 알기 쉬운 표현을 선호하기 때문에 굳이 어려운 표현을 쓸 필요는 없다. 상대에게 말을 하듯이 구어체로 편하게 쓰면 된다.

⑥ 영문서도 서식 틀이 있다.

영문서가 정식 문서로 인정받으려면 다음과 같은 조건을 갖추어야한다.

타이핑되거나 인쇄된 것이어야 한다.
첫 부분에 레터 헤드가 있어야 한다.
발신인의 이름, 직책 바로 위에 발신인의 서명이 있어야 한다.

(2) 영문 비즈니스 문서의 구성

언어가 다르다는 것은 단순히 의사소통의 수단이 다르다는 차원을 넘어 문화와 풍습도 다르다는 의미이다. 국문서에 글자만 영어로 바꾼다고 영문서가 되지는 않는다. 같은 의미를 전달하는 데도 표현방법을 바꾸어야 할 필요가 있다. 예를 들면, 영문서에서는 주소를 이름, 동네, 도시, 국가 순으로 나열한다. 국문서와 역순이다.

5.4.2 비즈니스 영문서의 구성

(1) 레터 헤드

문서의 첫머리에 인쇄된 회사명주소 등을 레터 헤드(Letter-head)라고 한다. 영어로 인쇄가 되지 않았을 경우에는 발신자의 회사명, 주소, 전화 번호 순서대로 직접 쓰면 된다.

(2) 취급지정

취급지정이 필요할 때는 레터와 봉투 양쪽에 보통 대문자로 기입한다. 극비문서는 CONFIDENTIAL이라고 빨간 글씨로 쓴다. 지급(至急)을 요하는 요건인 경우에는 URGENT라고 지정을 하고 담당자 직책을 기재해 놓으면 방치될 염려가 없다. 극비와 친전(親展)인 문서는 취급지정에 조심해야 한다.

개인 앞으로의 친전은 PRIVATE라고 써서 회사용과 구별한다.

(3) 레퍼런스 번호(발신 번호) 및 날짜

사고발생이나 상대방으로부터의 문의에 대비해 레퍼런스 번호와 날짜는 확실하게 기입해야 한다. 레퍼런스 번호는 문서번호에 해당한다. 날짜는 레퍼런스 번호 바로 밑에 기재한다. 날짜를 쓰는 법은 아래와 같이 다양한데 수신자의 거주지에 따라 적합한 것을 쓰면 된다.

한국식	미국식	영국식	공통
2005년 8월 15일	August 15, 2005 8/15/05	15 August 2005 15th August 2005 The 15th August, 2005	2005/8/15 20050815

(4) 수신인 주소

문서 본문과 겉봉투의 수신인 주소는 아래와 같이 쓴다. 우리나라에서 쓰는 방식의 역순이다.

Mr. ○○○	호칭
General Manager	직책
The Addison-Wesley publishing Company, Inc.	회사명
2725 Sand Hill Road	번지
Menlo Park, CA94025	도시명, 주명, 우편번호
USA	국명

(5) 문장 첫머리

문서를 받는 이와의 관계에 따라 표기 방법이 달라진다. 상대방과 안면이 있는지의 여부, 상대방이 남성인 경우와 여성인 경우 등에 따라 다르게 처리해야 한다.(여성에 대한 경칭에는 Ms.를 사용하며 Miss., Mrs.와 같은 표현은 페미니즘의 영향으로 요즘 쓰지 않는다).

Will Systems Co.
#1 Sejongno, jongno-gu, Seoul 100-100, Korea

CONFIDENTIAL — Ref 1234

August 15, 2005

Mr. ○○○
General Manager
The Addison-Wesley publishing Company, Inc.
2725 Sand Hill Road
Menlo Park, CA94025
USA

Dear Mr. ○○○

Thank you for your inquiry. We are enclosing our pamphlet. The prices are as follows:

Description	Unit Price
#1122	US$1,000.00
#2233	US$1,200.00

We look forward to receiving your order.

Sincerely yours,

Gil Dong Hong
Director

Enc. Pamphlet
cc: G. D. Hong
GDH/GHD

[그림 5.4] 비즈니스영문서의 작성 예

(6) 끝머리

요즘은 전반적으로 간단해지는 추세며 미국식이나 영국식의 차이에 구애 받지 않는다. 편지 끝머리의 인사말로는 주로 아래와 같이 쓴다. 일상적으로 쓰는 격식이므로 쓰는 사람의 취향에 따라 사용하면 된다.

표기 예 : Sincerely yours,
Yours Sincerely,
Sincerely,
Regards,
Best Regards

(7) 추가 정보

문서의 끝에 추가하여 알려야 할 사항으로 다음의 3종류가 있다.

동봉물(Enclosures)

동봉물이 있음을 표시하며 Enc. Encs. Encls. 등으로 쓰기도 한다.

표기 예 : 동봉물 송장 → Enc. Invoice

배포처(Carbon Copy)

문서의 복사본을 다른 사람에게도 배포했다는 것을 표시한다. 타이핑할 때 카본 용지를 사이에 끼워서 복사본을 만들었던 것에서 유래한 것으로carbon copy 또는 cc라고 부른다.

표기 예 : 복사본 배포처 홍길동 씨 → cc:Mr. K. D. Hong

이니셜즈(Initials)

한 문서에서 서명자, 작성자, 타이피스트가 다를 경우에 각자의 책임을 명시하기 위하여 이니셜을 순서대로 기재한다.

표기 예 : 서명자 홍길동, 작성자 동길홍 : KDH/KHD or kdh/khd

(8) 부서 및 직책 표기 사례

기업에서 일반적으로 사용하는 부서와 직책의 영어표현은 아래 표와 같다. 단, 부서명과 직책명의 표기는 기업마다 조금씩 다르기 때문에 부서명이나 직책명은 확인하여 정확하게 표기한다.

최근에는 기업의 중역을 담당분야에 따라 최고○○경영자로 부르는 추세이다. 미국 기업에서 처음 생긴 명칭으로 Officer는 경영자, 관리자, 또는 책임자라는 의미이다. CEO는 한 기업에 보통 1명이 있지만, 복수의 CEO를 두는 기업도 있으며, CEO가 회장직을 겸하는 경우도 있으나 두 직책이 분리되는 경우도 있다. 일반적으로 회장은 이사회를 주재하는 권한만을 행사하는 데 반하여 CEO는 경영 전반을 통괄하므로 기업 경영에 관한 실권은 CEO에게 있다고 할 수 있다. 그러나 기업의 모든 권한이 CEO에 집중될 경우 독재형 경영구조의 문제점이 있고, CEO가 기술과 사업모델 개발에서부터 재무·인사·마케팅 등 권한과 책임이 방대해짐으로써 효율적인 경영이 어려울 수도 있다. 따라서 CEO의 권한을 보충 또는 견제하기 위한 차원에서 CEO와 임원들의 역할을 분담해 CFO, CPO 등의 새로운 직책을 신설하게 되었다.

[표 5.2] 국문/한문/영문 직책명(계속)

회장	會長	Chairman
부회장	副會長	Vice Chairman
사장/대표이사	社長	President
부사장	副社長	Senior Executive Vice President
전무이사	專務理事	Senior Managing Director
상무이사	常務理事	Managing Director
이사	理事	Director
부장	部長	General Manager
본부장	本部長	Director
부장대리	部長代理	Deputy General Manager

[표 5.2] 국문/한문/영문 직책명

회장	會長	Chairman
차장	次長	Deputy General Manager
실장	室長	General Manager
과장	課長	Manager
대리	代理	Assistant Manager
계장	係長	Chief
주임	主任	Assistant Manager
주임기사	主任技士	Staff Engineer
기사	技士	Engineer
수석연구원	首席研究員	Principal Research Engineer
책임연구원	責任研究員	Senior Research Engineer
선임연구원	先任研究員	Research Engineer
전임연구원	傳任研究員	Associate Research Engineer
주임연구원	主任研究員	Assistant Research Engineer
감사	監事	Auditor General
고문/자문	顧問	Advisor
상임고문	常任顧問	Executive Advisor
전문위원	專門委員	Research Fellow

[표 5.3] 기업의 중역에 대한 명칭

CEO	최고경영자	Chief Executive Officer
CFO	최고재무관리자	Chief Financial Officer
CIO	최고정보관리자	Chief Information Officer
COO	최고경영관리자	Chief Operation Officer
CTO	최고기술관리자	Chief Technology Officer
CDO	최고개발관리자	Chief Development Officer
CKO	최고지식경영자	Chief Knowledge Officer
CPO	최고정보보호책임자	Chief Privacy Officer
CSO	최고전략책임자	Chief Strategy Officer
CSO	최고보안책임자	Chief Security Officer
CVO	최고비젼책임자	Chief Vision Officer
C@O	최고 E-business 책임자	Chief e-Business Officer
COO	최고컨텐츠기획책임자	Chief Contents Officer

[표 5.4] 기업의 부서명(계속)

기획실	企劃室	Planning Dept.
고객만족실	顧客滿足室	Customer Satisfaction Dept.
총무부	總務部	General Affairs Dept.
경리부	經理部	Accounting Dept.
택배업무부	宅配業務部	Parcel Service Support Dept.
택배영업부	宅配營業部	Parcel Service Sales Dept.
시설관리부	施設管理部	Facilities Management Dept.
국내물류부	國內物流部	Logistics Management Dept.

[표 5.4] 기업의 부서명

기획실	企劃室	Planning Dept.
물류개발부	物流開發部	Third Party Logistics Dept.
항공업무부	航空業務部	Air Operation Dept.
항공영업부	航空營業部	Air Sales Dept.
해운업무부	海運業務部	Ocean Operation Dept.
해운영업부	海運營業部	Ocean Sales Dept.
e-BIZ부	e-BIZ部	e-Business Dept.
경영개선팀	經營改善	Management Improving Team
전략기획팀	戰略企劃	Plan Dept.
해외사업팀	海外事業	International Development Dept.
법무팀	法務	Law Dept.

국어의 로마자 표기법

(문화 관광부 고시 제2000-8호(2000년 7월 7일))

제4항 인명은 성과 이름의 순서로 띄어 쓴다. 이름은 붙여 쓰는 것을 원칙으로 하되 음절 사이에 붙임표(-)를 쓰는 것을 허용한다.
(( ) 안의 표기를 허용함.)

(보기) 민용하 Min Yongha (Min Yong-ha)
송나리 Song Nari (Song Na-ri)

1. 이름에서 일어나는 음운 변화는 표기에 반영하지 않는다.

(보기) 한복남 Han Boknam (Han Bok-nam)
홍빛나 Hong Bitna (Hong Bit-na)

2. 성의 표기는 따로 정한다.

카탈로그(Catalogue)

상품이나 기업 소개를 위해 만든 인쇄물로서 목록, 요람, 편람, 안내서라고도 하는데 상품을 구매할 것이 예상되는 손님이나 제품의 구매욕을 불러일으키기 위해 상품의 기능과 특징 ·가격 ·디자인 등을 사진이나 그림으로 구성하여 알기 쉽게 설명하고, 또 구입시 참고가 될만한 사항을 나타내 보이는 광고 매체. 카탈로그의 배포가 영업사원의 파견에 비해 경비절감이 크게 될 뿐 아니라 정확하게 목적지에 전달되는 장점이 있다.

팸플릿(Pamphlet)

적은 쪽수의 인쇄물에 종이 표지를 붙여 또는 표지 없이 그대로 제책(가철)한 선전 ·계몽을 위한 소책자. 주로 회사나 사업의 전모 소개, 상품을 주제로 한 영업안내, 보고서·요람·편람 등. 소(小)논설 ·소논문(특히 시사문제)의 의미도 있다. 일반적으로 카탈로그보다 쪽수가 적다.

브로슈어(Brochure)

기업의 이미지 제고를 위해 기업이념, 역사, 업무소개 등을 간략하고 핵심적으로 전달하려고 제작하는 대외 홍보용 인쇄물을 말한다. 상품광고용으로도 사용한다.

리플릿(Leaflet)

선전 및 광고를 하기 위한 1매로 된 인쇄물로 전단/찌라시/삐라라고도 하며 일반적으로 2단, 3단, 4단 등으로 접지를 한다.

5.5 문서 사례

5.5.1 일반상거래 문서

(1) 상거래 개시 신청서

새로 회사를 설립하거나 점포를 개설하여 영업을 시작하거나 새로운 거래처를 물색하여 상대방 또는 회사에 의사를 표현하는 문서이다.

① 상대방의 마음에 들도록 작성하여야 한다. 자신과 거래함으로써 상대방이 이익이 생길 수 있다는 것을 알 수 있도록 작성한다.

② 지나치게 겸손하지 않도록 한다. 지나친 겸손은 비굴한 인상을 주어 상대로부터 의심을 받거나 마음을 움직이지 못할 경우도 있다.

③ 의사 표현은 확실하게 한다. 거래를 시작하고자 하는 의사가 전달될 수 있도록 희망조건 등을 제시한다.

상거래 개시 신청서

○년 ○월 ○일
수 신 : 주식회사
대표이사 ○○님 귀하

발 신 : 서울시 ○○구 ○○동 ○○번지
○○주식회사 대표이사 ○○○드림(전화번호 555-5555)

귀사의 무궁한 발전을 기원합니다. 갑작스럽게 편지를 보내는 것이 실례인줄 아오나 귀사와 거래하기를 요청하는 마음에서 이렇게 편지를 쓰게 되었습니다.

당사는 의류판매를 5년간 하고 있으며 부단히 노력한 결과 사업도 꾸준하게 성장하고 있습니다. 특히 최근 시판한 ○○은 소비자들로부터 호평을 받고 있어서 이번 기회에 판매망을 전국적으로 확대하려 합니다. 그래서 귀사가 소재한 지역에 믿을 수 있는 거래처를 두고 싶었던 바, 때마침 ○○주식회사의 ○○님으로부터 귀사의 명성을 듣게 되었고, 꼭 거래 할 수 있기를 바라는 마음에서 이렇게 부탁을 드리게 되었습니다. 당사의 거래규정 및 참고자료를 동봉하오니 검토 후, 거래가 개시될 수 있도록 다시 한번 부탁의 말씀을 드립니다.

또한, 당사의 신용 상태에 대해서는 앞서 말씀드린 ○○님이나, ○○은행 지점에 문의 하시면 잘 아실 수 있을 것입니다.

아무쪼록 회답이 있으시기를 기대하겠습니다.

별첨 : 거래규정 및 참고자료 각 1부 - 끝 -

(2) 견적의뢰서

본문에 견적서를 받고 싶다는 의사표현과 구체적인 사항을 명시하고 향후 구입전망 등을 언급하여 유리한 분위기를 이끌어낸다. 또한 본문에는 품명, 품질, 수량, 납기일, 물품 인도 장소, 운송방법, 운임, 대금 지불방법 등 구체적인 사항들에 대해 빠짐없이 기재한다.

견적의뢰서

문서번호 : 제1234호
발 신 일 : ○년 ○월 ○일
수　　신 : ○○주식회사
영업부 귀중
발　　신 : 경기도 ○○시 ○○구 ○○동
(주) □□유통 판매부장

귀사의 무궁한 발전을 기원합니다.

앞서 송부해 주신 카탈로그에서 아래 번호의 상품을 매입하고자 합니다. 그에 관해 아래 조건에 따른 가격을 알려주시기 바랍니다. 또한, 상당수의 수요가 전망되오니 수량이 정해지면 가격 할인이 가능한지의 여부와 할인시 기준 수량이 어느 정도인지 등도 상세히 명시해 주시면 고맙겠습니다.

- 아 래 -

1. 견적상품
   (1) 상품번호 1122
   (2) 수량 10,000개
2. 거래조건
   (1) 납기 ○○년 ○월 ○일
   (2) 인도방법 당사 ○○창고
   (3) 운송방법 귀사일임
   (4) 운임제비용 귀사부담
   (5) 지불조건 검수후 10일내 현금지급

-끝-

(3) 손해배상 청구서

주문자의 주문에 따라 납품되었지만 어떤 요인으로 인해 의해 제품의 이상이 발생한 경우 손해배상청구서를 작성하고 증거자료를 첨부한다. 교환 또는 환불을 요구할 수도 있겠지만 상황에 따라서는 손해배상을 청구할 수도 있을 것이다. 거래당시 계약에 이런 상황에 대한 책임규명이 명확하도록 명시하는 것이 중요하다.

손해배상금청구서

○년 ○월○일

문서번호 : 제04-1234호
수　　신 : ○○ 주식회사 귀중
발　　신 : 경기도 ○○시 ○○동 22-11
○○ 주식회사
영업부장 박○○(전화 555-5555)

귀사의 무궁한 발전을 기원합니다.

전할 말씀은 다름이 아니라, 귀사에서 지난 ○월 ○일, 운송점을 통해서 보내 주신 제품 300개 중에서 파손품이 발견되어 정상제품으로 교환 또는 손해배상을 청구합니다.

당일 당사에서는 운송점 김○○씨 입회하에 포장을 개봉하였으며, 김○○씨의 상황진술서는 별도로 첨부하였습니다. 개봉시 제품 300개중 50개가 귀사의 포장 및 운송점에서의 적재방법, 운전상 문제로 인하여 파손된 것으로 밝혀졌습니다. 물론, 상품으로서 판매는 불가능할 뿐만 아니라, 이로 인하여 당사의 영업에도 손해가 발생하게 되었습니다. 따라서 아래와 같이 손해배상을 청구하오니 조속히 송금해 주실 것을 부탁드리는 바입니다.

- 아　래 -

1. 손해배상금 산출액 : 1,000,000 원
2. 별　첨 : 운전자 김○○씨의 상황진술서 1부

- 이상 끝 -

(4) 대금청구서

대금지급기일, 지급방법 등 대상 거래내역을 명확하게 기재하여 작성한다.

대금청구서

문서번호 : 제04-2211호
수　　신 : ○○ 주식회사
　　　　　구매과장 최○○ 님 귀하
발　　신 : 서울시 ○○구 ○○동 96-11
　　　　　○○ 주식회사
　　　　　경리과 조○○

귀사의 무궁한 발전을 기원합니다. 당사에 대하여 항상 변함없는 성원을 보내주시는 점에 진심으로 감사드립니다.

귀사에서 ○월 ○일자로 주문하신 제품에 대하여 당사에서는 ○월 ○일자 출하안내장 제23호로 납품하였으니 검수를 부탁드립니다.

아울러 이 건에 대해서 청구서를 동봉하오니 약속하신 대로 ○월말 일까지 아래의 은행계좌로 입금해 주실 것을 부탁드립니다.
감사합니다.

1. 입금 계좌 : ○은행 111-11-111111 예금주 ○○주식회사
2. 별첨 : 대금청구서 1부

- 이상 끝 -

(5) 안내장

모임이나 연회에 참석을 권유하는 문서로 특정인을 무료로 초대하는 초대장과 일반인을 대상으로 참가를 요청하는 안내장이 있다.

① 목적이나 용건을 명확히 기재한다.

통지의 성격이 강한 문서이므로 행사의 목적이나 용건을 상대방이 이해하기 쉽도록 작성한다. 행사의 내용, 장소, 일시 등은 별도로 기입한다.

② 담당자를 명시하고 회신방법도 명시한다.

안내장이나 초대장을 받은 사람의 문의가 있을 때를 대비하여 담당자의 연락처를 표시한다. 또 상대방의 참석여부를 확인할 필요가 있을 때는 회신방법도 마련하여 안내를 한다.

③ 상대방이 편하게 참석할 수 있도록 세심하게 배려한다.

행사장까지의 교통편이나 주차장에 대한 안내도 자세히 하여 참석자가 불편하지 않도록 해야 한다. 필요에 따라 입장권, 식권, 주차권, 약도 등을 첨부한다.

안 내 장

문서번호 : 제04-1234호 ○년 ○월 ○일
수 신 : ○○ 주식회사
발 신 : 경기도 ○○시 ○○동 9-11
○○ 주식회사
홍보부 홍○○(전화 555-555)
내 용 : 신제품발표회를 개최하면서

항상 당사에 대해서 각별한 성원을 보내주시는 점 깊이 감사드립니다.

그동안 당사의 주력상품으로 판매중인 GR3에 대한 사용자의 고견과 자체 연구팀의 성능분석을 통하여 GR3를 개량, 보완한 GR4를 시판하게 되었습니다.

이에 당사에서는 그동안 제품개발에 협력해 주신 사용자 여러분과 관계자를 모시고 아래와 같이 발표회를 겸한 작은 피로연을 개최합니다. 부디 바쁘시더라도 참석하셔서 자리를 빛내 주시기 바랍니다. 감사합니다.

- 아 래 -

1. 일시 : ○월 ○일(토요일) 오후 2시~4시

2. 장소 : 본사 1층(신제품발표회장)

3. 내용 : 가. 신제품의 개발과정과 첨단기능 발표회
나. 시운전 및 참관

초 대 장

○○주식회사 ○년 ○월 ○일
대표이사 김○○님 귀하

귀하의 건강과 평안을 기원합니다.

이번에 당사에서는 지속적으로 격려와 관심을 가져주신 거래처에 대해 사은의 뜻으로 아래와 같이 부부동반 테니스대회를 개최하기로 하였습니다.

요즈음 업무로 바쁘시겠으나, 잠시나마 시간을 내어 맑고 푸른 봄날, 신선한 공기와 푸른 잔디에서 마음껏 실력을 발휘해 보시기 바랍니다. 행사의 일정과 장소 및 자세한 내용은 다음과 같습니다.

- 다 음 -

1. 일시 : ○월 ○일(토요일) 오전 9시~오후 5시 (집합시간 오전9시)
2. 장소 : ○○테니스코트
3. 경기방법 : 복식
4. 준 비 물 : 개인 테니스라켓 외 준비물은 없음

* 동봉한 엽서에 참가 여부를 기재하여 ○월 ○일까지 회신해 주시기 바랍니다.
* 별첨 : 1. ○○테니스클럽 안내도
2. 회신용 엽서 1부

- 이상 끝 -

(6) 인사장

인사장은 회사나 개인 신상에 대한 특정 사항을 상대방에게 전달하여 서로 간의 이해와 협력을 도모할 목적으로 작성한다.

인 사 장

○○주식회사 귀중

귀사의 무궁한 발전을 기원합니다.

이번에 □□주식회사를 소개해 주셔서 감사했습니다. 항상 각별한 성원을 보내주시고 이런 배려까지 주신 점에 대해서 진심으로 감사드립니다.

덕분에 거래조건에 관한 문의를 받았고 담당자의 생각으로는 빠른 시일 내에 좋은 결과를 얻을 수 있을 것이라 합니다. 이렇게 상담이 순조롭게 진행되는 것도 당사와 오랜 기간 거래를 하며 성원을 보내주신 귀사의 신용 덕분이기에 더욱더 깊은 감사를 드립니다.

다행히 □□주식회사와의 거래가 성사되면 소개해 주신 귀사의 명예를 손상시키지 않도록 당사의 명예를 걸고서 최선을 다할 각오입니다.

우선, 서면으로 보고 겸 인사말씀을 올리면서 일간 찾아뵙도록 하겠습니다.

감사합니다.

○년 ○월 ○일
○○주식회사
대표이사 홍길동 드림

---

(7) 계약서

비즈니스에서는 거래에 관한 조건과 방법 등을 정하기 위해 계약서를 자주 작성하게 된다. 상거래에서는 이해관계가 상반되는 경우가 자주 발생하므로 계약서 작성은 신중하게 하여야 한다. 계약서는 분쟁이 발생하였을 때 그 증거가 되므로 불분명한 일이 없도록 내용을 명확하고 하여야 한다. 사소한 것이라도 분명하게 기재해 두는 것이 바람직하다.

임 대 계 약 서

○○○(이하 甲이라 칭함), ○○○(이하 乙이라 칭함)와의 사이에 무선 부품 제작에 필요한 물건의 대여(이하 대여물건이라 칭함)에 관하여 아래 조항의 계약을 채결한다.

제1조 본 계약서에 대여물건이라 함은 별지 명세서에 기재된 것을 말한다.
제2조 대여물건의 임대료는 금 ○○○원으로 정하고 乙은 매월 말일까지 甲에게 지급한다.
제3조 대여물건에 관한 설치비 및 화재 보험료는 乙이 부담하고 화재 보험금의 수취인 명의는 甲으로 한다.
제4조 乙은 본 계약과 동종 또는 유사품을 제조하거나 타인에게 판매할 수 없다.
제5조 乙은 甲의 동의 없이 본 계약 이외의 물품 제조를 위하여 대여물건을 사용 또는 타에 대여할 수 없다.
제6조 乙은 대여물건에 대하여 항상 최선의 주의를 하며 선량한 관리자의 의무로써 사용하고 손상, 훼손하지 않도록 노력한다. 만약 乙이 귀책사유로 손해가 발생한 경우는 즉시 甲에게 보고하고 乙의 비용을 완전히 보상한다.
제7조 乙은 甲의 허가 없이 대여물건을 개조 또는 개수를 할 수 없다.
제8조 본 계약이 완료했을 경우 乙은 즉시 대여물건을 보수, 완비하고 乙의 비용으로 甲에게 반환한다.
제9조 전조 각 항에 위반할 경우 甲은 乙에 대한 보상 없이 단독의사로 계약을 해제할 수 있다.
제10조 본 계약의 기간은 계약일로부터 　년으로 한다. 단, 甲 · 乙의 협의에 의하여 이를 갱신할 수 있다.
제11조 본 계약의 조항 이외의 분쟁이 발생하였을 때는 甲 · 乙이 협의한 후 수시 결정한다.

본 계약체결을 증명하기 위하여 본 증서 2통을 작성하여 갑, 을이 각 1통씩 보관한다.

○○년 ○월 ○일

(甲) 주 소 : (전화 :)
대표이사 :
(乙) 주 소 : (전화 :)
대표이사 :

5.5.2 사교문서

(1) 소개장

자신이 알고 있는 사람이나 기업, 제품 등을 다른 사람에게 소개하는 사교적인 성격이 강한 비즈니스 문서이다. 소개장은 한마디로 자신이 책임을 지고 소개하는 사람이나 물건에 대해서 상대방으로부터 신용을 얻는다.

① 알기 쉽게 쓴다.

어떤 목적으로 그 사람을 소개하는가를 명확하게 써야 한다. 그리고 상대가 이해하기 쉽도록 그 사람을 설명해야 한다.

② 상대방에 대한 배려가 있어야 한다.

소개장은 상대방에게 부담이 되는 경향이 있다. 따라서 상대의 곤혹스러움을 고려하여 그 점에 대해서도 언급하는 것이 좋다.

③ 자신과의 관계를 먼저 쓰고 소개 대상의 장점을 강조한다.

먼저 '나의 친구', '대학 후배', '거래처' 등의 식으로 자신과의 관계를 명확하게 밝힌다. 그리고 나서 추천 대상의 장점을 너무 장황하지 않게 강조한다. 추천서와 함께 상대에게 보내는 것이 좋다고 생각되는 서류(이력서 등)도 첨부한다.

④ 의리만으로 소개하지 않는다.

잘 알지 못하는 사람이나 거래처를 소개하는 것은 서로를 위해서도 좋지 않다. 소개장을 쓰기 전에 당사자들에 대해 충분히 파악하고 있어야 한다.

사례1 : 대학후배를 소개
먼저 자신과의 관계를 명확하게 밝힌 후, 후배의 인적사항과 장점을 간략하게 설명한다. 그리고 본인이 입사를 강하게 희망하고 있음을 강조한다.

사례2 : 자신의 거래처를 아는 회사에 소개
소개를 하기 위해서는 단순한 소개에 그치지 않도록 자신이 소개하려는 업체에 대해 객관적인 평가를 하고 있어야 한다.

사례3 : 명함을 이용한 간단한 소개

소개장은 원래 사교상의 의뢰문서이므로 아무리 짧은 내용이라도 반드시 정식으로 봉투를 갖추어 의뢰자에게 지참시키는 것이 원칙이다. 이러한 경우 봉하기 전에 의뢰자에게도 보여주고 확인시키는 것이 바람직하다. 그러나 소개의 용건이 단순한 일이고, 또 소개하는 상대가 가까운 아랫사람인 경우에는 명함의 여백이나 뒷면에 간단하게 소개의 취지를 기입하여 지참하게 해도 무방하다.

소 개 장

○○ 주식회사
영업부장 홍○○님 귀하

안녕하십니까?

항상 당사와 본인에 대하여 각별한 성원을 보내주시어 깊이 감사드립니다. 전할 말씀은 다름이 아니라 △△사의 김○○씨를 소개 드리려 합니다. 그는 당사와 10년 이상을 거래해 온 △△사의 영업과장을 맡고 있습니다. 귀사와의 거래를 희망하는 의사를 전해 와서 귀사에 소개 드리고자 합니다. △△사는 이 지역에서는 으뜸가는 오래된 회사로서, 탄탄하고 내실 있는 경영을 하는 것으로 알려져 있습니다. 아무쪼록 만나보신 후 거래관계의 개시 여부를 결정하여 주시기 바랍니다. 혹시 실례가 되었다면 이해하여 주시기 바랍니다.

감사합니다.

○년 ○월 ○일
□□주식회사
영업부장 길홍동 드림

* 별첨: △△사 소개서 1부

(2) 인사장

인사장은 자신의 회사나 개인 신상에 관한 특정한 사항을 상대방에게 전해 서로 간의 이해와 협력을 증진시키기 위한 목적으로 작성하는 것으로 가장 의례적인 비즈니스 사교문서이다.

① 일반적인 구성

계절인사와 전할 용건을 먼저 밝히고, 다음으로 그 과정이나 설명 등을 아주 간결하게 정리한 후, 마지막으로 직접 방문하지 못한 점에 대해 양해를 구한다.

② 정확하고 알기 쉽게 작성해야 한다.

인간관계를 원활하게 하기 위해 주고받는 비즈니스 인사장은 이러저러한 변경사항을 전하는 통지문의 성격을 갖기 때문에 전하고자 하는 내용을 정확하고 알기 쉽게 담아야 한다.

③ 예의에 충실하고 성의가 느껴져야 한다.

용어사용에 신중을 기해 겸손하고 올바른 경어를 사용해야 하며, 방문인사를 대신하는 것이므로 보내는 사람의 성의가 느껴지도록 정중하고 정성스럽게 표현해야 한다.

④ 긍정적이고 밝은 이미지를 준다.

우울한 감정이 깃든 표현이나 저속한 표현은 삼가 한다. 밝고 건전한 표현 방법으로 긍정적인 대인관계를 만든다.

사례 1 : 사장 취임 인사장

일반적으로 취임 인사장의 구성은 ① 계절인사 ② 취임보고 ③ 자신의 포부 피력(겸손하게) ④ 앞으로의 지원 요청 ⑤ 직접 방문하여 인사드리지 못한 것에 대한 양해로 이루어진다. 사장 취임 인사장은 전임자의 뒤를 이어받은 것이므로, 전(前) 사장의 이름을 반드시 기재하도록 한다.

사례 2 : 영업본부장 취임 인사장

이사에 취임한 경우의 인사장도 사장취임 인사장과 기본은 같다. 취임보고나 경과과정 및 포부 등은 간략히 하는 것이 좋다. 다른 직책도 함께 맡을 경우에는 그 직책도 기재하고, 전임자의 이름을 기재한다. 단, 전임자가 사임한 경우에는 기재할 필요가 없다.

사례 3 : 소장 취임 인사장
새로운 직무를 맡게 된 것에 대한 인사이므로 패기와 포부가 어느 정도 느껴지도록 작성해야 한다. 그러나 겸손함을 잃지 않는 간결하고 자연스러운 표현이어야 한다.

사례 4: 부임 전 인사장
전임명령은 대부분 갑자기 받게 되는 경우가 많으므로 신속하게 준비를 해서 보내는 시기를 놓치지 말아야 한다. 일반적인 구성은 전임지에서 받은 지원과 호의에 대한 감사의 말을 쓴 다음에 새로 맡게 될 업무에 대한 포부와 결의를 밝힌다. 그리고 후임자에게도 계속 도움을 베풀어줄 것을 당부한다.

사례 5 : 부임 후 인사장
전임 인사장은 그 동안 도움을 받은 사람들에게 보내는 사적 문서의 성격이 강하며 주소 등의 변경사항을 알리는 경우가 많다. 이 경우 근무처 주소, 전화번호뿐 아니라 자택 주소와 전화번호까지 함께 기재하는 것이 바람직하다.

사례 6 : 정년퇴직 인사장
먼저 계절인사나 상대방에 대한 축하인사를 한 후, 정년퇴직 날짜와 근무연수를 쓴다. 재직 중에 받은 성원에 대한 감사의 말과 함께 앞으로도 변함없는 교분을 나눌 것을 청하고 상대방의 건강과 발전을 기원하는 말로 마무리를 짓는다. 퇴직할 때 송별회가 있었거나 선물 등을 받았을 경우에는 그것에 대한 감사의 말을 잊지 않고 첨가한다. 그리고 마지막에는 퇴직 후에 기거할 연락처를 명기한다.

사례 7 : 개점 인사장
새로운 업무를 시작하는 것을 통지하고 앞으로의 우의를 부탁하는 문서이므로 기본적인 예의를 갖춰야 한다. 그러나 지나친 정중함은 오히려 상대방에게 거부감을 줄 수도 있다. 개점개업의 목적, 날짜, 장소, 업종, 회사명, 사무실 호수, 대표자명 등은 인사장에 반드시 들어가야 할 내용이다. 축하연을 하는 경우에는 그 내용을 안내해 주고, 점포 약도도 첨부하면 좋다.

사례 8 : 개업 인사장
독립 개업을 했을 경우의 인사장은 자신의 포부나 패기를 은근하고 자연스럽게 드러내는 것이 좋다. 거래처나 고객들이 자신을 받아들이도록 예의를 갖추어야 할 뿐만 아니라 사회적인 신뢰를 갖도록 하는 내용을 담아야 한다. 아울러 앞으로 지속적인 관심과 후원을 부탁한다는 것도 강조할 필요가 있다.

사례 9 : 사옥 이전 인사장

구체적인 사항을 통지하는 것이 주목적인 문서이므로 주요 용건인 이전 날짜, 이전지 주소, 전화번호 등을 정확하고 알기 쉽게 전달해야 한다. 약도는 지리를 전혀 모르는 상대방의 입장이 되어 상세하게 설명한다. 다양한 고객에게 발송하는 것이므로 사무적으로만 생각하지 말고 새로운 고객유치나 판로확대를 고려하여 의욕적인 내용으로 작성하면 더욱 효과적이다. 고객이 이용하기 편리한 입지조건, 건물임을 강조하고 새롭게 첨가된 영업품목이 있으면 잊지 말고 써넣는다. 그리고 앞으로 더 많은 관심과 후원을 요청하는 문장으로 끝맺는다.

사례 10 : 신장개업 인사장

개장(改裝) 인사장은 전화번호 변경의 유무와 함께 사업개시 날짜를 반드시 기재해야 한다. 개장 공사 중에 불편을 끼친 것에 대해 양해를 구하고, 개장 후의 새로운 사옥이나 영업장 환경이 크게 개선되었다는 점을 부각시킨다. 이전 일시, 영업개시 일시, 이전하는 주소, 전화번호 등은 일괄적으로 모아 '다음'으로 묶어서 조목별로 작성한다.

인 사 장

주식회사 ○○ 귀중

○○의 계절을 맞아 귀사의 무궁한 발전을 기원합니다.

이번에 당사에서는 영업과 판매의 강화를 위하여 해당 사업 부분을 분리, 독립시켜 새롭게 판매주식회사를 이곳에 설립하게 되었습니다. 새로 설립된 회사의 취급품목은 당연히 주식회사의 제품이지만, 몇몇 매입상품도 취급할 계획입니다. 아무쪼록 주식회사와 마찬가지로 발족한 판매주식회사에 대해서도 많은 관심과 지도편달을 부탁드립니다.

우선, 서면으로 인사드립니다.

○년 ○월 ○일

서울시 ○○구 ○○동 96-11

○○○ 주식회사 대표이사 박○○
○○○ 판매주식회사 대표이사 조○○ 드림

(3) 안내장

초대장의 성격을 갖는 안내장은 특정인을 대상으로 무료로 초대하는 초대장, 일반인을 대상으로 참가요청 등을 하는 안내장으로 구분할 수 있다. 상대방에게 지식이나 정보를 제공하여 관심을 유도하는 비즈니스의 방편으로 많이 활용된다.

① 목적이나 용건이 명확해야 한다.

통지의 성격이 강한 문서이므로 용건이나 목적을 명확하게 작성해야 하며, 행사

내용이나 장소, 일시 등은 상대방이 이해하기 쉽도록 별도로 기입한다.

② 반송용 엽서를 동봉한다.

안내장은 일반적으로 참가여부를 확인하기 위해 회신용 엽서를 동봉하는 경우가 많다. 적어도 10일 이상의 여유를 가지고 발송하도록 하며, 회답기한을 정확하게 명시해 혼선이 없도록 한다.

③ 간략하게 기재하고 자세한 내용은 별도 첨부한다.

신제품 안내 등과 같이 비교적 자세한 설명이 필요한 경우에는 간략하게 개요만 명시하고 제품 팸플릿 등을 별도 첨부한다.

④ 상대방의 취향을 고려하고 외관에 신경 써야한다.

안내하고자 하는 용건에 상대방이 호감을 갖게 하는 것이 일차적인 목적인만큼 유익하고 매력적인 호소가 될 수 있도록 내용을 가다듬어야 한다.

사례 1 : 신제품 설명회 개최 안내장
제품을 구입할 가능성이 많은 고객을 대상으로 한 통지문으로, 비즈니스적인 성격이 강한 안내장이다. 주요 내용은 '어떤 제품에 대한 설명회인가'와 '설명회의 개최장소, 날짜 등'이다. 상대방이 파악하기 쉽도록 장소, 날짜 등은 '다음'으로 묶어 따로 기재하도록 한다.

사례 2 : 신제품 안내장
제품에 대한 구체적인 사항은 제품의 사진이 실려 있는 팸플릿 등을 첨부하는 것이 좋다.

사례 3 : 입회시험 실시 안내장
입회시험 안내장은 일반적인 업무관계 안내장 중에서 가장 실질적인 문서이다. 발주자에게 완성된 제품의 시험에 입회해 줄 것을 의뢰하는 것이기 때문에 수사가 많은 문구를 쓸 필요가 없다. 문장 전체에 상대방에 대한 경의가 담겨 있으면 된다.

사례 4 : 회비 청구서
청구에 대한 안내장은 금액과 입금처, 계좌명 등을 명확히 기재해야 한다. 입금수수료의 부담자도 명확히 밝힌다.
사례 5 : 월례회 개최 안내장

월례회 개최 안내장은 초대장의 성격을 띤 안내장이므로 참석여부에 대해 회신용 엽서를 동봉하여 통지해 줄 것을 의뢰하는 경우가 많다. 회답기한을 정확하게 알려주어 그 날짜까지 회답이 오도록 배려한다.

사례 6 : 사무실 이전 안내장
사무소 이전 안내장은 통지의 성격이 강한 문서이므로 이전지에서의 영업개시 일시 및 새로운 주소, 전화번호 변경유무 등을 별도로 기입하여 정확하게 전달되도록 한다. 또 이전지의 약도도 첨부하는 것이 좋다.

사례 7 : 주주총회 안내장
주주총회는 개최일 2주 전까지 서면으로 통지해야 한다. 따라서 정기주주총회 안내장은 법적 구속력이 있는 공문서의 성격을 갖는 안내장이다.

사례 8 : 신제품 발표회 안내장
신제품 발표회 안내장은 주로 제품에 대한 기본적인 이해가 있는 관련업계 종사자들에게 보내게 된다. 따라서 상품에 대한 현실적인 평가를 목적으로 하는 것이므로 '상대방의 고견과 유익한 평가를 바란다.'는 내용을 담는 것이 좋다.

사례 9 : 신제품 전시회 안내장
주요 내용이 되는 전시회 날짜와 장소 등은 다음으로 묶어 정확하게 기재한다. 이때 약도는 별도로 첨부하는 것이 좋다.

사례 10 : 특집기획 안내장
상대방에게 협조를 부탁하는 의뢰문 성격의 안내장이므로 무엇보다도 용건이 이해하기 쉽도록 일목요연하게 정리되어야 한다. 협조해야 할 필요성을 느낄 수 있도록 상대방이 얻게 될 이익에 대해서 은근하게 제시하는 것이 필요하다.

(4) 축하장

개업, 개점, 사옥신축, 창립기념 등 기업에 관련된 행사나 승진, 취임, 영전, 수상, 결혼 등 개인과 관련된 경사에 대해 축하의 메시지를 전하는 교제상의 비즈니스 문서이다.

① 진심어린 축하가 느껴지도록 해야 한다

정중하고 격식을 갖추어야 한다. 그러나 지나치게 형식에 치우치면 성의가 부족한 느낌을 줄 수 있다. 따라서 진심어린 축하의 마음이 느껴지도록 진솔한 표현을 쓰는 것이 더 효과적이다. 특히 개인에게 보낼 때는 의례적인 표현보다 정감 있는 표현을 곁들인다.

② 가능하면 본인이 직접 쓴다.

직접 방문하여 축하의 말을 전하는 것이 가장 좋으나 그럴 수 없다면 보내는 사람의 정성이 느껴지도록 직접 쓰는 것이 좋다.

③ 확인하는 즉시 신속하게 보낸다.

상대방이 기쁨에 취해 있을 때 받아볼 수 있도록 신속하게 작성하여 보내야 한다. 경축전보를 이용하면 훨씬 빨리 전달할 수 있다.

④ 선물을 보낼 때는 자연스럽고 겸손하게 표현한다.

축하장과 함께 선물을 보낼 때는 자신이 보내는 선물을 낮추어 겸손하고 자연스럽게 표현한다.

사례 1 : 창립 기념 축하장
축하의 본문에는 창업 몇 주년을 축하하는 내용과 앞으로의 발전을 기원하는 내용을 담는다. 창립 기념행사에는 축하장과 함께 보통 선물을 보내게 되는데, 이 경우 축하장에는 자연스럽게 겸손의 마음을 담아서 그 사실을 써주는 것이 좋다.

사례 2 : 신축 준공식 축하장
신 사옥 준공 피로연 초대에 대한 답례를 포함한 축하장이다. 앞으로 더욱더 발전하길 기원한다는 문장에 이어 자신의 회사도 기여하고 싶다는 취지를 서술하는 것이 좋다. 신 사옥 준공과 같은 경우는 비즈니스와 관련된 행사이기 때문이다.

사례 3 : 자택 신축 축하장
상대 기업의 특정 개인이 자택을 신축했을 때도 축하장을 보내는 경우가 있다. 이때 축하장은 기업 전체를 상대로 보내는 것보다는 상대방과의 친분을 고려해 정감 있게 작성하는 것이 좋다. '신축을 축하드리며 찾아뵙고자 합니다.'라든가 '사모님에게 안부 전해 주십시오.'라는 표현을 덧붙인다.

사례 4 : 영전 축하장

기업 내에서의 직위 이동에 대한 축하장은 그 사실이 확실하고 본인에게도 기쁜 일인가를 우선 확인한 후 보낸다. 영전 축하장은 계절인사에 이어서 곧바로 그 사실을 축하하는 마음을 솔직하게 쓴다. 전임하기 이전에 상대방이 베푼 협력이나 은혜에 대한 감사의 말을 써야 함은 물론이다. 새로운 부임지에서 더 많은 활약을 할 것을 기원하며 우선 문서로 축하의 뜻을 전한다는 내용으로 끝을 맺는다.

사례 5 : 승진 축하장

거래처 상대방에게 보내는 승진 축하장은 영전 축하장에 비해 비즈니스상의 외교적 요소가 강하다. 문장은 예의를 갖추어 정중하게 쓴다. 축하한다는 내용과 앞으로도 좋은 관계를 바란다는 말을 쓴다.

사례 6 : 개인의 수상 축하장

상대방이 업무와는 직접 관련이 없는 분야에서 수상한 것에 대해 쓰는 축하장은 개인적인 성격이 강한 문서이다. 이때 수상에 대한 감회를 덧붙이면 진심으로 축하하는 마음이 잘 전달될 것이다. 상대방의 기쁜 마음을 짐작하여 곧바로 '○○상 수상을 축하드립니다.'라고 단도직입적으로 써도 무방하다.

사례 7 : 기업체의 수상 축하장

기업 입장에서 다른 기업에게 업무에 관계된 상을 받은 것을 축하하기 위하여 보내는 문서는 비즈니스상 중요한 것이다. 머리말 뒤에 상대방의 수상을 축하하면서 그 성과의 우수함을 언급하고 앞으로의 발전을 기원하는 순서로 쓰는 것이 일반적이다.

축 하 장

문서번호 : 98-12345호 ○○년 ○○일
수　　신 : ○○주식회사
　　　　　대표이사 김○○님 귀하
발　　신 : 경기도　시　동　96-11
　　　　　주식회사 A3
　　　　　대표이사 오○○

귀사의 행운과 번영을 기원하면서 이번에 경사스럽게 창립 15주년을 맞으신 것을 진심으로 축하드립니다.

창업 이래 경영환경의 급속한 변화와 어려움 속에서 난관을 잘 극복하시고 오늘날의 번영을 있게 한 귀사의 모습은 업계의 좋은 본보기가 되고 있습니다. 앞으로도 귀사의 무궁한 발전을 기원합니다.

우선, 서면으로 축하인사를 드리고, 후일 시간을 내어 찾아뵙도록 하겠습니다. 또한, 매우 실례인 줄은 아오나, 축하의 표시로 화환을 보내드리오니 기쁜 마음으로 받아주시기 바랍니다.

-이상. 끝-

(5) 감사장

축하나 위문 등을 받았을 때, 업무상의 협조나 편의를 제공받았을 때, 기타 이러저러한 신세를 졌을 때, 상대의 호의와 도움에 대해 감사하는 마음을 전하기 위해 작성하는 문서이다.

① 겸손한 마음으로 정중하게 작성해야 한다.

상대방이 베푼 호의와 친절, 정성에 대해 감사를 드리는 것이므로 예의에 어긋나면 차라리 안 보내는 것만 못하다. 따라서 겸손하고 정중하게 서식에 맞춰 작성하는 것이 중요하다.

② 진솔하고 정감 있게 작성한다.

감사장은 기업이 아니라 개인이 직접 인사하는 형식으로 작성된 일종의 서한문이다. 서한문이 너무 형식에만 치우친다면 당연히 따분할 것이다. 따라서 본인의 느낌을 솔직하고 정감 있게 표현하는 것이 좋다. 그래야 서한을 받는 상대방도 친밀한 정과 믿음을 가질 수 있기 때문이다.

③ 상대방의 성의에 대한 감사표시여야 한다.

선물에 대한 감사장의 경우, 선물 자체에 대한 언급이 지나쳐 자칫 상대의 성의 자체는 소홀히 하는 잘못을 범하지 않도록 조심한다.

④ 사후 결과를 알려준다.

소개, 추천의 경우나 재해, 병환 위문에 대한 감사의 경우 그 뒤의 경과나 결과를 간략하게 알려주는 것이 예의다.

사례 1 : 기념물에 대한 감사장
선물을 받았거나 주문을 받은 경우 반드시 감사장을 보낼 필요는 없지만 상대방과의 관계 발전 측면에서 다소 형식적이더라도 예의를 갖추어 감사장을 보내는 것이 좋다. 공사 완료에 대한 감사장이라면 상대방의 두터운 정과 친절한 지도에 의해 무사히 마칠 수 있었다고 쓰는 것이 좋다. 이러한 겸허한 자세는 비즈니스 관계에 있어서 상대방에게 호감을 주는 요소가 된다.

사례 2 : 발주에 대한 감사장
발주를 해준 상대에게 보내는 감사장에는 먼저 발주에 대한 감사의 마음을 적는다. 의뢰받은 건에 대한 이쪽의 의사를 밝히면서 앞으로 더 많은 지원을 요청하는 문장으로 구성하면 된다. 거래의 주도권이 발주를 받은 쪽에 있을 경우, 발주에 대한 감사와 함께 이제 본격적인 업무협조가 개시되었음을 통지하는 성격이 강한 문서로서 작성할 수 도 있다.

사례 3 : 상담 알선에 대한 감사장
상담 알선에 대한 감사장은 비즈니스에 직결된 것이므로 신속하게 보내야 한다. 그리고 어려운 경제전망 속에서도 열심히 노력하겠다는 결의를 표명해, 상담 알선자에 대한 감사의 마음을 이중으로 표현하는 것이 바람직하다. 상담이 잘 안 되었을 경우에도 감사장을 보내는 것이 예의이다. 상대의 알선에 의해 얻게 된 긍정적인 요소를 담백하게 쓴다.

사례 4 : 접대에 대한 감사장

접대를 받았을 경우에도 감사장을 보내는 것이 좋을 때가 있다. 이때에는 접대 내용이나 접대 중에 베푼 배려에 대해 진정한 감사의 뜻을 담아 정중한 표현으로 쓴다. 거래처로부터 선물을 받았다거나 접대신청을 받았을 경우에는 상사에게 보고하는 것이 좋다. 한편 선물에 대한 감사장은 엽서로 대신해도 무방하다.

사례 5 : 초대에 대한 감사장

축하파티 초대에 대한 답례의 경우 굳이 감사장까지 보내는 것이 쉽지는 않지만 일단 보내면 의외로 좋은 인상을 심어줄 수 있다.

사례 6 : 행사 참석에 대한 감사장

행사 참석에 대한 감사장은 먼저 감사의 말을 쓴 다음에 행사 당일에 혹시 실례를 범하지는 않았는지 염려하는 내용을 담는 것이 일반적이다. 이러한 종류의 감사장은 되도록 빨리 보내는 것이 성의를 표하는 가장 좋은 방법이다.

사례 7 : 출장 시 호의에 대한 감사장

감사장의 요점은 보내는 시기를 놓치지 말 것, 출장 때 베풀어준 호의에 대한 감사의 마음을 쓸 것 등이다. 한편 출장지에서 어떤 약속을 한 경우에는 그에 대한 이행여부를 반드시 기재해야 한다. 그리고 호의를 베풀어준 담당자의 상사에게도 간단한 감사장을 보내면 매우 효과적이다.

사례 8 : 자료를 받았을 때의 감사장

매우 중요한 자료를 제공받았을 경우에도 시기를 놓치지 말고 감사장을 보내야 한다. 이때 '오랫동안 보관하며 유용하게 활용 하겠다'는 취지의 표현을 사용하는 것이 좋다.

사례 9 : 강연 감사장

강연이나 책 그리고 공연 등에 초대받거나 제공받았을 때 보내는 감사장에는 자신이 받은 인상을 간략하게 표현하는 것이 좋다. 그러나 잘못된 이해를 적거나 내용이 부실하면 역효과를 초래하게 되므로 요점을 정확하게 기재하여야 한다.

사례 10 : 전임 시 상사에게 보내는 감사장

전임이나 전근은 비즈니스맨이라면 흔히 있는 일이다. 이때 전근과 함께 인간관계를 방치한다면 비즈니스맨으로서는 실격이다. 언제 어디서 또 신세를 지게 될지 모르므로 전근 후에 잊지 말고 바로 감사장을 보내는 것이 현명하다. 그 동안 무사히 근무를 마칠 수 있었던 것에 대해 감사를 표하고 다음에 만날 때도 배려해 주기 바란다는 문장을 덧붙인다.

사례 11 : 신세진 사람에게 보내는 감사장
독신자 기숙사에서 생활했던 사람이 보내는 감사장이다. 편리한 통신수단이 많지만, 신세를 진 사람에게 직접 감사장을 보내는 것만큼 훈훈하고 효과적인 것이 없다. 받는 대상이 여럿일 경우에는 수신인을 여러 사람 앞으로 해도 무방하다. 너무 형식적이지 않고 구체적이고 개성 있게 쓰는 감사장이 상대방을 흐뭇하게 해준다.

사례 12 : 준공 축하장에 대한 감사장
사옥 신축, 개업개점, 창립기념 등의 행사 때 축하장이나 축하선물을 받는 경우가 많다. 이에 대한 감사장은 비즈니스 문서 중에서도 사교적인 성격이 강하다. 자사의 결의나 포부를 쓰고, 앞으로 더욱더 긴밀한 관계를 바란다는 말을 덧붙이는 것이 좋다. 단, 너무 정중하면 오히려 불쾌감을 줄 수 있다.

사례 13 : 자택신축 축하장에 대한 감사장
축하장에 대한 감사장의 구성은 다른 사교문서와 다르지 않다. 선물을 받았을 때는 반드시 그에 대한 감사를 쓰고 앞으로의 포부에 대해서도 빠뜨리지 않는다.

사례 14 : 화재 위문에 대한 감사장
재해를 당했을 때 받은 위문장에 대한 감사장은 특히 주의를 기울여 성의를 표해야 한다. 이러한 종류의 감사장은 상대가 문안장을 보내준 것에 대한 감사의 마음을 나타낸다. 피해 복구상황에 대해서도 어느 정도 설명을 하는 것이 좋다. 상대가 걱정하고 있는데 정작 그 사태에 대해서 아무 언급이 없으면 그 감사장은 의미가 없기 때문이다.

사례 15 : 태풍피해 위문에 대한 감사장
재해 위문에 대한 감사장은 감사의 마음을 적는 것과 함께 걱정해준 상대를 안심시키는 것이 주된 목적이다. 피해를 잘 극복하고 앞으로의 복구 계획이나 희망을 나타내 주는 것이 좋다.

감 사 장

○○ 주식회사
대표이사 홍○○님 귀하

○○○의 계절을 맞아 귀하의 평안과 발전을 기원합니다.

당사의 창립기념일의 먼 길에도 불구하고 일부러 참석하시어 당사에 대한 관심과 후의에 가득한 기념축사와 격려의 말씀을 해 주셔서 진심으로 감사의 인사를 드립니다.

앞으로, 저희 임직원 일동은 관계자 여러분 모두의 지원을 토대로 설립목표를 향해 나아갈 각오입니다. 아무쪼록 앞으로도 더 많은 지도와 격려를 부탁드립니다.

우선, 서면으로 인사말씀 드리면서 후일 찾아뵙도록 하겠습니다.

감사합니다.

○년 ○월 ○일
서울시 ○○구 ○○동 22-11
○○○주식회사
대표이사 동○○ 드림

(6) 초대장

모임에 초대하는 문서라는 점에서 안내장과 비슷하지만, 행사에 참석해 주기를 요청하는 성격이 강하므로 더 예의와 격식을 갖출 필요가 있다.

① 간결하고 정중하게 작성한다.

초대장도 비즈니스 문서이므로 간략하고 명료하면서도 예의와 체제를 갖춰 정중하게 작성해야 한다.

② 겸손한 표현이 중요하다

초대장은 손님으로 참석해 줄 것을 요청하는 것이다. 따라서 초대장에는 '만사를 제쳐놓고 왕림하여 주시는 영광을 받고자'하는 식의 겸손하고 의례적인 표현을 자주 사용한다.

③ 디자인에도 신경을 쓴다.

기념 축하행사 등의 초대장은 감사의 뜻을 전함과 동시에 외부에 대한 홍보 판촉 등의 부차적 효과가 있으므로 디자인에 신경을 써야 한다. 보통 카드를 많이 이용한다.

④ 장소나 시간 등은 별도로 적는다.

안내장과 마찬가지로 초대장에는 장소나 시간이 잘못 기재되지 않도록 보통 '다음'으로 묶어서 적는다. 위치, 교통편, 약도, 주차장 유무 등에 대해서도 기재하도록 한다.

사례 1 : 준공식 초대장
참석여부에 대한 회답을 받으려면 엽서를 동봉해야 하는데, 이때 회신용 엽서에는 필요한 사항을 가능한 한 모두 기재하여 상대가 기록하기 쉽도록 배려한다.

사례 2 : 창립 기념행사 초대장
창립 기념행사와 같이 격식 있는 행사의 초대장은 특별히 문장에 유의해야 한다. 참석할 사람들에 대한 배려로 복장에 관해서도 '평상복이 좋습니다.' 등의 주를 붙일 필요가 있다. 그리고 모임에 어떤 부류의 사람들이 참가하는지, 누구를 초대했는지도 쓰는 것이 좋다.

사례 3 : 여행 초대장
거래처의 평소 후원에 감사하는 무료여행 초대장이다. 앞의 기념식 초대장과 성격이 비슷하다.

사례 4 : 친선 골프대회 초대장
이러한 초대장의 경우에는 상대의 상황을 고려하여 충분한 여유를 갖고 발송해야 한다. 빠르면 1개월, 늦어도 2주 전에는 상대방이 받아볼 수 있도록 배려한다.

초 대 장

신록의 계절을 맞아 귀하 및 귀사의 발전을 기원합니다.

당사는 올해 6월을 기하여 본사 창립 30주년을 맞게 되었습니다. 이 모두가 오랜 세월에 걸쳐 관계사 및 협력업체의 여러분이 보내주신 후회와 배려의 덕분이기에 이 기회를 빌어 깊은 감사의 말씀을 드립니다.

아울러 당사에서는 여러분들에게 조촐하나마 감사의 뜻을 표하고 싶어 아래와 같이 기념축하연을 개최하게 되었습니다. 업무가 바쁘신 줄 압니다만, 부디 참석하셔서 자리를 빛내 주시길 부탁드립니다.

우선, 서면으로 안내말씀 드리면서 다시 한번 감사의 말씀 전합니다.

-아 래-

1. 행사일시 : ○년 ○월 ○일(○요일) 오후 ○시~○시
2. 행사장소 : 당사 1층 행사장
3. 기 타 : 행사 당일은 평상복으로 참석해 주십시오. 자가용차로 오시는 경우는 호텔 주차장을 이용하시면 되므로 참석 여부에 대한 회신을 동봉한 엽서에 쓰시면서 그 뜻을 첨부해 주십시오. 즉시, 주차권을 보내드리겠습니다.

-이상. 끝-

5.5.3 사내문서

(1) 보고서

업무와 관련해 진행한 일의 내용이나 결과를 상사나 상급부서에 알리기 위해 작성하는 문서이다. 보고서는 업무의 정확성을 높일 뿐 아니라 조직 구성원들 간에 의사소통의 매개가 되어 업무의 효율을 높이는 역할을 한다.

① 결론부터 먼저 쓴다.

앞부분에 결론을 먼저 제시한 다음에 세부사항에 대한 설명이나 원인을 기술하는 것이 좋다. 일일이 끝까지 읽어야 결론을 찾아낼 수 있는 문서라면 읽는 사람에게 지루함을 주게 된다.

② 내용을 함축하는 제목을 붙인다.

보고서 작성 시 가장 먼저 하는 일이 문서의 제목을 붙이는 일이다. 보는 사람이 무슨 내용인지 한눈에 알 수 있도록 핵심적인 문구로 정확하게 제 목을 붙여야 한다.

③ 이해하기 쉽고 간결하게 쓴다.

문장은 간결하게, 내용은 한눈에 알아볼 수 있도록 항목으로 나누어 정리하고, 그래프나 표를 이용해 상대가 이해하기 쉽게 작성해야 한다. 그리고 '대략, 거의, 대강' 등의 애매한 표현은 가급적 피한다.

④ 개인적인 의견은 배제한다.

객관적인 사실을 우선적으로 작성하고, 개인적인 견해는 문장의 마지막이나 별지에 구분해서 작성한다.

사례 1 : 신용조사 보고서

상사 지시에 의한 조사 결과를 보고하는 업무 보고서이다. 업무보고서는 조직의 판단이나 의사결정을 보조하기 위해 작성하는 경우가 대부분이다. 사실관계는 확실하게 하고 가급적 문장은 짧게 항목별 정리를 활용해 상사의 관심을 이끌어내는 것이 바람직한 보고서 작성법이라고 할 수 있다.

사례 2 : 출장보고서

출장보고서는 기업마다 정해진 양식이 있으므로 그 구성에 따라 요령 있게 작성하면 된다. 대부분의 회사에서는 출장업무를 마치게 되면 출장을 명령한 상사에게 구두보고 외에 별도로 보고서를 작성하여 제출하게 된다. 출장보고서는 단순한 사무적인 보고뿐 아니라 보고자의 견해와 문제점 및 해결책 등을 함께 제시하는 것이 바람직하다.

사례 3 : 영업 보고서

주주총회 발제용으로 작성된 개괄적인 영업 보고서이다. 주주들에게 일정기간 동안의 영업 결과를 알리고 결과에 대한 원인을 간략하게라도 밝혀주도록 한다.

사례 4 : 사고보고서
사고 보고서는 발생한 사고에 대한 상황보고가 주목적이다. 사고발생 상황, 사고의 원인, 향후 대책으로 범주를 구분해 구체적이고 객관적으로 작성한다.

사례 5 : 월간 업무 보고서
통상적으로 작성하는 업무 보고서일지라도 적극적인 문제의식과 열의를 가지고 작성해야 한다. 한 장짜리 간단한 보고서에도 충분히 날카로운 분석과 대안 제시를 담을 수가 있다.

사례 6 : 수강보고서
사내 교육 프로그램에 대한 사후 보고서이다. 사내 행사에 대해서는 이런 자료를 남겨 놓음으로써 다음 행사에 좋은 자료가 될 수 있다. 프로그램의 장단점이 잘 드러나도록 기술한다.

(2) 품의서

담당하는 업무와 관련한 기획 기안사항 등을 결재권한자에게 승인해줄 것을 요청하는 문서이다. 결재의 필요성과 목적을 명확하게 표시한다.

① 정해진 양식에 따라 충실하게 작성한다.

보통 회사마다 정해진 품의서 서식이 있다. 따라서 이 양식에 적합하게, 기재사항에 누락 없이 작성해야 된다. 일반적으로 1. 기안번호 2. 기안연월일 3. 기안책임자 4. 안건명 5. 기안 취지 6. 실시방법 7. 비용 8. 실시기일 9. 첨부자료 10. 결재자인 등으로 구성된다.

② 결재를 원하는 사항이 명확해야 한다.

구체적인 내용이어야 하며, 결재권자가 쉽고 정확하게 이해할 수 있도록 작성한다. 필요한 경우에는 첨부자료를 이용하여 이해를 돕도록 한다.

③ 결재와 승인을 목적으로 작성하는 것이다.

품의서의 목적은 정보제공이나 보고가 아니라 결재권자의 결재나 승인이다. 따라서 작성하기 전에 상사나 관계부서의 의견을 충분히 수렴하고, 제출하기 전에 사전 협의를 해두는 것이 좋다.

④ 객관적이고 정확해야 한다.

품의서는 일반적으로 예산을 동반하는 사안에 대해서 승인을 구하는 것이다. 따라서 객관적이고 타당성 있는 내용이어야 하며, 금액 등의 수치를 정확하게 작성해야 한다.

사례 1 : 이사회 개최에 대한 품의서
품의서는 보통 1건의 내용을 1매에 작성하는 것이 원칙이다. 첨부 자료 등이 있을 경우에는 끝부분에 그 사항을 적시하고, 문서 뒤에 첨부한다.

사례 2 : 물품구매에 대한 품의서
물품구매의 필요성에 대하여 결재 권한 자를 설득할 수 있는가가 관건이다.

사례 3 : 직원채용에 대한 품의서
필요한 인원과 기간, 소요되는 비용을 정확히 계산하여 결재를 받아야 한다.

임시직 사원 채용 보고서

연말 매출향상에 따른 업무량 증가로 원활한 업무처리가 요구되는바, 아래와 같은 임시사원의 채용을 허가바라며 품의 드립니다.

- 아 래 -

1. 채용인원 : ○○명
2. 채용방법 : 대학의 아르바이트과에 구인신청을 하거나 ,PC통신에 구인광고를 내는 방법, 거래처, 사원 등의 소개자 중에서 선정하는 방법을 취함.
3. 고용기간 : 12월, 1개월간을 원칙으로 한다. 개인의 사정에 따라 일정을 조정할 수 있음
4. 처리업무
   ① 남자는 주로 반입, 배달요원
   ② 여자는 판매요원
5. 임금 및 근무시간
   임금은 시간급으로 하고 근무는 오전 9시~오후 4시까지로 한다.
6. 임금액 및 지급일
   임금액은 1시간 　　　원으로 하고 매월 말에 정산하여 지급한다.

- 이상 끝 -

(3) 기획서

자신이 의도하는 기획 내용을 상사나 상급 부서에 알리고 이해시켜 이의 실행여부를 승인받기 위해 작성하는 문서이다. 동의서나 기안지라고도 한다.

① 기획 목적과 의의를 명확히 밝힌다.

기획목적과 의의를 명확히 하되, 그것이 경영방침이나 목표와 어떻게 연계되는지도 언급한다. 단, 주관적인 의견이나 희망사항이 개입되어서는 안 된다.

② 기대효과를 제시한다.

본 기획안을 채택했을 때 '업무에 ～한 효과가 있다. 회사에 ～만큼의 이익이 기

대된다.' 등 예상되는 효과와 이익을 구체화하여 기재한다.

③ 항목별로 일목요연하게 작성한다.

누가 읽더라도 기획내용을 이해하기 쉽고 판단하기 쉽도록 본문을 항목 별로 나누어서 핵심을 전달할 수 있도록 작성한다.

④ 기획서식이 정해져 있다면 그 양식에 적합하게 작성

대부분의 회사에는 일정한 기획서 서식(기안지)이 마련되어 있으므로 그에 따라 필요한 사항을 기입하면 된다. 기획서는 다루기 쉽게 1건의 내용을 1매에 끝내도록 하고, 첨부자료 등이 있을 경우에는 문서 뒤에 첨부하는 형식을 취한다.

사례 : 수련회 기획서
간단명료하고 일목요연하게 작성한다. 특히 구체적이고 객관적인 기대효과를 제시해 결재자의 호감을 이끌어내는 것이 기획서의 목적이다.

기 획 안

○년 ○월 ○일

수신처 : 총무부장 ○○○님
기안자 : 총무부 대리 정○○
제 목 : 초급관리자를 위한 세미나 개최의 건(안)

회사 내의 초급관리자를 대상으로 한 세미나를 아래와 같이 실시하고자 하므로 검토바랍니다.

- 아 래 -

1. 개최취지

당사에서는 대리, 주임 급의 초급관리자가 30명 있으나, 지금까지 집합교육은 실행되지 않았습니다. 당사의 해외진출을 계기로 국제 감각의 양성을 목적으로 세미나를 개최할 필요성이 있다고 판단됩니다. 가능하면 정기 세미나로서 지속하였으면 합니다.

2. 기간 : ○년 ○월 ○일 ~ ○월 ○일, 주 2회

3. 주제와 강사(예정)

(1) 관리자에게 요구되어지는 발상	대학 강○○교수
(2) 무역마찰과 국제협조	대학 김○○교수
(3) 해외진출과 문화충돌	연구원 박○○박사

4. 예산 및 참가예정자명(*별지참조)

- 이상끝 -

(4) 제안서

개선할 사항이나 새로운 시책의 시행을 제안하는 문서이다. 제안서에서 가장 중요한 것은 제안 요지를 얼마만큼 효과적으로 전달하느냐이다.

① 내용을 함축하는 제목을 붙인다.

어떤 내용을 제안하는 것인지 제목만 보고도 한눈에 알아볼 수 있도록 쉬운 말로 간단하고 명확하게 쓴다. 주의를 끌 수 있는 제목이면 더욱 좋다.

② 제안 배경을 명확하게 제시한다.

이러한 제안을 하게 된 제반 현상과 문제점을 구체적으로 간결하게 기술하여 제안내용의 근거를 제시한다.

③ 제안 목적을 설득력 있게 기술한다.

현상과 문제점을 근거로 제안하려는 사항의 내용과 그 목적을 기술한다. 이 부분을 설득력 있게 작성해야 제안이 채택될 수 있다.

④ 기대효과를 실감나게 밝힌다.

실행 후의 기대효과가 불확실하다면 어떤 상사라도 그 제안서를 결재하지 않을 것이다. 제안서는 그 제안을 실행했을 때 예상되는 효과에 대해 면밀히 검토 분석한 내용을 신빙성 있게 기입하여, 상사가 결재여부를 판단하는 데 참고가 되게 해야 한다.

제 안 서

○○년 ○월 ○일

수　신 : 총무부장 ○○○님 귀하
제안자 : 총무부 서무과 김○○
제　목 : 워드프로세서 활용에 의한 서식 개선 제안

위 안건에 대해서 평소 느끼고 있는 표준 형식의 미비와 낭비에 대하여 아래와 같이 개선하고자 제안 드립니다.

1. 현상황

현재 당사에서의 신고 서류 및 보고 서류의 형식은 정해짐이 없고 판형에 있어서는 A4판, B5판, A5판, B6판 등 다양하다. 이 때문에 파일링에 대해서 통일이 되지 않아 곤란을 겪고 있다. 또한 작성방법도 수작업, 워드프로세서, 타이프, 인쇄 등이므로 종류에 따라서는 제작시간이나 제작비용에 상당한 낭비가 발생하고 있다. 이것들에 대해 일정한 규준을 갖추어 읽기 쉽도록 개선할 필요가 있음.

2. 개선안

개선에 대해 다음과 같은 방법을 제안합니다.

(1) 서식설계의 통일, 사내신고서류, 보고문서의 서식설계는 원칙적으로 문서과에서 행하고 모두 워드프로세서에 입력하여 등록한다.
(2) 판형과 용지에 대해서 신고서류는 원칙적으로 B5판과 B6판으로 통일한다. 또한 용지는 총무관계는 크림색, 인사 관계는 노란색 등으로 통일하여 구별하기 쉽게 한다. 보고 서류는 원칙으로써 A4판 가로쓰기로 하고 반드시 1장으로 끝내도록 한다.
(3) 인쇄방법에 대해서 원칙적으로 워드프로세서 인쇄를 원고로 하고 필요한 매수만 복사한다. 옵셋인쇄할 경우에도 워드프로세서에 입력된 원고로 한다. 타이프에 의한 인쇄는 이것을 폐지한다.

3. 개선효과

서식설계의 기준을 찾아서 입력, 보존함으로써 사원의 문서작성 시간이 대폭 절감된다. 서식의 통일, 색구분등 파일링이나 검색이 용이해지고 워드프로세서를 활용함으로써 인쇄비용이 대폭 절감된다.

4. 구체적 실시안 상세한 것은 별지와 같음

- 이상 끝 -

(5) 시말서

업무상 과실이나 실수로 인해 조직에 피해를 끼쳤을 때 자신의 실수에 대해 정확히 설명하고 반성하며, 앞으로의 결의를 밝히는 문서이다. 반성인 사과의 뜻이 강하게 표현되어야 한다.

① 과실의 내용이나 경위를 간단명료하게 쓴다.

언제, 어디에서, 어떤 과실을 범했는지, 그 결과로 어떠한 사태가 발생했는지, 손해정도는 어떠한지 등을 간단히 기술한다.

② 피해를 입힌 것에 대해 사과한다.

이쪽에서 범한 과실 때문에 상대에게 손해를 입혔다는 것이 시말서를 쓰는 기본 입장이다. 따라서 진심으로 사과하고 있음을 상대방이 느낄 수 있도록 성의껏 표현한다.

③ 반성과 앞으로의 결의를 나타낸다.

조직의 상사에게 제출하는 시말서는 사건 경위에 대한 보고보다는 과실에 대한 벌칙으로서 반성문의 성격이 강하다. 따라서 과실 내용은 요약해서 작성하고 다시는 그런 일이 없도록 하겠다는 반성의 의사표시를 분명히 한다.

④ 개인용지에 써야 한다.

회사용지에 시말서를 쓰는 것은 절대 금물이다. 따라서 개인용지에 작성하도록 한다.

사례 1 : 부하직원 실책에 대한 시말서
조직 내 부하 직원의 과실에 대해서도 관리감독의 책임을 져야하는 것은 당연하다. 이 경우, 구차한 변명이 되지 않도록 각별히 유의해야 한다.

사례 2 : 본인 실책에 대한 시말서
잘못을 한 당사자가 직접 시말서를 쓴 경우이다. 잘못에 대한 인정과 함께 깊은 반성의 뜻이 전해지도록 써야 한다. 또 앞으로의 다짐을 쓴다.

사례 3 : 거래처에 보내는 시말서
거래과정에서 발생한 사고에 대해 책임자가 거래처에 사과의 뜻과 함께 앞으로의 다짐을 밝히고 있다.

(6) 진퇴서

조직에서 담당업무를 수행하다가 중대한 과실이나 사고를 일으킨 경우에 그 책임을 지고 자신의 진퇴를 회사에 일임하는 것이 진퇴서이다. 보통 책임 있는 직위에 있는 사람들이 쓴다.

경우에 따라 사직서와 함께 써야 하는 것이 진퇴서이다. 일반적인 사직서와는 달리 진퇴서는 첫째, 자기 자신이 그 판단을 내릴 수 없고 둘째, 발생한 사건에 대한 책임으로 해임당할 가능성이 있으면 그 판단을 회사 측에 일임하고자 작성하는 것이다. 사안의 정도에 따라서는 진퇴서에 사직서를 동봉해 제출하는 경우도 있다.

- 사직서 작성 방법

① 늦어도 퇴직 예정일 2주 전에는 작성해서 제출한다.
② 퇴직 이유는 장황하게 설명하지 않는다.
③ 퇴직 후의 연락처를 기입하는 것이 좋다.
④ 기입항목은 용건, 제출연월일, 수신인(회사명, 사장), 본인(소속, 이름, 도장), 본문(퇴직 이유와 기일) 등이다.

사례 1 : 퇴직 권고서
해고의 근거가 충분히 있는 사원에게 보내는 퇴직권고서인 만큼 어조가 강하다. 이때는 정확한 사유를 밝혀주고, 그 후속 조치에 대해서도 명시해 준다.

사례 2 : 각서
각서란 기본적으로 상대에게 문서에서 언급한 사건에 대해 어느 정도의 의무이행을 약속하는 문서이다. 법적인 자료가 될 수도 있으므로 신중을 기해서 작성해야 한다.

(7) 통지문

회사 내의 주요 시책이나 업무전달사항을 관계자들에게 알리고자 작성하는 문서이다. 명령 지시사항들인 경우가 많으므로 신속하고 정확하게 작성해야 한다.

① 정해진 서식을 사용한다.

통지문의 경우 회사마다 대부분 정해진 형식이 있다. 따라서 이 서식에 맞춰서 적합하게 작성하면 되는데, 특히 문서번호나 날짜를 반드시 붙여야 한다. 나중에 문제가 되는 경우에 확인이 필요하기 때문이다.

② 내용이 정확하고 일목요연해야 한다.

업무상의 통지이므로 전달하고자 하는 내용이 정확하고 일목요연해야 한다. 이를 위해 첫째, 반드시 제목을 달고 둘째, 내용은 애매한 설명이 되지 않도록 육하원칙에 준해 작성하고 셋째, 이를 위해 항목별 쓰기를 많이 활용한다.

③ 의례적인 문구는 쓰지 않는다.

통지문은 지시전달을 위해 작성하는 문서이므로 전달하고자 하는 용건만 간결하게 쓰면 된다. 계절인사나 안부인사는 오히려 통지문의 성격을 흐리게 할 소지가 있으므로 하지 않는 것이 좋다.

사례 : 회의 개최 통지문
정확하게 지시를 전달하는 것이 목적이므로, 바로 본론으로 들어가 간략하게 끝맺는다. 일시, 장소 등의 사항은 다음으로 따로 묶어 한눈에 알아볼 수 있게 한다.

(8) 안내문

사원들에게 알리고 싶은 사항이나 연락사항을 게시나 회람 등을 통해 안내하는 문서이다 따라서 직접적인 업무상의 일보다는 회사 내의 행사나 복리후생에 관한 내용이 많다.

① 흥미 있고 친절하게 작성한다.

안내문은 읽는 사람들의 관심과 흥미를 유발시켜 어떤 행동을 유도하기 위한 목적으로 작성하는 것이다. 따라서 재미있고 부드러운 문장으로 알기 쉽고, 친절하게 작성해야 효과적이다.

② 일목요연하게 작성한다.

- 제목에는 '알림'이나 '안내' 등을 부기해 일방적인 통지가 아님을 분명히 한다.
- 안내 배경이나 취지를 간단하게 설명한 후, 안내하고자하는 용건을 부드럽게 권유한다.
- 알리는 내용들은 조목별로 기재해 알기 쉽게 구성하는 것이 좋다.

③ 필요한 사항을 빠짐없이 기록한다.

안내문은 전달문서이므로 전하고자 하는 사항들이 빠짐없이 기재되어 있어야 한다. 필요할 경우 유의사항 등도 덧붙여 의문점이 없도록 해야 한다.

> 사례 : 사내 동호회 행사 안내문
> 사내 직원을 대상으로 등반대회 행사에 참가해 줄 것을 권하는 안내문이다. 따라서 격식보다는 부드럽고 유머 있는 문장이 훨씬 친근감을 느끼게 해준다.

5.5.4 생활문서

(1) 축하장

상대의 경사에 대해서 축하한다는 인사를 전하는 문서이다. 시기적절한 축하장은 그 어떤 선물보다 가치를 발휘하여 원활한 인간관계를 쌓아나갈 수 있다.

① 축하하는 마음을 솔직하게 쓴다.

정중해야 하지만 너무 의례에 치우치면 자칫 성의부족이란 느낌을 줄 수도 있다. 따라서 진심어린 축하의 마음이 느껴지도록 진솔한 표현을 사용하여 작성한다.

② 가능하면 본인이 직접 쓴다.

심각한 악필이 아니라면 보내는 사람의 정성이 느껴지도록 직접 써서 보내는 것이 가장 좋다.

③ 확인하는 즉시 신속하게 보낸다.

시기가 지난 후에 받게 되는 축하장은 무용지물이다. 상대방이 기쁨에 취해 있을 때 도착할 수 있도록 신속하게 작성하여 보내야 한다.

④ 선물을 보낼 때는 자연스럽고 겸손하게 표현한다.

일반적으로 축하장을 보낼 때 선물을 함께 보내는 경우가 많다. 이 경우 축하장에는 자신이 보내는 선물을 낮추어 겸손하고 자연스럽게 표현한다.

사례 1 : 결혼식 축하장
거래처 인사의 아들이 결혼했을 때 보내는 축하장이다. 사자의 결혼을 축하하면서 동시에 그 자식을 정성껏 키워온 거래처 인사의 노고를 치하하는 정감어린 문장으로 구성했다. 청첩장을 받고 즉시 축하장을 보낸다는 것이 쉽진 않지만, 축하장을 보내 얻게 될 효과는 기대 이상일 것이다.

사례 2 : 고희연 축하장
신세진 사람의 고희연에 보내는 축하장이다. 정중하면서도 정감 있게 작성한다.

사례 3 : 퇴원 축하장
본인 앞으로 보내는 퇴원 축하장은 상대와의 교분 정도에 따라 상대방의 기분을 자연스럽게 북돋우면서 앞으로의 건강을 기원하는 내용으로 작성하면 된다. 개인적으로 친한 관계인 경우 공통의 취미를 다루는 것도 좋다.
퇴원 축하장은 그다지 격식을 차릴 필요는 없으며, 그 사실을 통보 받는 즉시 기쁜 마음으로 보내면 된다. 환자의 가족이나 직장동료 등 주변사람들 앞으로 보낼 때는 본인의 완쾌에 대한 축하와 함께 간호했던 사람들의 노고를 위로하는 내용으로 작성 한다.

(2) 위문문과 조의문

상대방의 갑작스런 슬픔과 불행을 위문하고 격려하기 위한 문서이다. 재해나 질병, 사고 사망 등의 우발적이고 불행한 일이 닥쳤을 때 한 장의 문서가 큰 힘이 될 수 있다.

① 정확하게 확인하고 나서 작성한다.

불행이나 재난을 당했을 때 위로서한을 받는 것은 매우 고마운 일이지만, 부주의한 문장으로 작성하면 상대에게 오히려 상처를 주게 된다. 따라서 전화 등으로 먼저 상황을 정확하게 확인한 후에 작성해서 보내야 한다.

② 시기를 놓치지 말고 신속하게 보내야 한다.

위문문, 조의문은 확인하는 즉시 작성해서 보내야 한다. 시기가 지나서 전달되면 상대에게 오히려 반감을 줄 수도 있다.

③ 가능한 한 직접 쓴다.

직접 써야 상대가 의례적으로 보내는 것이 아님을 느낄 수 있다.

④ 계절인사, 첫머리는 생략하고 바로 본문을 쓴다.

계절인사 등을 생략하고 바로 상대의 불행한 소식에 대한 안타까운 마음을 전하는 것이 서둘러 쓴 인상을 줄 수 있다.

⑤ 비즈니스 용건은 절대 쓰지 않는다.

상대는 지금 불행한 상태에 처해 매우 피곤한 상태이다. 따라서 일과 관련된 사항은 피하는 것이 예의이다.

사례 1 : 태풍 피해에 대한 위문문
먼저 재해를 당한 사실을 알게 된 연유를 쓰고 곧바로 안부를 묻는다. 그러고 나서 염려스러운 마음을 밝히고 상대를 격려한 다음 가능한 한 도움을 주고 싶다는 취지로 끝을 맺는다. 상대의 피해상황을 잘 모르는 경우에는 무사고를 빌고 안부를 확인하는 내용을 첨가한다.

사례 2 : 화재 피해에 대한 위문문
화재, 수해 등의 재해를 입은 사실을 알았다면 전화로 확인하고 나서 즉시 위문문을 보낸다. 상황을 정확히 파악하지 못해서 실수를 할 수도 있기 때문이다.

사례 3 : 환자에게 보내는 위문문
하루 빨리 쾌차하기를 바란다는 내용이 주가 되어야 한다. 본인 앞으로는 마음을 밝게 해주는 내용을 적고, 주변 사람에게는 격려의 내용을 적는다. 위문품을 함께 보낼 때는 겸손한 자세로 표현한다.

사례 4 : 교통사고에 대한 위문문
업무 이야기는 절대 쓰지 않는다. 상대가 매우 지친 상태이므로 비즈니스에 관해 거론하는 것은 오히려 환자를 힘들게 만든다. 또한 질병에 관한 충고는 하지 않는 것이 좋다.

사례 5 : 격식을 갖춘 조의문
조의문인 만큼 비즈니스에 관한 언급은 당연히 피해야 하고, 문장 구사에도 유의해야 한다.

사례 6 : 간단한 조의문
비즈니스 관계에서 보내는 조위문은 조금 사무적인 색채를 띠므로 불필요한 내용을 장황하게 덧붙이는 것보다는 오히려 명료하게 사무적으로 쓰는 것이 낫다. 먼저 고인의 이름을 확인하고 조의문을 받을 상대와 고인과의 관계를 알아본다. 지금 상대는 매우 힘든 일을 겪고 있으므로, 긴 편지보다는 짧지만 같이 슬픔을 나누는 마음을 전달하는 것이 좋다.

사례7 : 화환을 겸한 조의문
첫머리를 생략하고 곧바로 본문으로 들어간다. 본문은 '지금 막 돌아가셨다는 소식을 접하고 슬픈 마음을 금할 길 없습니다.' 라는 표현으로 시작하여 간단한 문장으로 애도하는 마음을 나타낸다. 어떤 경우에도 경박한 문구는 절대 피해야 한다.

(3) 부고장

집안에 어른이 돌아가셨을 때 호상이 상주를 대신하여 부고를 알리는 글이다. 연락을 취해야 할 사람들에게 사망사실과 함께 장례 일시 등 필요한 사항들을 정확하게 기재하는 것이 중요하다.

① 장례 날짜, 영결식장, 장지 등을 실수 없이 전한다.

연락을 취해야 할 중요한 사람들에게 실수로 빠뜨리는 일 없이 사망사실을 알려야 한다. 급한 경우에는 먼저 전화 내지는 전보로 연락하고 뒤이어 상세한 경위를 써서 발송하도록 한다.

② 고인의 칭호에 각별히 주의해야 한다.

부고장은 상주를 대표해서 장례에 모든 일을 관장하는 호상이 보내게 되므로 상주의 아버지는 '大人(대인)', 어머니는 '大夫人(대부인)', 할아버지는 '王大人(왕대인)', 아내는 '閤夫人(합부인)'이라는 호칭을 사용한다.

③ 문장은 간략하게 쓴다.

먼저 죽은 사람의 직위명과 성명을 쓰고 사망날짜를 사인과 함께 간략하게 기입하고 발인일시, 발인장소, 장지를 기입하는 것이 일반적인 구성이다.

④ 사무적인 문체로 작성한다.

부고장은 사무적인 문장으로 작성하여 중요한 사람들에게 필요한 사항이 전달되도록 하는 것이 고인에 대한 태도이기도 하다.

(4) 감사장

축하나 위문 등을 받았을 때, 감사의 뜻을 전하기 위해 작성하는 문서이다. 여기에서는 주로 관혼상제에 관련된 감사장을 다룬다.

① 겸손한 마음으로 정중하게 작성해야 한다.

상대방의 호의에 대해 감사를 드리는 것이므로 예의에 어긋나면 안 보내니 만 못하다. 겸손하고 정중하게 서식에 맞춰 작성한다.

② 진솔하고 정감 있게 작성한다.

본인의 느낌을 솔직하고 정감 있게 표현해야 상대가 친밀한 정과 믿음을 가질 수 있을 것이다.

③ 가능한 한 직접 쓴다.

위문이나 축하를 받았으면 시기를 놓치지 말고 답장을 보내야 한다. 축하 감사장과 같이 발송량이 많은 경우는 인쇄된 것을 사용해도 무방하지만, 최소한 수신인은 손으로 직접 쓰는 것이 좋다. 그래야 상대가 단지 의례적으로 보낸 것이 아님을 느낄 수 있다.

④ 퇴원, 재해를 당한 후의 경과를 첨가해 쓴다.

병문안 감사장에는 퇴원 후의 상황을, 재해위문 감사장에는 복구상황을 첨가해서 작성한다.

사례 : 장례식 참석에 대한 감사장

일상대화에서는 사용되지 않지만 격식에 맞는 적절한 호칭을 사용함으로써 문서의 효과를 높일 수 있다.

- 귀하 – 일반적인 호칭
- 좌하 – 조부모, 선배, 선생님 등 공경해야 할 어른께
- 님께 – 존경하는 분에 대한 순한글식 표현
- 선생 – 은사 또는 사회저명 인사께
- 귀중 – 단체에 보낼 때
- 귀우 – 친구에게 보낼 때

(5) 연하장

새해를 맞이하여 그간의 후의에 감사하고 앞으로의 격려를 부탁하며 상대의 평안함을 기원하는 내용을 담아 보내는 감사문과 축하문의 성격을 함께 갖는 대표적인 의례문이다.

① 너무 형식적으로 쓰지 않는다.

연하장은 대개 내용이 없이 형식적으로 쓰이는 경향이 많다. 그러나 이런 연하장을 자신이나 회사에 대한 훌륭한 홍보 수단으로도 활용할 수 있다. 따라서 개성을 살려 자사만의 독특한 연하장을 준비한다면 매우 효과적이다.

② 성의가 느껴지도록 한다.

인쇄된 연하장을 준비했더라도 몇 문장 정도는 직접 손으로 써 첨가하는 것이 좋다. 성의가 담긴 연하장이 받아보는 사람에게도 기분 좋은 것이다.

③ 상대의 평안을 기원하는 내용이다.

연하장의 내용은 어디까지나 상대의 평안과 행운을 기원하는 것이다. 자신의 사정을 장황하게 설명하는 것은 피하고 단지 변함없는 후원을 부탁하는 의미를 충분히 전하는 것이 중요하다.

사례 : 연하장

시중에서 판매되는 일반적인 형식의 연하장에 앞서 설명했듯이 자신의 포부나 홍보 등을 자연스럽게 첨가하여 작성한다.

비즈니스 차원에서 보내는 경우, 지난해 베풀어준 호의에 대해 감사의 마음을 전하고 금년의 포부나 홍보를 담는다.

전근인사를 겸한 연하장처럼 연하장에 어떤 통지나 인사장을 함께 첨부하는 경우도 있는데 이 경우 개인적인 인사장이므로 개인 이름으로 보낸다.

사회인이 되어 처음으로 보내는 연하장은 한 해 동안의 후의에 감사를 표하고 올해에는 더욱 열심히 하겠다는 포부를 밝힌다.

5.5.5 실용문서

(1) 통지서

비즈니스와 관련하여 기업간에 주고받는 거래문서인 통지서는 상대방에게 일정한 정보를 전달하는 실용문서이다. 인사장이나 안내장도 통지의 성격을 지니는 문서이지만, 비즈니스 상에서는 거래통지서의 사용이 절대적이다.

① 내용이 정확하고 일목요연해야 한다.

통지서는 업무상의 통지이므로 전달하고자 하는 내용이 정확하고 일목요연하게 작성되어야 한다. 상대방이 의문스러워하거나 이해하는 데 곤란을 겪는다면 통지서로서는 실패작이다. 따라서 있는 그대로의 사실을 육하원칙에 준해 정확하고 명확하게 써야 하며, 특히 금액이나 날짜 등 숫자의 작성에는 각별히 주의를 기울여야 한다.

② 전달하고자 하는 용건을 중점적으로 쓴다.

통지서는 실용성이 강한 문서이기 때문에 의례적인 문구는 생략하는 것이 좋다. 먼저 인사문을 간략하게 쓴 다음에 바로 용건을 간단명료하게 작성하면 된다.

③ 신속하게 작성하여 보낸다.

통지서의 목적은 신속한 의사전달에 있다. 용건이 생기는 즉시 문서를 작성해야 한다. 그러기 위해서는 메뉴얼화 된 표준 양식을 만들어놓을 필요가 있다.

사례 1 : 출하 통지서

출하 통지서는 물품이 나간 것을 통보해 주는 문서로 상대가 상품을 발주해 준 고객이므로 감사의 말을 꼭 기입한다. 발송한 상품에 대해서는 '상품이 도착하면 검수해 주시기 바랍니다.'라는 말을 첨가하고, 상품에 대해서 끝까지 책임을 지겠다는 마음가짐을 표현하는 것이 좋다. 납품서를 취급하는 담당자의 이름을 덧붙인다.

사례 2 : 착하 통지서
상품을 발송한 사람이 가장 궁금한 것은 보낸 물건이 잘 도착했는지, 그리고 그것이 상대방이 원하는 품목이며 상태가 좋은지 등이다. 상품을 받은 사람은 상품이 도착한 다음 이러한 사항들을 발송한 사람에게 연락하는 것이 성의 있는 태도이다. 상품이 도착한 일자나 운송수단, 상품호가인 내용 등을 물품수령증과 함께 정확하게 작성하여 즉시 보내도록 한다.

사례 3 : 송금 통지서
입금, 송금 통지서는 상대에게 그 사실을 분명하게 전달하기 위한 것이다. 요즘은 통지서 대신 전화나 컴퓨터 등을 사용하는 추세다. 그러나 통지서는 단순히 입금, 송금의 통지에만 그치는 것이 아니라 자료로서의 가치도 지니므로 계속 활용되고 있다. 작성방법은 먼저 계절인사를 간단하게 쓴 다음 평상시에 베풀어준 후원에 감사하다는 말을 쓰고 나서, 바로 송금에 대한 내용을 쓴다.

사례 4 : 입금 통지서
계좌에 입금된 날짜와 장부상으로 입금된 날짜를 따로 적어서 서로의 실수를 방지한다. 그리고 상대방으로부터 지급받은 것에 대한 감사의 말과 함께 앞으로의 관계발전에 대한 희망을 전한다.

사례 5 : 상품반송 통지서
어떤 목적으로 상품을 받았지만 그것이 적당하지 않기 때문에 접수하기 곤란한 경우가 있다. 이러한 경우에는 정중하고 신속하게 반송해야 한다. 이때 첨부하는 것이 상품반송 통지서이다. 거절의사를 통보하는 통지서이기 때문에 의사를 오해 없이 명확하게 전달하면서 상대의 기분이 상하지 않도록 정중하게 써야 한다.
상품반송 통지서의 문장 제일 앞에는 상품의 명칭, 종류, 개수 등을 기록한다. 나중에 문제가 발생하는 것을 방지하기 위해서 정확하게 기재해야 한다. 본문에서는 반송의 취지를 간략하게 서술하는데 '예산 사정상'과 같은 말은 가급적이면 쓰지 않는다. 한마디로 너무 자세하게 쓰지 않는 것이 오히려 좋다.

사례 6 : 상품 견본 발송 통지서
의뢰받은 견본을 발송하고 상품이 도착하기 전에 발송 사실을 알림으로써 거래처에 신뢰를 줄 수 있다.

사례 7 : 간행물 정기구독 수락 통지서
견본으로 보내온 간행물을 정기 구독하여 업무상 자료로 이용할 뜻을 밝히는 통지서이다. 이것은 송금 통지의 성격도 갖고 있다.

사례 8 : 제품 사고원인 조사 통지서
아무리 신중을 기해도 상품을 대량으로 제조, 판매하는 기업의 경우 어떤 실수를 하거나 상품에 결함이 생기는 것은 피하기 어려운 일이다. 그러나 이때 고객의 클레임에 어떻게 대처하는가에 따라 좋은 이미지를 심어줄 수도 있다. 사고원인을 즉시 조사하는 것이 중요하며, 일단 문제가 생기면 이에 신속하게 대응하는 것이 필요하다.

사례 9 : 사원 출장 통지서
언제, 어떤 용건으로, 누가 가는지 정확하게 기재하는 것이 기본이지만 그것만으로 비즈니스 문서의 요건을 갖춘 것은 아니다. 아무리 비즈니스 문서라고 하더라도 성의가 느껴지지 않으면 상대방의 마음을 움직일 수 없기 때문이다. 문장이 자칫 무미건조하지 않도록 주의를 기울여야 한다.

사례 10 : 임시 휴무일 통지서
특별한 사정으로 인한 임시휴무이므로 거래처에 사전에 알려주어 거래처의 업무에 차질이 없도록 배려해 줌으로써 상대방과의 거래관계를 더욱 돈독히 할 수 있다.

사례 11 : 담당자 변경 통지서
조직개편이나 담당자의 변경과 같은 사항은 사내 인사문제이나 거래처와 직접적인 연관이 있으므로 업무의 혼선을 줄이기 위해 반드시 통보하여 업무의 인수인계가 확실하게 이루어져야 한다.

사례 12 : 채용 내정 통지서
채용 내정 통지서를 받는다는 것은 당사자에게는 빛나는 인생의 출발을 의미한다. 따라서 간단한 문장 속에 앞으로의 활약을 기대한다는 뜻을 담도록 한다. 내정 통지는 채용이 내정된 후 그 뜻을 재학 중인 본인에게 통지하고 일정한 조건하에서 계약을 교환하는 성격의 문서이다. 따라서 간략하면서도 나중에 어떤 오해가 생기지 않도록 정확해야 한다.

사례 13 : 불채용 통지서
불채용 통지서는 당사자에게는 거절장이 되기 때문에 가능한 한 상대방의 마음에 상처를 주지 않고 사실을 전해야 한다. 우선 상대와 함께 일할 수 없게 된 것에 대해 양해를 구하고 위로의 말을 쓴 다음 상대방의 건투를 비는 문장으로 끝맺는다.

(2) 신청서

새로운 거래를 신청하거나 거래조건의 변경을 의뢰하거나 이미 끝난 협의사항을 정리하는 문서이다. 정중하면서도 정확한 의사 전달이 중요하다.

① 간단명료하고 정중하게 작성한다.

신청서는 신청의사가 정확하게 전달되도록 내용이나 목적을 간략하게 적는다. 그리고 거래신청서인 경우에는 정중한 내용이 되도록 작성해야 한다.

② 거래 신청서의 일반적인 구성

먼저 계절인사를 쓴다. 새로운 거래를 신청하는 것이므로 '귀사가 더욱 번창하시기를' 등으로 쓰는 것이 좋다. 다음에는 자사 소개를 한다. 이때 자사의 특색에 대해 과장하지 않고 설명하면서 거래를 신청한다. 그리고 거래조건, 상품 등을 쓴다.

③ 거래조건 변경 신청서는 죄송스러운 마음을 나타낸다.

거래관계가 지속되다 보면 거래 상대자에게 거래조건에 대한 변경을 요구하게 되는 경우가 있다. 이러한 변경요구는 상대방을 곤혹스럽게 만들게 마련이다. 따라서 문서에는 상대에 대한 죄송스러운 마음을 담아 보내는 것이 바람직하다.

사례 1 : 거래개시 신청서
구체적인 거래조건은 따로 정리해 조목별로 적는 것이 좋다. 실수도 없고 상대가 이해하기도 쉽기 때문이다. 인쇄된 주문서가 있으면 필요사항을 기입해서 첨부한다.

사례 2 : 거래조건 변경 신청서
거래조건 변경 신청서에는 책임자의 이름을 정확히 써야 한다. 또 문의 담당자도 써두면 좋다. 거래조건에 대해서는 반드시 따로 항목을 정해서 적는다. 그러나 실제로는 담당자가 상대를 찾아가서 교섭하는 경우가 많다.

(3) 의뢰서

비즈니스상의 필요한 사항을 상대방에게 요청하는 이른바 부탁문이다. 따라서 상대의 마음을 움직일 수 있도록 성의 있는 문장으로 작성해야 한다. 상대가 어떤 입장이든 간에 일관해서 부탁하는 태도를 유지하는 것이 필요하다.

① 의뢰 내용이 명확해야 한다.

문서를 작성할 때는 무엇에 관한 의뢰인가를 명확히 하기 위해 반드시 표제를 써야 한다. 무슨 목적으로 무엇을 의뢰하고 있는가가 명확해야 좋은 의뢰서가 된다.

② 부탁하는 태도를 유지한다.

의뢰서는 상대에게 번거로움을 주게 되는 경우가 대부분이므로, 성의 있는 태도와 겸손한 자세가 중요하다.

③ 간략하고 정중하게 쓴다.

문장은 간략한 것이 원칙이다. 그래야 상대방이 호감을 느낄 수 있다. 무리한 부탁을 하는 경우에도 지나치게 정중하면 오히려 본론이 흐려질 수 있다. 문서의 목적을 잊지 말고 간략하고 정중하게 쓴다.

사례 1 : 지급유예 의뢰서
지급을 연기할 때 쓰는 의뢰서이다. 이러한 경우에는 직접 상대를 찾아가 부탁하는 것이 좋다. 문서만으로 끝내는 것은 결례이다. 의뢰서를 받았으면 즉시 그에 대해 답장을 보낸다. 만일 응낙할 수 없는 경우에는 그 이유를 확실하게 써서 납득시킨다.

사례 2 : 재견적 의뢰서
신규거래 등의 경우에는 견적서를 받을 필요가 있다. 이런 경우 의뢰서를 통해 견적을 의뢰하는 것이 실수나 착오를 방지하는 의미에서 바람직하다. 상대방으로부터 받은 견적서가 희망하는 것과 달랐을 때 다시 의뢰하는 것이 재견적 의뢰서이다.

사례 3 : 강사 파견 의뢰서
의뢰서인 만큼 설득력 있는 문장이 되어야 한다. 의뢰하고자 하는 내용이 어느 정도 구체적인가 하는 것도 성공의 요소이다.

사례 4 : 공장 견학 의뢰서
공장 견학을 의뢰하는 것도 앞의 의뢰서와 기본은 같다. 이것은 공장 견학 감사장과 마찬가지로 특별한 문서에 속한다. 견학하고 싶은 날짜, 목적, 견학에 참가할 인원이나 인솔자를 명확하게 밝혀야 한다. 그리고 소개자가 있으면 그 사람의 이름을 쓰는 것도 좋다.

사례 5 : 자료 제공 의뢰서
자료를 제공받기 위해 보내는 의뢰서는 그 자료가 얼마나 절실히 필요한지를 잘 표현하는 것이 중요하다. 자료를 제공받고자 하는 회사에 대한 적절한 관심 표명과 함께 왜 자료가 필요한지 자료 사용의 목적을 간략하게 쓴다.

사례 6 : 조사협조 의뢰서
의뢰서를 보낼 때 설문지는 별지로 첨부한다. 설문 내용은 기입하는 사람의 입장에서 대답하기 쉽게 작성해야 한다.

(4) 조회서

비즈니스에서는 예기치 않은 여러 가지 문제가 발생하는데, 분명치 않거나 의문나는 점에 대해서 임의로 처리해서는 안 될 것이다. 이럴 경우 상대방에게 문서로 문의하는 것이 조회서이다.

① 조회서의 목적은 회답서에 있다.

조회서의 목적은 회답서를 받는 데 있으므로 조회의 취지, 내용, 목적을 명확하게 써야 한다. 그리고 반송용 봉투에 우표를 붙여서 보내는 것이 예의이며, 회답기한을 함께 명시해 두면 좋다. 그러나 강요하는 듯한 인상을 주어서는 안 된다.

② 예의 바른 것이 제일이다.

상대에게 부탁하는 것이므로 예의를 갖추는 것이 무엇보다 중요하다. 장황하지 않고 정중함을 잃지 않는 문체로 구성한다. 수량을 확인해야 하는 등 상대에게 수고를 많이 요구하는 조회서는 특히 주의해야 한다.

③ 문의하는 건은 조목별로 정리한다.

문의할 건에 대해서는 빠뜨리는 것 없이 정확하게, 또 상대가 오해하지 않도록 문의하는 목적을 분명히 명시해 주는 것이 좋다.

사례 1 : 거래처의 신용 조회서
신용 조회서는 비밀을 지키는 것이 가장 중요하므로 보통 봉투에 책임자 앞으로 '친전(親展)'이라고 써서 보낸다. 이 경우 상대방을 번거롭게 할 수 있으므로 용건을 의뢰하는 것에 대한 사과의 마음을 충분히 나타내야 한다. 그리고 이것은 3자간의 신뢰관계와도 깊은 관련이 있으므로 비밀엄수가 필수적이다. 이 점에 대한 약속을 확인시켜야 한다.

사례 2 : 거래조건 조회서
거래조건에 관한 조회서는 사무적인 성격이 강한 일종의 연락문서이다. 문의하는 건에 대해서는 빠뜨리는 것 없이 정확하게, 또 상대가 오해하지 않도록 무엇을 알고 싶어 하는가를 조목별로 정리하여 쓴다.

사례 3 : 재고 상황 조회서
특정 제품의 재고 상황을 문의하는 것이나 제품을 운반하지 못해 창고에 남아 있는 상품에 관한 조회가 될 수도 있다. 이처럼 개별 상품의 구체적인 문제에 대해서는 출하명세서를 동봉해 보내는 것이 좋다. 이러한 건은 답신이 제때 도착하지 않으면 아무 의미가 없기 때문에 회신기한을 확실하게 정해 주어야 한다.
재고 확인은 생산관리나 판매관리에 있어서 매우 중요한 사항이므로 당연히 신속함이 요구된다. 따라서 대부분 전화상으로 재고문의가 이루어진다. 이것은 단순한 문의차원을 넘어 재고량에 따라 대량발주 가능성이 있다는 사실을 통지하는 것이다.

(6) 회답서

회답서는 조회서에 대한 답변서이다. 조회 받은 내용이 무엇인지를 확인하고 그에 맞는 답변을 문서로 정리해 상대에게 회신해 주는 것이다. 따라서 정확한 회답서가 되어야 한다.

① 간결하게 구성하고 논리적으로 정리한다.

답변서이므로 의례에 치우침 없이 간결한 문장을 사용하여 작성하고, 답변은 상대가 이해하기 쉽도록 논리적으로 정리한다.

② 이왕이면 친절한 인상을 제공한다.

원칙적으로 문의 받지 않은 사항은 답변할 필요가 없다. 그러나 상대에게 도움이 될 것이라 판단되는 사항이나 자료가 있다면 첨부하는 것이 좋다.

③ 정확하게 회답한다.

조회서의 주된 목적이 사실의 확인인 이상, 철저하게 조사하여 정확하게 회답하여야 한다. 특히 신용조회서와 같이 작성자의 판단을 요구하는 조회서에는 실수가 없도록 주의를 기울여야 한다. 또 기업에 있어서 민감한 문제가 될 수 있는 조회서일 경우, 허락하기 곤란하다면 확실하게 거절의 의사를 표현한다.

> 사례 : 강사 파견 의뢰 회답서
> 타사의 강사 파견 요청에 대해 승낙하는 회답서는 언제, 어떤 요청에 관한 승낙인가를 분명하게 밝혀야 한다. 그리고 그 요청에 따라 파견하는 사람이 누구인지에 대해서도 명확하게 써주는 것이 바람직하다.

(7) 승인서

승인서란 상대로부터 받은 의뢰에 대해서 승낙 하겠습니다라고 통지하는 문서이다. 그 정도의 의사표시는 전화로도 충분하다고 생각할 수 있지만, 사고가 발생할 것을 대비하여 정확하게 문서화할 필요가 있다.

① 신속하게 작성한다.

비즈니스에 있어서 승인서는 어떤 업무상의 신청에 대한 답신이므로 무엇보다도 신속함이 요구된다. 거절을 하건 승낙을 하건 신속하게 대응하는 것이 상대에 대한 예의이다.

② 승낙의 조건을 명확히 한다.

상대방의 요청을 어떤 조건하에서 승낙하는가를 명확하게 해두어야 한다. 승인서는 의뢰에 대해 상대방에게 승낙을 약속하는 의미를 가지기도 하므로 훗날 증거의 서류가 될 수도 있다.

③ 피치 못해 승낙한 때는 이에 대한 당부를 첨가한다.

어쩔 수 없이 승낙했을 때는 이 때문에 겪었던 곤란한 사정을 알리고 앞으로는 이 같은 사태가 일어나지 않도록 해달라는 내용을 첨가하는 것이 좋다.

사례 1 : 공사 발주 승인서
발주에 관한 간단한 형식의 주문 승인서는 승인서 자체에는 단지 승낙의 의사만을 표현한다. 수량이나 거래조건 등의 실질적인 승낙조건은 별지 계획서에 기재한다.

사례 2 : 지급연기 승인서
거래처로부터 지급유예에 대한 신청이 곤란했으나 승인한 경우에는 승인 때문에 겪었던 곤란한 사정을 알리고 앞으로는 이 같은 사태가 일어나지 않도록 해달라는 내용을 첨가한다.

사례 3 : 출품신청 승인서
전시회에 상품 출품을 신청한 기업에 대한 승인서는 상품 출품을 해준 것에 대한 감사의 말을 전하고, 이후 일정과 관련하여 필요한 자료가 있으면 함께 동봉해서 보내준다.

사례 4 : 신규거래 승인서
새로운 기업이 신청한 거래에 응하는 경우 상대와 발전적인 관계를 지속할 수 있도록 의욕적인 내용의 승인서를 보낸다. 먼저 상대로부터 받은 신청에 대한 감사의 뜻을 표하고, 그 신청이 이쪽에도 도움이 된다는 것을 자연스럽게 전한다. 이 경우 상대의 업무내용에 대한 평가를 덧붙이면 상대는 앞으로의 거래관계에 더욱 큰 기대를 걸게 될 것이다.

사례 5 : 거래조건 변경 승인서
거래조건 변경요청을 승인하는 문서로 '지급연기 승인서'와 같은 성격으로 작성하면 된다. 무리한 요구이지만, 앞으로의 관계를 고려해서 내린 결정이라는 취지를 담백한 문체로 첨가한다.

(8) 거절장

거절장은 상대의 의뢰나 어떤 요구를 거절하는 문서이다. 따라서 이는 상대의 기대에 어긋나는 것이므로 상대의 감정이 상하지 않도록 정중하고 설득력 있게 작성해야 한다.

① 일반적인 구성

먼저 계절인사를 한 뒤에 구체적인 이유를 들어 정중하게 거절하는 방식으로 작성한다.

② 상대의 잘못은 가급적 거론하지 않는다.

거절하는 이유가 상대방에게 있는 경우에는 추상적으로 표현하는 것이 좋다. 단, 상대방이 그 뜻을 이해할 수 있어야 한다.

- 미안한 마음이 표현되도록 한다.
- 어찌 됐든 상대의 의뢰나 요구를 거절하는 것은 미안한 일이다. 따라서 문서 전체에 그러한 마음이 담겨지도록 나타내야 한다.
- 앞으로의 거래관계를 고려하여 쓴다. '안 된다'는 표현보다는 '다음 기회에 잘 부탁드린다.'는 취지의 완곡한 표현을 사용하는 것이 바람직하다.

사례 1 : 견적서 발송 거절장
상대가 희망하는 납기 내에 도저히 상품을 생산할 수 없기 때문에 견적요청을 거절하는 경우이다. 상대와 이미 여러 번 거래를 한 거래처로서 이쪽의 사정을 잘 이해하는 경우에는 견적을 거절하는 이유에 대해 솔직하게 설명하는 것이 좋다. 그러고 나서는 반드시 '다음 기회에 잘 부탁드린다.'는 취지의 당부를 잊지 말아야 한다.

사례 2 : 주문 취소장
일단 발주한 상품을 취소한다는 것은 매우 어려운 일이다. 만약 그러한 사태가 발생하면 즉시 상대에게 연락해야 한다. 발주를 취소하는 이유에 대해서는 어렵지만 명확하게 제시해야 한다. 그리고 상대에게 불편을 끼친 결과에 대해 충분한 사과의 마음을 담는다. 주문을 취소하는 귀책사유가 상대에게 있을 경우의 발주 취소장은 주문을 취소하게 된 이유에 대해서는 명확하게 제시해야 하지만, 분위기는 고압적이지 않고 부드럽게 작성하는 것이 좋다.

사례 3 : 거래 정지장
오랫동안 지속해 온 거래관계가 어느 한쪽에 의해 끊기는 것은 매우 유감스러운 일이다. 그러나 그러한 결단이 필요할 때는 주저하지 말고 즉시 통고하는 것이 중요하다. 거래를 정지할 수밖에 없었던 이유에 대해서는 객관적이고 명확한 사실에 근거하여 정중하게 쓸 필요가 있다.

(9) 항의서

상호간의 거래관계에서 문제가 발생한 경우, 상대방에게 불만을 전달하기 위하여 작성하는 문서이다. 따라서 잘못 사용하면 불필요하게 문제를 확대시키거나, 심각한 역효과를 초래할 수도 있으므로 신중하게 작성해야 한다.

① 감정적으로 흐르지 않아야 한다.

문서의 성격상 항의서는 감정적으로 치우치기 쉬우므로 주의해야 한다. 감정적인 항의만 하고 해당 문제에 대한 대책을 제시하지 않으면 오히려 역효과만 초래한다.

② 정정당당하고 자신 있게 작성한다.

그러나 항의서는 너무 정중하거나 억지로 문장을 부드럽게 할 필요는 없다. 논리적으로 이쪽의 의향을 당당하게 표현하여 책임소재를 명확히 하고 대책을 요구하는 것이 좋다.

③ 거두절미하고 본문부터 시작한다.

항의서는 의례적인 계절인사 등은 모두 생략하고 곧바로 본문으로 들어간다. 그리고 '○○에 관한 건'이라는 제목을 맨 앞에 붙여 작성목적을 명확히 한다.

사례 1 : 수량부족 항의서
어떤 문제가 발생했을 때, 상대에게 보내는 문서를 '조회서'로 할지, '항의서'로 할지 다소 애매할 경우가 많다. 이 경우 문제의 책임소재가 확실히 상대에게 있고, 그 때문에 매우 곤란한 지경일 때는 항의서를 보낸다.

사례 2 : 불량품 납입 항의서
상대에게 불량품 반품조치를 요구하는 항의서는 감정적이지 않고 부드러운 문장을 사용하면서도 요구조건은 명확하게 해야 한다.

사례 3 : 납기일 지연 항의서 1
상대방이 제공하는 부품납기의 지연으로 이쪽의 제품 납기일이 지연된 사태에 대한 강력한 항의를 담은 항의서다. 이런 경우에는 이쪽의 곤란한 상황이 상대에게 충분히 전달될 수 있도록 설득력 있고 객관적인 문장으로 쓴다. 항의서는 억지로 문장을 부드럽게 할 필요는 없으며, 항의하는 입장을 분명하게 설명하는 솔직함이 오히려 바람직하다.

사례 4 : 대금미납 항의서
대금미납에 대한 항의서는 상대가 고객이기 때문에 문서 자체는 정중해야 한다. 사태의 심각성을 설명하고 서로에게 더 나은 해결책을 모색하기 위한 설득의 형식으로 쓰도록 한다.

(10) 독촉장

독촉장은 비즈니스상의 의뢰, 조회, 청구, 요청 등에 대해 상대방이 회답이나 이행을 제대로 하지 않은 경우, 이를 독촉하기 위해 작성하는 문서이다. 보통 전화나 항의서 등의 효과가 없을 때 독촉장을 보내게 된다.

① 상대의 감정이 상하지 않도록 유의한다.

문서의 성격상 독촉장은 감정적으로 치우치기 쉽다. 따라서 주장은 확실히 하면서도 상대를 불필요하게 자극하지 않도록 주의를 기울여 작성해야 한다.

② 만일의 경우에 대비하여 작성한다.

독촉장을 보내는 동안에 상대가 문제를 해결할 수도 있다. 이런 경우를 대비하여 '이미 이루어진 경우에는' 등의 양해 문구를 기재해 놓는다.

③ 어떻게 표현할 것인가를 미리 선택하고 시작한다.

지나치게 부드러운 문장으로 일관하면 상대방이 얕볼 수도 있다. 반면에 강경하게 몰아붙인 나머지 상대의 선의를 훼손시킬 수도 있다. 따라서 어떤 표현이 더 적합하고 효과적인가를 미리 생각해 두고 독촉장을 작성해야 한다.

사례 1 : 대여품 반송 독촉장
보통 전화로 문의하거나 항의서를 보내기도 했지만 그래도 회답이 없을 때 최후의 수단으로 독촉장을 보낸다. 이때 용건을 확실히 하면서도 상대의 감정이 필요 이상으로 상하지 않도록 해야 한다.

사례 2 : 참석여부 회답 독촉장

이전에 보낸 문서에 대한 회답이 오지 않았을 때 다시 한 번 회답을 요청하는 독촉장이다. 이때 상대에서는 회답을 보냈는데 우편상의 실수나 지연 등으로 받지 못했을 수도 있으므로 양해를 구한다는 말도 잊지 않는다.

사례 3 : 대금지급 독촉장

이미 여러 번 지급을 재촉한 상대에게 더욱 확실한 형식으로 요구하는 문서가 독촉장이다. 비즈니스 현장에서 이러한 거래처를 만날 가능성이 많다. 아주 강경하게 항의해야 하지만 '저의 입장을 감안 하시어라는 문장을 써서 전체 문장의 흐름을 어느 정도 부드럽게 할 필요가 있다.

사례 4 : 대금지급 최후 통지서

사태가 더욱 악화되어 결정적인 수단이 필요할 때 최후 통지로서 독촉장을 보내게 된다. '최후의 수단' 이란 법률적인 조치를 말하는 일반적인 표현으로서, 이 문서로 해결되지 않으면 법정으로 갈 수밖에 없다는 의사표현이다. 이 같은 문서는 나중에 증거가 되기 때문에 내용증명 우편으로 발송할 필요가 있다.

(11) 사과문

부주의나 과실로 인해 거래 상대방에게 물적, 심적 피해를 입히게 된 경우에 이를 사과하고자 보내는 문서이다. 잘못을 솔직하게 인정하고 진심으로 사과하는 마음을 담아야 한다.

① 신속하게 작성해서 보낸다.

비즈니스 관계에서 어떤 사고가 발생했을 때 그것이 이쪽의 책임이라면 신속하게 사과해야 한다. 보통의 인간관계와 마찬가지로 신속하게 사과하면 상대의 기분을 어느 정도 진정시킬 수도 있기 때문이다. 따라서 사과문은 신속하게 작성하여 시기를 놓치지 않도록 주의해야 한다.

② 솔직하고 성의 있는 내용이어야 한다.

사과문은 절대 변명으로 일관해서는 안 된다. 이미 이쪽의 책임이 판명된 상태에서 보내는 문서이기 때문이다. 따라서 잘못을 솔직하게 인정하고 성실한 태도로 정중하게 다음부터는 이런 일이 없도록 하겠다는 다짐을 적는다.

③ 문제 해결 의지가 담겨 있어야 한다.

단지 문서로 사과하는 것만으로는 상대를 설득시킬 수 없다. 문제 해결을 위해 어떻게 노력하고 있는지를 전함으로써 상대방이 이쪽을 이해할 수 있도록 해야 한다.

사례 1 : 납기 지연 사과문
납기일이 늦어진 이유, 현재 늦어진 것을 만회하기 위하여 노력하고 있다는 점, 그리고 납입시한을 구체적이고 확실하게 제시한다.

사례 2 : 접객 불만에 대한 사과문
고객의 제언을 받아들여 앞으로 더욱더 노력하겠다는 마음가짐으로 성의 있게 사과문을 써야 한다. 그리고 이것을 기회로 직원의 재교육을 실시하는 등의 구체적인 대책을 세우는 것도 중요하다.

사례 3 : 상표권 침해에 대한 사과문
사과문을 작성할 때 주의해야 할 점은 확실하게 이쪽에 책임이 있는 실수에 대해서 신속하게 대응해야 한다는 것이다.

(12) 반박서와 해명서

비즈니스에 있어서 상대의 무리한 요구에 귀를 기울일 필요는 있지만 이치에 맞지 않는 항의에는 즉각 반론을 제기해야 한다. 이때 작성하는 것이 반박서나 해명서이다.

① 부당한 항의에는 분명하게 반론한다.

피해를 입은 쪽이 신속하게 반박하지 않아 일방적인 피해를 입는 경우가 많다. 따라서 이 같은 사태가 발생했을 때는 타협하지 말고 객관적인 자료를 제시하면서 자기주장을 펴야 한다.

② 해명서는 정중하게 쓴다.

이쪽에 책임이 없는데도 상대가 어떤 피해에 대해 항의를 할 때는 해명서를 보내도록 한다. 이것은 사과장과 반박서 중간에 해당하는 문서라고 할 수 있다. 그러나 이쪽의 과실이 아니더라도 상대가 피해를 입은 것이 확실하므로 가능한 정중하게 상대의 입장에서 배려해야 한다.

③ 항의서는 내용증명우편으로 보낸다.

문제가 법적 판단을 필요로 하는 상황까지 갈 수도 있으므로 정확한 항의를 내용증명 우편으로 발송하는 등의 조치를 취하도록 한다.

(13) 권유서

상대에게 상품 소개, 점포 개설, 세미나 참석 등을 광고, 선전하며 이의 구입이나 참석 등을 요청하는 문서이다. 따라서 안내장과 비슷한 성격을 가진다.

① 먼저 내용을 충분히 숙지해야 한다.

권유서를 쓸 때 중요한 것은 쓰는 사람이 먼저 내용에 관해서 충분히 이해하고 있어야 한다는 점이다. 작성한 사람이 그 내용을 제대로 파악하지 못하는 권유서는 당연히 상대의 마음을 움직일 수가 없다.

② 중요사항은 별지에 기록한다.

제품의 세일링포인트나 상대에게 특별히 말하고 싶은 것은 별도로 묶어서 일목요연하게 정리한다.

③ 강요하는 인상을 주어서는 안 된다

권유하는 문서인 만큼 부드럽고 완곡한 표현이 중요하지만, 지나치게 감정에 호소할 필요는 없다. 오히려 객관적인 정보 소개가 가장 효과적인 포인트가 될 수 있다. 또 지나친 장점 피력은 오히려 역효과를 낼 수도 있으므로 피해야 한다.

(14) 내용증명서

내용증명(內容證明)이란 어떤 내용을 언제 누가 누구에게 발송하였는가 하는 사실을 발송인이 작성한 등본에 의하여 우체국장이 공적인 입장에서 증명하는 제도이다(우편법시행규칙 46조). 여러 가지 권리나 의무의 변경 등이 있을 때 이를 명확히 해두는 것이다. 이는 후일 당사자 간에 분쟁이 생겼을 때의 증거로서 소송이나 재판에 도움이 된다. 따라서 기록취급을 하지 않는 통상우편으로는 증명을 할 수 없으므로 반드시 등기우편으로 하여 기록을 남겨야 하며, 또 언제 배달하였다는 것을 증명하는 '배달증명' 우편물로서 발송하면 완전하다. 내용증명 우편물은 보통 3통을 작성하여 1통은 내용문서의 원본으로서 수취인에게 우송하고, 등본 2통은 우체국과 발송인이 각각 1통씩 보관한다. 발송인은 내용증명 우편물을 발송한 날로부터 3년 이내에 한하여 발송 우체국에서 재차 증명을 받거나 등본의 열람을 청구할 수 있다. 이때에는 특수우편물의 수령증을 제시하여야 한다.

제　목

발 신　○ ○ ○
　　　　○○시 ○○구 ○○동 ○번지
수 신　○ ○ ○
　　　　○○시 ○○구 ○○동 ○번지

내 용

1. 먼저 간단한 인사말을 쓰는 것이 통례임.(예: 귀댁의 무궁한 번영을 기원합니다)
2. 내용증명을 보내는 주 내용을 기재.

○○○○년 ○월 ○일(작성 연월일 기재)

통지인 ○ ○ ○ (서명 또는 날인)

○ ○ ○ 귀하

---

① 제목은 최고장, ○○통지서 등 적당한 문구를 사용하여 기재한다.

② 발신자와 수신자의 성명 및 주소를 기재하되 이때 발신자 또는 수신자가 법인일 때에는 ○○주식회사 대표이사 ○○○ 등으로 기재, 발신자나 수신자 대신

통지인, 수취인으로 기재하거나 채권자·채무자 등으로 기재하여도 상관없으나 "발신(채권자), 수신(채무자)"와 같이 내용에 합당한 문구를 사용하여 기재한다.

③ 내용란에 내용을 기재하되 6하원칙에 맞추어 일목요연하고 간결하게 기재하되 주장하고자 하는 내용을 빠뜨리지 않고 기재하여야 한다. 이는 후일 분쟁발생시 중요한 증빙사항이 될 수 있으므로 유의하여야 한다.

(14) 내용증명에 대한 답변서

① 제목은 받은 내용증명의 형태에 따라 적당한 문구를 사용하여 기재한다 (예; 계약해지 통지에 대한 답변서 등).

② 발신자와 수신자의 성명 및 주소를 기재하되 이때 발신자 또는 수신자가 법인일 때에는 ○○주식회사 대표이사 ○○○ 등으로 기재, 발신자나 수신자 대신 통지인, 수취인으로 기재하거나 채권자·채무자 등으로 기재하여도 상관없으나 "발신(채권자), 수신(채무자)"와 같이 내용에 합당한 문구를 사용하여 기재한다.

③ 상대방이 보내온 내용증명을 세밀히 검토한 후 사실과 다른 부분과 기타 상대방 내용증명의 부당한 내용이나 주장을 조목조목 간결하고 명료하게 사실에 근거하여 기재한다. 만일 상대방의 내용증명 내용이 사실과 다름이 없고 이의를 제기할 이유가 없어 채무의 연기나 선처 등을 바랄 경우에는 상대의 동정심 등을 유발할 수 있는 내용을 기재하여 부탁하는 형태로 기재하되, 상대의 감정이 상하지 않도록 각별히 유념하여 기재하여야 한다.

○○○에 대한 답변서

발신(임차인, 채무자 등)　　○ ○ ○(○○주식회사 대표이사 ○○○)
　　　　　　　　　　　　　○○시 ○○구 ○○동 ○번지
수신(임대인, 채권자 등)　　○ ○ ○(○○주식회사 대표이사 ○○○)
　　　　　　　　　　　　　○○시 ○○구 ○○동 ○번지

내 용

1. 간단한 인사말로 상대의 감정을 상하지 않게 기재
2. 상대방이 보내온 내용증명을 세밀히 검토한 후 답변서 작성

○○○○년 ○월 ○일(작성연월일 기재)

위 채무자　○ ○ ○ (서명 또는 날인)

채권자　○ ○ ○ 귀하

06

이력서 및 자기소개서 작성법

Chapter 6 >>>

6.1 이력서 작성법

(1) 처음 10줄에 승부를 걸어라

차별화 된 인재를 찾기 마련인 기업으로서는 '짧지만, 분명하게' 자신의 커리어를 드러낸 이력서를 주목한다. 많은 이력서를 받는 경우 몇 십초 만에 서류 전형의 통과가 판가름 난다. 그렇다면 앞 10줄에서 모든 것이 결정된다고 해도 과언이 아니다. 인사담당자가 한 사람의 이력서에 눈길을 주는 시간은 짧다. 인사담당자가 자신의 이력서를 세줄 이상 읽고 있다면 일단 성공한 셈이다. 이를 위해 자신이 성공적으로 해낸 업무를 구체적으로 적는 게 필요하다. 예를 들어 과거에 참여했던 프로젝트에 대해 언급할 경우 단어를 선택하는 데 있어 '열심히 했다', '좋은 평가를 얻었다' 보다는 매출액이나 구체적인 평가 지점을 짚어 주는 것이 중요하다.

(2) 직무분야와 연관된 내용을 기재하라.

온라인 이력서는 기업체가 키워드를 걸어서 원하는 능력을 가진 사람을 찾는 방식이다. 예컨대 인터넷 문서인 html을 잘하는 사람을 구한다면 이를 키워드로 쳐서 수많은 이력서 중에서 해당하는 사람을 검색하는 것이다. 이렇게 해서 수백, 수천 장의 이력서가 목록에 올라오면 인사담당자는 당장 제목부터 관심을 갖게 된다. 결국 온라인 이력서 파일의 제목이 눈길을 끌어야 하는 것이다.

지원할 업체의 성격에 맞는 개성 있는 이력서를 제출하기 위해서는 여러 형태의 이력서를 작성해 등록해 두는 방법도 있다. 한 이력서에는 자신의 웹 디자인 경력만 넣고 컴퓨터 프로그래밍 경력은 뺄 수도 있고 다른 이력서에는 거꾸로 컴퓨터 프로그래밍 경력만 넣어둘 수도 있는 것이다.

짧은 이력서에 '쓰지 말아야 할 내용'은 어떤 것일까. 경력직의 경우 지원한 직무

분야와 동떨어진 다른 분야에서의 경험이 나열되면 되레 점수를 깎일 수 있다. 수많은 자격증이 지원한 분야와 직간접적으로 관련되지 않을 경우에도 마이너스로 작용할 수 있다.

(3) 이력서의 형식을 이용하라.

이력서는 세 가지 스타일로 분류할 수 있다. 학력중심, 경력중심, 업무중심의 이력서로 이를 어떻게 사용할 건지는 자신의 필요에 맞게 선택되어야 할 것이다.

① 학력중심의 이력서 : 최근 것부터 과거 것의 순서로 서술하고, 처음시작하거나 경험이 많지 않은 경우에 적합한 이력서이다. 군 복무도 경력 사항으로 넣어 자신의 경험을 십분 활용하는 것이 좋다.

② 경력중심의 이력서 : 대기업에서의 업무 경험이 있거나 경력이 많은 경우, 이러한 스타일의 이력서가 좋다. 현재로부터 거슬러 올라가거나 과거로부터 현재로 내려 쓸 수 있다. 가급적이면, 최근에 있었던 일부터 기록 할 것을 권장한다. 현재 필요로 하는 직종과 가장 근접한 자격 요건을 최근 경력에서 볼 수 있기 때문이다.

③ 업무중심의 이력서 : 업무의 시작과 끝에 상관없이 특정한 업무를 중심으로 자신의 능력을 서술하는 형식이다. 자신이 원하는 직책에 어울리는 전문지식이나 능력 등을 중심 집약적으로 서술하는 것으로 직장을 많이 옮긴 사람의 경우 적합하다.

6.1.1 이력서 작성 주의사항

(1) 사소한 실수를 하지마라.

철자가 틀리거나 오타가 난 경우에는 중요한 이력서를 점검도 해보지 않고 보내는 사람으로 비춰질 수 있으며 더불어 그의 사무 능력까지 의심받을 수 있다. 불성실하다고 오인될 경우가 있으므로 실수하지 않도록 꼼꼼히 점검하는 과정이 반드시 필요하다. 종종 본인은 정상적으로 이력서를 보냈는데 받는 사람의 입장에서는 파일이 열리지 않거나 파일이 깨어져 있는 경우가 있을 수 있다. 이럴 경우를 대비해 본인이 보낸 이력서를 복사본으로 만들어 따로 보관해두거나, 이메일을 통해 친구에게도 복사본을 저장할 수 있도록 하는 것도 좋은 방법이다.

(2) 약어, 속어 등을 쓰지 않는다.

약어, 속어를 쓰면 경박해 보일 수 있다. 이력서도 공문서이므로 약어, 속어, 유행하는 문구 또는 방언들을 사용하지 않았는지 점검하여 가능한 표준어만을 구사하도록 한다.

(3) 한 페이지가 넘어가면 페이지 번호를 남겨라.

페이지 번호를 남길 수 있다는 것은 기본적인 문서작성 능력이 있는 것으로 보일 수 있으므로 사소하지만 중요한 부분이라고 볼 수 있다. 작은 것을 배려하는 지원자들이라면, 좀더 좋은 점수를 얻을 수 있다.

(4) 최근에 있었던 일부터 기록하라.

학력사항이든 경력사항이든 가장 최근에 있었던 일부터 기록하는 것이 순서이다. 예를 들자면 중학교, 고등학교, 대학교보다 대학교, 고등학교, 중학교 순으로 적는 것이 좋으며, 특히 경력사항일 경우에는 가장 최근에 다닌 회사부터 적는 것이 좋다. 현재 필요로 하는 직종과 가장 근접한 자격 요건을 최근 경력에서 볼 수 있기 때문이다.

(5) 군대를 경력사항으로 넣어라.

젊은 나이에 군에서 시간을 낭비하고 왔다. 라고 생각하는 사람들도 있는 반면, 군이 현재 지원하는 회사의 업무 또는 본인에게 도움을 줄 수도 있으므로 본인의 군 경력을 가볍게 여기지 말고 해당 업무와 유사했던 부분들이 있다면 좀더 꼼꼼하게 군 생활에 대한 내용을 기술하는 것이 좋다.

6.1.2 이력서의 중요성

취업을 하기 위해선 여러 가지 자격 요건이 필요하겠지만, 뛰어난 능력의 소유자라 할지라도 자신의 능력을 적절하게 포장하지 못한다면, 자신의 몸값을 제대로 받지 못할 수도 있다.

많은 사람들이 첫인상에 대한 선입견을 가지고 있듯이 첫 느낌이 좋은 이력서는 일반적인 이력서보다 인사담당자들의 시선을 끌기 마련이다. 거기에다 동등한 실력을 보유하고 있는 지원자라고 할 경우 두말할 것 없이 성실하고 깔끔하게 이력서를 작성한 사람을 선택하게 되는 것은 인지상정이다.

기획, 마케팅, 또는 일반 사무직을 모집하는데 이력서 하나 제대로 꾸미지 못하는 사람에게 어떻게 회사의 중대한 문서나 제안서 등을 맡길 수 있겠는가? 이력서를 잘 쓰는 것만으로도 몇 백 만원의 연봉 차이가 날 수 있다는 것을 알지 못한다면 경력 관리를 제대로 하고 있는 사람이라고 보기는 어려울 것이다.

큰 유통회사에서 경력직 남자 직원을 뽑은 적이 있다. 수 만 명의 지원자들이 몰렸고 나름대로 좋은 경력을 가지고 있었다. 그러나 합격의 영예를 안은 이는 신입 여자 직원 이였다. 어떻게 된 일일까? 대학을 다니는 동안 같은 회사의 편의점에서 3년 동안의 아르바이트 경험이 있는 그녀는 회사의 유통구조에 대해 경험을 하였고, 이에 대한 개선 방안과 아르바이트 경험으로 얻은 깨달음을 수치로 표현하는 등, 여러 자료를 이력서에 제시하였고, 남자를 선호하는 유통시장에 뛰어들어 취업이라는 소기의 목적을 달성하였던 것이다.

자신이 가지고 있는 많은 재능과 능력, 자질도 중요하지만 이를 잘 표현하는 것 또한 매우 중요함을 잊지 말아야 할 것이다.

■ 이력서의 양식 예1

사진 (3㎝×4㎝)	이 력 서					
	성 명	한 글		생 년 월 일		□ 남 □ 여
		한 자		주민등록번호		
	주 소		(Tel.)			

학력	기간	학교명		전공분야
	~	도 시	초등학교(□졸□중퇴)	
	~	도 시	중학교(□졸□중퇴)	
	~	도 시	고등학교(□졸□중퇴)	
	~		대학교(□졸□중퇴)	
	~		대학원(□졸□중퇴)	

경력	기간	근무처	직위	업무 내용

자격 및 면허	취득년월일	자격 면허명	시행처

병역	복무기간	군별	계 급	병 과	미필 또는 면제 사유
	~				

신장	㎝	체중	㎏	취미		특기		종교	

가족사항	관계	성 명	연령	출 신 학 교	직 업	근 무 처	직 위

위에 기재한 사항은 사실과 틀림이 없습니다.

년 월 일

성명 : (인)

■ 이력서의 양식 예2

사 진	이 력 서				
	성 명	(인)	주민등록번호		
	생 년 월 일	년 월 일생(만 세)			
주 소					
호 적 관 계	호주와의 관계		호 주 성 명		

년	월	일	학력 및 경력 사항	발행처

6.1.3 영문 이력서

취업 절차는 서류심사 - 면접 - 취업이라는 3단계를 거치는 것이 일반적이다. 서류 접수자 중 80%이상은 서류심사에서 탈락되며 오직 20%정도만 면접을 하게 된다. 다시 말하면 취업의 첫 열쇠는 이력서이며, 이력서가 열어 준 면접의 관문을 거쳐야 취업이 된다는 것이다. 영문 이력서는 흔히 Resume라고 불리며, 영국에서는 CV(Curriculum Vitae의 약자)라고 한다. Resume는 구직자의 경력을 단순히 글로써 늘어놓은 것이 아니라 주된 경력, 능력, 성격, 학력 등의 요점을 카탈로그처럼 간결하게(1~2 페이지 이내) 효과적으로 정리해 구인 측에 미리 제시하는 서류이다.

채용하는 측에서 영문이력서 제출을 요구하는 이유는, 기술한 내용과 스타일에서 응시자의 자기표현 능력을 알아내고자 하는 목적이 있고, 또 다른 목적은 자기들이 요구하는 능력에 부합되는 경험과 자격을 갖추고 있는가의 여부를 확인하려는 데에 있다.

외국계 기업에서는 즉각적으로 회사에 기여할 수 있는 인재를 중요시하기 때문에, 그 기업이 요구하는 경험이나 자격을 구비한 사람이 우선적으로 채용된다. 다시 말해 외국계 기업의 직원 모집에서는 맡기게 될 업무의 범위나 직책이 처음부터 명확하게 정해져 있기 때문에, 거기에 대응되는 명확한 능력을 이미 갖추고 있는 사람을 요구한다. 따라서 이력서 작성도 한국적인 사고방식에서 완전히 벗어나야 할 필요가 있다.

그렇다면, 국문 이력서와 영문 이력서와의 차이는 무엇일까?

일반적인 국내 이력서는 규격, 서식에 따라서 학력과 경력, 취득한 자격 등을 조목조목 적어 놓으면 된다. 국내 기업의 경우는 그 이상의 내용을 요구하는 일이 드물며, 자신의 과거 실적을 어필하는 자세는 오히려 호감을 얻지 못하는 경우가 많다. 필요한 사항은 면접 때 물어보면 된다는 게 기본자세이고, 이력서는 형식적인 요소에 지나지 않는 측면이 있다.

한편, 영문 이력서는 규격화된 서식이 없다. 물론 일정한 모델은 있지만, 결국은 그것을 참고로 자신에게 적합한 스타일을 만들어 완성시켜야 한다. 여기에서는 그 기업이 요구하고 있는 직종이나 직책에 어울리는 인재로서 자신의 경험과 자격이 얼마나 적절한가를 효과적으로 어필하는 것이 중요하다. 외국계 기업에서는 합리성이 중시되기 때문인지, 면접에 무익한 시간을 소비할 필요를 느끼지 않는 것 같다. 그만큼 국내기업보다 이력서를 중시하는 경향이 짙으므로 이력서를 통해 적극적으로 자기를 PR해야만 성공적인 이력서를 작성했다 할 수 있다.

6.1.4 Resume 작성방법

영문 이력서는 국문의 경우처럼 규격화된 일정한 양식은 없지만, 그렇다고 해서 내키는 대로 제멋대로 써서는 안 된다. 여기에도 사회적 통념으로서 기준이 되고 있는 스타일과 당연히 기술해야 하는 내용들이 있다. 일반적으로 영문 이력서에 들어가는 사항들은 다음과 같다.

(1) Personal Data(Identifying Information)

① 성명(Name) : 반드시 완전한 성명(Full Name)을 써야 한다.

② 나이(Date of Birth) : 월, 일, 연도순으로 적어야 한다.

③ 출생지(Place of Birth) : Permanent Address 또는 Domicile 라고도 한다. 보통 영문주소 기재와 같은 순서로 쓴다.

④ 결혼관계(Marriage Status) : 기혼하면'Married',미혼이면'Single'라고 기재한다.

⑤ 성별(Sex) : 남자인 경우 Male, 여자이면 Female이라고 쓴다.

Name : Gil Dong Hong
Address : 9 Sarim-dong, Changwon Kyungnam, Korea
Home Phone : 055-279-1000
E-mail : gdhong@korea.com
Date of Birth : March 1, 1979
Age: 26
Sex : Male
Single
Health : Excellent

⑥ 주의사항

- 이 부분은 표제부분으로 간단히 성명, 주소, 전화번호를 포함한다.
- 한국에서는 생년월일, 나이 등을 추가하기도 하나, 외국의 경우 추가하지 않는 것이 일반적이다.
- 전체적인 균형을 생각해 한가운데에 적당히 배치한다.
- 이때 기본적인 사항 이외에 자신의 판단에 의해 기타 내용을 적절하게 표현할 수 있다.

(2) Job Objective(Career Objective)

자신이 지원하는 회사에 어떤 부서와 직책이 있는지를 미리 알아보고 자신의 전공이나 경력과 관련 있는 objective를 정해야 한다. 지망분야는 자신의 지망방향에 대한 1차적 표현이다. 광고에 모집 분야에 명확하게 제시된 경우에는 position을 Job Objective로 명기하면 무난하다. 모집분야가 정해져 있는 경우는 자신에게 해당되는 분야를 정확히 기입한다. 따라서 지원자의 직업 목표 및 의식과 취업 직종, 분야, 부서 등을 소신 있게 선택하기 위해 미리 지원회사의 지원 분야를 확인하는 것이 효과적이다. 그렇지 못한 경우는 자신의 의견을 적어 둔다.

표시 예 :
Objective : Web master
Position wanted : Assistant Manager

만약, 구인측이 유연한 목적을 선호하는 편이라면 다음과 같이 표시한다.

표시 예 :
A public relations position managing publications, publicity and special events Desire to be Manager or Assistant Manager of the Marketing Department

① 주의사항

희망직종과 함께 직책까지 명시하는 것이 좋다.

승진에 대한 희망이 포함된 장래의 목표까지 적으면 더 의욕적으로 보일 것이다.

(3) Work Experience(Employment)

현재 종사하고 있는 업무나, 가장 최근에 재직한 회사의 경력부터 표기한다. 특히 경력자인 경우는 우리말 이력서와는 반대로 경력을 학력보다 먼저 적는다. 학생일 경우는 아르바이트 경험을 적는다. 즉, 최근 경력부터 과거로 거슬러 가며 근무시간, 회사명, 직위(Job Title), 직무 내용(Duties)을 적는다. 이 중에서 업무 내용이 가장 중요하며, 상관이 없는 경력은 간략하게, 상관이 있는 내용은 구체적으로 제시한다.

① 각 직장의 입사 및 퇴사 시기
② 재직한 회사의 정확한 명칭과 소재지
③ 근무한 부서 및 직책, 직위, 주요 업무사항

표시 예 :
April 1997 ~ Present, Inebee Inc., Assistant manager, Participation in VOD service using IR profile.
March 1989 ~ February 1995 Inbee Inc., Programmer, Assisted in redesign of C/S program resulting in 30% reduction in costs.

④ 주의사항
- 책임 있는 업무를 담당한 경우에는 그 내용을 구체적으로 서술한다.
- 경력을 학력보다 먼저 적어야 한다.

(4) Education(Educational History)

특별한 요구가 없는 한 최종 학력만을 적으면 된다. 전문대나 대학 졸업자이면 초등학교, 중학교 등은 적을 필요가 없다. 대학원 졸업인 경우에는 대학 학력부터 적는다. 신입 사원의 경우 학력 사항은 경력보다 우선된다. 구인 측에서 당신을 평가하는 제1차 적인 기준이 되기 때문에 학력사항은 반드시 정확하게 들어가야 한다.

① 최종 학력부터 적되 재학 연도를 표기한다.

② 전공과 부전공을 표기한다.

③ 필요에 따라 이수 과목을 명기할 수 있다.

④ 중학교 이하는 쓸 필요가 없다.

표시 예 :
March 1999 School of Business Administration
Vision University, Seoul
Major : e-commerce
April 1995 ~ March 1997 Inbee University, Department of Computer Science

⑤ 주의사항

- 특별한 요구가 없는 한 최종 학력만 적는다.
- 어느 학교를 나왔는가 보다는 무엇을 배웠는가가 중요하다.
- 아르바이트 경우도 어떤 일을 했고 무엇을 배웠는지 기술하는 것이 중요하다.

(5) Qualifications(Capabilities)

① 희망직무에 대응하는 능력과 자질을 기재한다.

② 관련되는 경력을 어필하는 경우라면 아래처럼 표시한다.

표시 예 :
worked as programmer for five years in two corporations, including two year's experience as web master at Will inc.

기능이나 적성을 어필하는 경우라면 아래처럼 표시한다.

표시 예 :
Broad background through employment in different types of industries. Excellent verbal skills. Fluent English.

대학에서의 전공이나 아르바이트 경험을 어필하는 경우라면 아래처럼 표시한다.

표시 예 :
In addition to the study of computer science, concentration has been in the areas of business. Courses include accounting and e-commerce.

③ 주의사항

자격에 대한 구인 광고를 잘 일고 희망하는 업무에 필요한 적성이나 경험, 기타 요건 등을 살펴 자신의 경력이나 학력에서 부합되는 사항을 추려 요약하면 된다.

이 자격요건은 Resume가 아닌 Cover Letter에서 쓰는 편이 효과적일 수도 있다.

(6) Activities(Curriculla Activities or Extra-Curriculla Activities)

학교에서의 동아리 활동과 자원봉사 등 사회 활동을 요약해서 쓴다. 요즘에는 자원봉사활동을 적극적으로 평가하는 기업이 많아지고 있다. 최근 기업의 채용 방식이 바뀌면서 중요시되는 항목이다. 재학 시절의 동아리 활동, 농활, 봉사활동 등을 구체적으로 기재하여 조직력, 협동심, 지도력을 표현한다.

표시 예 :
Volunteer Activities
o-ordinator, Korean Association of Volunteer Centers, 2004.

(7) Special Achievement(licenses & certification or Special Achievement)

어떤 자격증을 가지고 있거나 내세울 만한 특기(skills)가 있을 때는 이 항목을 반드시 기재한다. 특히 희망하는 업무에 도움이 되는 기술이나 특기를 쓰는 것이 유리하게 작용하는 요소가 된다. 그러나 직무와 관련이 전혀 없는 자격증을 표기할 필요는 없다. 공인된 자격증은 주관하는 곳을 밝혀 적고, 학원 등에서 익힌 기술인 경우에는 구체적으로 하되, 단순한 제시보다는 과거에 익힌 기술(또는 경력)이 귀사의 업무에 어떤 도움이 되는지를 강조하는 것이 좋다.

표시 예 :
Licenses&Certifications

Scored 950 at TOEIC, 2004.
Skills
Computer literate : Proficient in Internet, MS-Office, Hangul.
Fluent in both written and spoken English.

(8) Honors and Awards(Additional Remarks)

각종 수상경력이나 표창경력을 기록한다.

표시 예 :
Honors and Awards
Awarded a X scholarship, Changwon University, 2004.

(9) Reference

이력서에는 우선 Available on request 또는 Furnished promptly upon request(요구 즉시 제출하였음) 라고 적어 두면 된다. 일반적으로 경력자라면 이전 근무처의 상사나 대학의 지도 교수의 연락처를 쓰면 되고 별도의 양식은 없다. 종업예정자의 경우는 지도 교수나 선배, 프로젝트 수행 시 책임자급으로 하면 무난하다. 시원 보증인이라기보다는 본인의 능력이나 자질에 대해 보증할 수 있는 제 3자를 말하며 부모 형제나 친구는 해당되지 않는다.

(10) employment highlights

경력사항 중에서 특별히 강조할 내용이 있거나, resume 양식만으로는 직무 내용을 충분히 전달하기 어려운 경우에 쓰는 것이다. 간단한 경력사항은 일반적으로 resume에 바로 기입하지만, resume의 각 요소 간 균형과 조화를 고려할 때 직무 경력에 대한 세부적인 사항의 언급이 필요하기도 하지만 지나치게 미주알고주알 나열하는 것은 도리어 좋지 않다. 이때 employment highlights라는 별도의 난을 만들어 직무 경력을 강조할 수 있는데 신입사원의 경우는 거의 해당 사항이 없다고 할 수 있다.

(11) Military Service

온전한 외국기업일 경우는 쓸 필요가 없지만 거의 한국화 된 기업이나, 국내에서는 중요시되기도 하므로 군대에서의 시간을 경력으로 이용하는 것도 좋다. 특히 사회경력이 적은 경우 적어주는 것이 좋다. 현역과 방위 소집 복무자의 경우에는 그에 해당되는 제대 날짜를 밝혀 주면 자연히 구분이 되고, 병역이 방위 소집 면제자의 경우에는 Exempted from Military Service라고 쓴다.

6.2 자기소개서 작성법

6.2.1 자기소개서

자기소개서는 이력서와 함께 채용을 결정하는 데 있어 가장 기초적인 자료로 사용된다. 이력서가 개개인을 개괄적으로 이해할 수 있는 자료라면, 자기소개서는 한 개인을 보다 깊이 이해할 수 있는 자료로 활용된다. 기업은 취업 희망자의 자기소개서를 통하여 채용하고자 하는 인재로서의 적합 여부를 일차적으로 판별한다. 자기소개서를 통해 대인관계, 조직에 대한 적응력, 성격, 인생관 등을 알 수 있으며, 성장배경과 장래성을 가늠해 볼 수 있다. 자기소개서를 통해 문장 구성력, 논리성뿐만 아니라 자신의 생각을 표현해 내는 능력까지 확인할 수 있다. 인사 담당자는 자기소개서를 읽다가 시선을 끌거나 중요한 부분에 대해서는 표시를 두기도 하는데, 이는 면접 전형에서 집중적으로 질문 대상이 되기도 한다. 대부분의 지원자들이 여러 개의 기업에 자기소개서를 제출하게 되는데, 그 때마다 해당 기업의 아이템이나, 경영 이념에 따라 자기소개서를 조금씩 수정하는 것이 일반적이다. 면접 때의 답변이 자기소개서와 다르다면 지원자의 신뢰성에 큰 타격을 주게 된다. 따라서 자기소개서를 포함하여 기업에 제출한 모든 자료는 반드시 복사본을 보관하고 면접하기 전에 충분히 숙지할 필요가 있다. 특히 자기소개서에서 애매하게 표현 되었거나 약점이라고 생각하는 부분에 대해서는 반드시 답변을 준비하는 것이 좋다.

(1) 인사 담당자 체크 포인트

자기소개서를 통해 지원자의 기본적인 자질은 물론, 심리상태, 문장 사용 능력까지 꼼꼼하게 체크 할 수 있다. 인사 담당자들은 주로 다음과 같은 항목들을 자기소개서에서 찾아내어 평가한다. 따라서 아래와 같은 항목들이 자기소개서에 잘 나타나도록 작성하는 것이 중요하다.

- 어떠한 성격의 소유자인가?
- 전공은 무엇이며, 얼마만큼의 실력을 배양했는가?
- 전공 이외의 관심 사항은 무엇인가?
- 업무에 쉽게 적응하며, 이해력이 빠른가?
- 비전을 가지고 있는가?
- 조직에 융화될 수 있는 사람인가?
- 사물을 긍정적으로 바라보는가?
- 소신과 주관이 있는가?

위와 같은 항목을 표현하는 문장 또한 점검 대상이 되므로 주의를 기울여서 작성해야 한다.

- 사고력이 있는가?
- 창의력이 있는가?
- 개성이 있는가?
- 꾸밈이나 거짓은 없는가?
- 표현력이 있는가?
- 우리말에 대한 표현과 이해력이 빠른가?

(2) 좋은 자기소개서

① 솔직하게 쓴 글(객관적인 글)

자기소개서는 자신을 소개하는 글이지만, 객관적으로 작성하여야 한다. 면접관은 객관적인 자료를 요구하는 것이지, 주관적인 얘기를 들으려고 하는 것이 아니다. 또한, 과장된 내용이나 허위 사실을 기재하여서는 안 된다. 자칫하여, 면접 과정에서

심도 있게 질문을 받다 보면 드러나게 되므로 최대한 솔직하게 꾸밈없이 쓰는 것이 좋다.

② 표현이 명료한 글

자기소개서는 제한된 지면에 자신의 장점을 최대한 표현하여야 한다.

성장과정, 성격의 장/단점, 학교생활, 지원동기 등을 구분해서 표현한다면, 인사담당자가 필요로 하는 정보를 보다 쉽고 명확하게 보여줄 수 있다. 구분된 문단과 문장은 군더더기가 없기 때문에 깔끔해 보이며, 지원자의 장점을 인사담당자에게 보다 설득력 있게 전달할 수 있다.

③ 지원 기업(직종)에 맞게 작성한 글

학교를 다니면서 본인이 했던, 남들과 차별되는 일에 대해서, 입사할 기업에 맞게끔 작성한다. 기업 입장에서는 지원자가 어떻게 살아왔는가 보다는 무엇을 할 줄 알고, 입사 후 무엇을 잘하겠다는 판단이 서도록 작성해야 한다. 따라서 신입의 경우 학교생활에 비중을 둬서, 과외 활동 등에 포커스를 맞추고, 경력자는 경력 위주로 기술하면 된다.

(3) 좋은 자기소개서 작성요령

① 간결한 문장으로 쓴다.

문장에 군더더기가 없도록 해야 한다. 저는, 나는 등의 자신을 지칭하는 말과, 앞에서 언급했던 부분을 반복하는 불필요한 말들만 빼도 훨씬 간결한 문장이 될 것이다. 나타내야 할 것은 모두 써야하지만 너무 길게 늘어놓아서는 안 된다. 그래서, 그리하여, 그러므로, 또한 등의 접속사가 너무 많이 들어가지 않도록 유의한다. 분량이 정해져 있는 경우라면 규정에 따르도록 하고, 그렇지 않으면 A4 용지 1장~2장 정도가 적당하다.

② 초고를 작성하여 쓴다.

한번에 작성하지 말고, 초고를 작성해 여러 번에 걸쳐 수정 보완을 한다. 자기소개서의 경우 여러 회사에 제출하기 때문에 원본을 두고, 각 업체별로 수정을 가해 제출하는 것이 바람직하다. 자필로 쓰는 경우 깔끔하고 깨끗하게 작성하여야 하며,

잘못 써서 고치거나 지우는 일이 없도록 충분히 연습을 한 후 주의해서 쓴다. 또한 필체가 안 좋은 경우라 하더라도 정성을 들여 또박또박 정자로 오자 없이 작성하여 지원자의 성실성을 나타내도록 한다.

③ 일관성이 있는 표현을 사용한다.

문장의 첫머리에서는 '나는... 이다.'라고 했다가 어느 부분에 이르러서는 '저는... 습니다.'라고 혼용해서 표현하는 경우가 많다. 어느 쪽을 쓰더라도 한 가지로 통일해서 써야 한다. 동일한 대상에 대한 반복 표현을 피하기 위해 다양한 표현을 쓰는 것은 좋으나 호칭, 종결형 어미, 존칭어 등은 일관된 표현으로 쓰는 것이 바람직하다.

④ 최소한의 정보는 반드시 기재한다.

기업 측에서 제시한 양식으로 쓰는 경우에는 그에 준해서 쓰면 되지만, 그렇지 않은 경우, 개성적이고 독특한 글을 쓰려는 욕심에 자기소개서가 갖추어야 할 기본적인 사항을 빠뜨리는 경우가 있다. 자신이 강조하고 싶은 부분을 중점적으로 언급하되, 개인을 이해하는 데 기본 요소가 되는 성장과정, 지원동기 등은 반드시 기재하도록 한다. 또한 이력서에 전공이나 성적 증명서를 첨부하였더라도 반드시 이를 자기소개서에 다시 기재한다.

⑤ 구체적으로 쓴다.

"다양한 아르바이트를 통해 경험을 쌓았습니다.", "여행을 통해 많은 것을 느꼈습니다." 라는 말보다는 어떤 아르바이트를 하면서 무슨 일을 하였고, 그러한 것들이, 현재 어떤 식으로 도움이 되는지 구체적으로 기술하는 것이 좋다. 여행을 예로 들자면, 여행의 어떤 점이 보람이 있었는지, 또 그것이 스스로의 성장에 어떻게 작용했는지 언급해 준다면 훨씬 훌륭한 자기소개서가 될 것이다. 업무적인 면을 쓸 때는, 실적을 중심으로 하되 숫자를 강조적으로 쓴다. 열 마디의 말보다 단 하나의 숫자가 효과적이다. 예를 들면, '영업성과를 높였다'라는 표현보다는 '전년대비 100% 성장', '계약고 1억원 달성' 등으로 구체적으로 표현하는 것이 좋다. 구체적으로 표현해야, 인사 담당자도 구체적으로 생각한다.

6.2.2 자기소개서 작성법

① 성장과정은 짧게 쓴다.

성장과정은 특별히 남달랐던 부분에 대해서만 언급하는 것이 좋다. 성장과정이 자기소개서의 대부분을 차지한다는 건 그만큼 할 얘기가 없다는 뜻으로 비춰질 수 있다.

자기소개서는 보통A4 용지 1~2장내로 제한하는 것이 일반적인데, 한정된 분량에서 개인의 기술, 능력, 지원동기, 입사 후 포부에 대해서만 기술하더라도 1장은 쉽게 채워지므로, 성장 과정은 가급적 짧게 기술하는 것이 좋다.

② 성격 소개 시 단점을 장점화 한다.

완벽한 인간은 없다. 장점과 단점을 같이 기술한다. 단, 단점의 경우 이를 극복하기 위해 어떤 노력을 했는지 기술하고, 이러한 단점이 업무적인 면에서는 오히려 장점이 될 수 있도록 부각시킨다. 예를 들면 성격이 급한 것이 단점이라면, 업무 처리는 빨라서 오히려 장점이 될 수도 있다. 해당 기업의 색깔과 비슷한 자신의 성격이 있다면 적극적으로 부각시키는 것도 중요하다.

③ 학창시절 및 경력사항의 관련성을 부각시킨다.

모든 것을 빠짐없이 보여주려고 하기보다는, 지원 분야나 부서에 왜 적합한지를 일목요연하게 기록해야 한다. 대부분 이력서에 표시된 사항을 자기소개서에 다시 나열하기보다는 지원분야와 관계되는 사항의 관련성을 자세히 기술하는 것이 바람직하다. 대부분의 신입 사원들은 경력이 없기 때문에 수상내역이나 아르바이트, 과외활동 등을 무작위로 나열하여 소개서 분량을 채우려고 한다. 하지만 인사 담당자는 그런 사항을 일일이 눈여겨 볼만큼 많은 시간을 가지고 있지 않다. 버리기엔 아까운 경력이라고 생각한다면 지원 분야와 관계되는 사항을 먼저 기술하고 나머지는 뒤에서 간단히 언급한다.

④ 지원 부분을 명확히 한다.

아무리 잘 쓴 자기소개서라고 해도, 지원자가 어느 분야에 지원하기 위해 쓴 것인지 알 수 없다면, 인사 담당자 눈에 들지 못한다. 어떤 분야, 어느 직종에 제출해도 무방한 자기소개서는 인사 담당자에게 신뢰감을 줄 수 없다. 이 회사가 아니면 안 된다는 명확한 이유를 제시하고, 지원한 업무를 하기 위해 어떤 준비와 공부를 했는지 기술하는 것이, 성실하고 충실하다는 느낌을 줄 수 있다. 아무 일이나 다 할 수 있다는 것은 아무 일도 못한다는 말과 같다. 어떤 업무를 하고 싶은지 분명하게 기술한다.

⑤ 지원한 기업만을 위한 지원동기 및 입사 후 포부를 쓴다.

지원 동기는 자신의 적성과 비전이 지원 분야와 얼마나 적합한지를 제시하는 것이 좋다. 취업하고자 하는 기업의 업종, 경영이념, 회사문화, 성격 등을 알아서 그 기업의 특성에 맞게 지원 동기를 기술한다면 좋을 것이다. 포부는 단순히 필요한 인물이 되겠다는 말보다는 업무에 대한 목표 성취나 자기 계발을 위해 어떤 계획을 가지고 있는지 구체적으로 언급하는 것이 좋다.

⑥ 영업인의 마음으로, 카피라이터라는 느낌으로 작성한다.

자영업은 물론이거니와, 교수, 의사, 변호사, 직장인등 영업을 하지 않는 사람은 없다. 영업직은 일정하지 않은 장소와 시간에서 제품을 팔지만, 나머지 사람은 정해진 장소와 시간에서 자기 자신을 팔 뿐이다. 영업의 첫걸음은 고객의 마음을 사로잡는 것이다. 그 첫걸음이 차별성이다. 남들과 달라야 한다. 자기소개서는 자신을 파는 광고 문구이다. 똑같은 광고는 사람들이 눈여겨보지 않는다. 차별화된 자기소개서를 써야 한다. 자기소개서는 '나는 남들과 다르다'라는 것을 쓰는 글이다. 차이점을 써야만 한다.

⑦ 감(感)을 갖고 쓴다.

자기소개서를 쓰기 전에 취업 사이트에서, 자신이 지원할 직종의 사람들이 올려놓은 자기소개서를 몇 건만이라도 읽어보고 쓰자. 맛있는 음식을 만들기 위해 다양한 음식을 먹어봐야 하듯이, 자기소개서를 잘 쓰기 위해서는, 다른 사람들은 어떻게 썼는지 확인해 볼 필요가 있다. 내가 인사 담당자고, 어떤 인재를 뽑을 것인지 생각하면서 다른 사람의 소개서를 읽다보면, 최소한 이렇게 적어서는 안 되겠다는 감을 잡을 것이다. 아울러, 눈에 잘 들어오는 소개서는 어떤 건지, 체크 해 놨다가 작성 시 참고하면 유용할 것이다. 반드시 자기소개서를 작성하기 전에 다른 지원자들이

써 놓은 소개서를 읽어보자.

⑧ 자신감 있게 작성한다.

강한 자신감은 지원자에 대한 신뢰와 더불어 인사 담당자의 호기심을 자극할 수 있다. 따라서 문장 전체적으로 나를 뽑아 주십사 하는 청유형의 문구보다는, 자신감이 흘러넘치는 문구가 좋다. 스스로 가진 능력이나 기술이 뛰어나더라도, 자신감이 없는 사람은 주목받지 못한다. 능력과 자신감 중 인사 담당자들은 자신감에 더 높은 점수를 준다.

⑨ 첨부서류

자기소개서에 정리하였다 하더라도 인사 담당자에게 어필할 수 있는 내용들은 이력서와 함께 제출하는 것이 효과적이다. 입사를 위해 내 능력을 객관적으로 증명할 수 있는 모든 자료는 제출하는 것이 좋다. 전공분야나 지원한 부서와 연관이 없더라도 정보처리, 사무, IT 및 컴퓨터 관련 자격증은 제출하는 것이 유리하다. 분명한 것은 어떻게 내가 가진 역량을 잘 표현할 수 있는가 하는 점이다.

- 정보처리/사무관련 자격증 사본: 정보처리, 워드프로세서, 사무 자동화, 컴퓨터 활용능력, PCT 등
- IT 관련 자격증 사본: MCSE, MCP, 네트워크 관리사, 인터넷 보안 전문가 등
- 전공 및 기술 관련 자격증 사본
- 각종 교육과정 이수증 사본
- 지도교수 추천서
- 작업 포트폴리오
- 기타 자격증

6.2.3 자기소개서 작성 주의점

① 진부한 표현은 쓰지 않는다.

문장의 첫머리에 저는 또는 나는으로 시작하는 것은 일기의 첫머리에 오늘은이란 말로 시작하는 것과 똑같다. 지금 쓰고 있는 자기소개서는 자기 자신에 대한 소개

서이다. 이미 인사 담당자도 알고 있는 사실이다. 이런 말은 상투적이란 느낌을 준다. '저는 ○년 ○월 ○일에 태어나'로 시작하는 것도 마찬가지다. 태어난 년도나 날은 이력서에 이미 기재가 된 상황이니 중복해서 소개서에 쓸 필요는 없다.

② 당연한 말은 쓰지 않는다.

굳이 쓰고 싶다면, 구체적으로 예를 들어 다르게 표현하자. 당신은 다른 존재이고, 이 세상에서 유일한 사람이다. 유일함을 인식시킬 수 있는 글을 쓰자. 아래처럼 누구라도 쓸 수 있는 당연한 말은 아무런 도움이 되지 않는다.

- 학생 때는 공부를 열심히 했습니다.
- 군대시절 군복무를 충실히 했습니다.
- 친구들과는 의리 있게 지냈으며, 우정이 돈독합니다.
- 부모님께 효도를 하며 자랐습니다.
- 입사하면 열심히 하겠습니다.

③ 통신 언어는 쓰지 않는다.

맞춤법을 지키고 표준말을 사용한다. 글을 쓰는데 있어서 가장 기본은 맞춤법이다. 요즘 자기소개서를 보면 자기소개서인지, 웹 사이트 자유 게시판에 올리는 글인지 분간하기가 어려울 때가 많다.

"~했구여", "~하셈", "~있슴돠" 등 채팅용어를 그대로 사용하거나, ".......", "!!!???" 등 문장부호를 남발하거나 , "^^ ^^;", "*^^*", "ㅡㅡ" 등 이모티콘을 넣거나, "ㅋㅋ", "ㅎㅎ" 등 자음만으로 언어를 표시하는 등 실로 다양하다.

④ 한자 및 외래어 사용에 주의한다.

불가피하게 한자나 외래어를 써야 할 경우, 반드시 옥편이나 사전을 찾아 확인 후 사용한다. 한자나 외래어는 뜻이 정확하게 전달되고 문장이 고급스러워질 수 있는 반면, 잘못 사용됐을 경우 사용하지 않은 것만 못한 결과를 초래할 수도 있다.

⑤ 여백이 없도록 한다.

지원자가 많이 몰리는 극단적인 경우 인사 담당자는 수많은 자기소개서 중, 단지 공란 여부를 가지고 서류 전형을 통과시키기도 한다. 이는 공란이 많고 적음으로 지원자의 성실성을 판단하기 때문이다. 굳이 그렇지 않다 하더라도 주어진 칸을 다

채우는 것이 지원하는 회사에 대한 예의라고 할 수 있다. 빈칸이 많은 것은 성의 없어 보일 수 있으므로, 최대한 여백이 없도록 작성한다.

⑥ 오·탈자 및 어색한 문장을 최소한 한다.

자기소개서는 입사를 위한 서류 중의 하나이다. 기본적인 단어나 어휘 사용에 있어서 실수가 있어서는 안 될 것이다. 또한, 정확한 어휘를 사용하였다 하더라도, 어색한 문장은 수정되어야 한다. 자신을 나타내는 글이 빈틈투성이라면 누가 채용하겠는가?

6.2.4 너무 '튄' 이력서·자기소개서 유형

다음은 인터넷 연합뉴스(2005.01.13)에 난 기사를 요약한 것이다.

> …입사지원서 등 격식을 갖추어야 할 문서에까지 채팅어들이 등장하고 있다. 대표적인 이모티콘이나 채팅어들로는 '* *', '안냐세여~', '했슴돠', '감솨'등이다. 지난 해 채용을 진행한 바 있는 기업 267개사 인사 담당자 60.7%가 구직자들이 제출한 입사지원서(자기소개서 포함)에서 이모티콘을 비롯한 채팅 용어를 본 적이 있다고 답했다. 54%의 인사담당관들은 채팅어나 이모티콘이 보이면 감점시키거나 탈락시킨다고 했다.…

자기소개서는 입사를 위한 서류이다. 다르게 표현하면 개인이 기업에 제출하는 공문이다. 따라서 자신의 인생이 달려 있는 서류라고 해도 과언이 아니므로 학생 때의 애교로 보아주기를 기대하기 보다는 스스로의 인생에 좀 더 진지해져야 한다. 대부분의 인사 담당자는 통신 용어에 익숙하지도 않을 뿐더러 익숙하다 하더라도, 수백, 수천의 서류 중에서 맞춤법도 제대로 지키지 않은 서류를 끝까지 읽을 여유가 없다. 자기소개를 튀어보이게 하려는 의도도 있겠지만 아직은 대부분의 기업들이 진지하지 못한 행동으로 보고 있다.

① 채팅 착각형 : "안냐세여? 능력이 될지는 모르겠지만 (-_-:) 어쨌든 뽑아만 주신다면, 열라 할께염 (^^)." 이모티콘이나 채팅용어를 남발하여 채팅을 하는 것으로 착각한 유형이다. 이러한 지원서를 접했을 때 대다수 인사 담당자들은 '철없음'을 느낀다고 한다.

② 사진 조작형 : 가장 예쁘게 나왔다는 이유로 풍경 사진 속에서 자기 얼굴만 오려서 제출하는 경우가 있다. 증명사진을 붙이라고 한 곳에는 증명사진을 붙여야 한다. 자신의 사진을 포토샵으로 잘 나오게 처리하여 이력서에 부착하는 경우도 있어 몇몇 기업에서는 이력서에 이미지 사진을 못 붙이게 제한하고 있다. 인사담당자들은 이력서에 붙인 사진을 보고 지원자의 이미지를 가장 먼저 접한다. 면접관들이 속았다는 느낌이 든다면 그 지원자는 탈락이다.

③ 무작정 배포형 : 최근 인터넷으로 입사지원을 하는 시스템이 일반화되면서 종종 생기는 사례 중의 하나로 다른 데 사용한 이력서를 그대로 사용하는 유형이다. 몇 글자 고치는 것이 귀찮아서 이전에 다른 회사에 제출했던 이력서를 내는 것은 중대한 실수이다.

④ 영어 남발형 : “업무의 스킬면에서는 나름대로 퍼펙트하다고 자부하고 있으며...” 지나치게 영어를 섞어 쓰는 유형이다. 나름대로 국제적인 감각을 가진 인재임을 과시하고자 하였다면 그 효과는 정반대로 나타난다.

⑤ 대하소설형 : 자기소개를 대하소설을 연상시킬 정도로 주저리주저리 풀어놓는 유형이다. 한정된 시간 속에서 자기 회사에서 딱 맞는 인재를 골라야 하는 인사담당자 들은 시간 여유가 많지 않다. 그들이 원하는 것은 지원자가 앞으로 이 회사에서 어떻게 일을 하겠는가에 대한 의욕, 열정, 자신감 등을 빨리 확인하고 싶어 한다.

⑥ 자유분방형 : 대부분의 기업들은 회사가 지정한 형태의 입사 지원양식이 있지만 이러한 양식을 무시하고 자신이 만든 임의 양식의 입사지원서를 제출하는 경우가 있다. 인사 담당자의 눈에 띌 수 있는 방법이지만 ‘기본적인 회사의 규칙조차 무시할 가능성이 있지 않을까’라는 인식을 심어 줄 수 있다.

⑦ 애걸복걸형 : 자신의 개인적인 딱한 사정 등을 늘어놓아 동정심을 유발하려는 유형이다. ‘꼭 뽑아달 라’, ‘사정이 이러하니 꼭 들어가야 한다.’는 등 으로 애걸복걸 하는 것이 이 유형에 속한다. 그러나 비전이나, 회사에 어떻게 기여하겠다는 부분이 명확하지 않다면 설득력을 얻기 힘들다..

6.2.5 자기소개서 작성 예

표시 예 1 :

원 문	대학에서 배운 경영관련 팀 프로젝트의 단결된 의지와 힘을 바탕으로 세밀함과 분석력이 요구되는 회계분야를 제가 오랫동안 준비해온 만큼 세계화에 발맞추어 끝없는 열정을 가지고 최선을 다해 일하겠습니다.
체 크 포인트	'단결된 의지와 힘'이라는 표현은 마치 운동권 학생이 시위에서나 쓰일 법한 문구이다. 입사를 향한 열정은 좋지만, 좀더 완곡한 표현이 나을 듯싶다. 문장이 딱딱해 보인다.
수정문	경영관련 프로젝트를 통해 세밀함과 분석력이 요구되는 회계분야를 경험하였습니다. 이러한 경험을 바탕으로 세계화에 발맞추어 끝없는 열정을 가지고 최선을 다해 일하겠습니다.

표시 예 2 :

원 문	부모님께서는 힘들고 빠듯한 생활 속에서도 3남매의 대학 생활을 부족함 없이 학업에 열중할 수 있도록 뒷바라지를 하시고 안정된 가정을 꾸미기 위해 노력하시는 성실하시고 당신들의 의견보다는 자식들의 생각을 더 중요시 생각하십니다.
체 크 포인트	한 문장이 너무 길어 전달이 효과적이지 않다. 연결어미를 잘못 사용하여서 전반적으로 어색한 문장이 되었다.
수정문	힘들고 여유롭지 않은 생활 속에서도 3남매의 교육을 우선시 하시는 부모님 덕분에 대학 공부를 할 수 있었습니다. 부모님께서는 언제나, 당신들의 생각보다는 자식들의 의견을 더 중요하게 생각 하셨습니다.

표시 예 3 :

원 문	노력해서 해냈을 때에 느끼는 보람은 결코 도전하지 못하면 얻을 수 없는 값진 것이기에 보람을 느낍니다.
체 크 포인트	주어와 서술어의 관계가 맞지않다. '느끼는 보람은..... 보람을 느낍니다.'라는 말이 되어 어색하다.
수정문	노력으로 얻어진 결실, 그 보람은 도전하지 않으면 얻을 수 없는 값진 것이라고 생각합니다.

표시 예 4 :

원 문	여러 사람들과 공동체 생활을 하다 보니 남을 배려해야 하는 마음을 키울 수 있게 되어 제자신이 성숙할 수 있는 소중한 경험이 되었던 것 같습니다.
체 크 포인트	문법적으로 별로 이상이 없는 문장이지만, 주절과 서술절의 흐름이 부드럽지 않다.
수정문	여러 사람들과의 공동체 생활은 타인을 배려하는 마음을 갖게 했으며, 독립된 인격체로 성숙할 수 있는 계기가 되었습니다.

표시 예 5 :

원 문	평소 컴퓨터에 관심을 갖고 있었던 저는 창원대 전산학과로 진로를 정하고 전산에 대해 이론과 실기를 차근차근 배우면서 프로그래머라는 꿈을 키워나갔습니다.
체 크 포인트	단순한 사실의 나열로 인해 문장이 단조롭다. 조금만 다듬으면 훨씬 세련된 문장이 될 수 있다.
수정문	컴퓨터에 대한 관심은 창원대 전산학과의 진학으로 이어졌고, 전산에 대한 이론과 실기를 배우며 프로그래머의 꿈을 키워 나갔습니다.

표시 예 6 :

원 문	졸업을 하고 프로그래머로서의 기량이 부족하다는 것을 느끼고 ○○에 지원하게 되었습니다. 6개월 동안 학원을 다니면서 자바라는 언어와 요즘 부각되고 있는 XML이라는 언어에 대한 지식과 기술을 배울 수 있어 너무나 좋았습니다. 프로젝트를 통해 알고 있던 지식을 활용해 작품을 만들면서 실력 향상과 많은 경험을 할 수 있었습니다. 뿐만 아니라 좋은 동기들을 만나 폭 넓은 대인관계를 갖게 되어 행복했고 여러모로 잘한 선택이었습니다.
체 크 포인트	IT업계 웹 프로그래머 신입부분에 지원한 취업 희망자이다. 자기소개서를 볼 사람은 IT분야의 전문가 일 것이다. 면접관은 자바가 컴퓨터 언어라는 것을 알고, XML이 요즘 부각되는지의 여부도 알 것이다. 면접관을 무시하는 것이 아니라면, 면접관이 이미 알고 있는 사실을 나열할 필요는 없다. 그리고 '실력 향상'과 '많은 경험'이란 표현 역시 추상적이다. 어떤 프로젝트였고 어느 부분을 담당했는지 구체적으로 표현하는 것이 좋다. "좋은 동기를 만나...잘한 선택이었습니다."역시 추상적이다. 표현하기 애매한 부분은 차라리 생략하고, 전달하고자 하는 내용만 쓰는 것이 오히려 깔끔해 보인다.
수정문	졸업 후, 프로그래머로서의 기량이 부족하다는 것을 느끼고 ○○에 지원하게 되었습니다. 6개월 동안 학원을 다니면서 자바와 xml을 공부하였습니다.

표시 예 7 :

원 문	사진부 활동을 하면서 분명한 의지로, 계획적인 단계를 밟아 열의를 가지고 행동한다면 최고의 자리에 오를 수 있다는 것을 배울 수 있었습니다.
체 크 포인트	분명한 의지, 계획적인 단계 -평소에 쓰지 않는 말이다. 잘 쓰이지 않는 말을 사전에서 찾아내어 끼워 맞춘 듯한 느낌이 든다. 어색할뿐더러 굉장히 딱딱하다. 어휘를 사용할 때는 자주 쓰고 쉽게 이해되는 것들로 구성해야, 읽는 사람도 부담이 없고 이해가 빠르다.
수정문	사진부 활동을 하면서 강한 의지로, 철저한 계획 아래 열정을 가지고 행동한다면 최고의 자리에 오를 수 있다는 것을 배웠습니다.

표시 예 8 :

원 문	항상 제가 있는 자리에서 최선을 다하고 완벽을 기하는 자세이길 노력합니다.
체 크 포인트	완벽을 기하겠다는 것이 아니라 완벽을 기하는 자세이길 노력한다고 했다. 글은 쉽고 편하게 쓰는 것이 중요하다.
수정문	항상 제가 잇는 자리에서 최선을 다하고 완벽을 기하는 자세로 매사에 임하겠습니다.

07

메모와 정리기술

Chapter 7 >>>

메모의 중요성은 자기관리 또는 처세술에 대한 도서들이 범람하는 것을 보면 알 수 있다. 성공한 사람들 중에 많은 사람이 만남이나 기획안 작성, 아이디어 기억 등을 위해 메모하는 습관을 가지고 있었다고 한다. 이처럼 메모는 자기관리를 위해 중요한 습관이지만, 지식경영을 위해서도 중요한 요소이다. 메모를 한다는 것은 쉽게 기억에서 사라질 수도 있는 암묵지를 형식지로 변환하는 데 중요한 역할을 하는 것이다.

7.1 메모의 기본

메모는 습관이다. 메모를 잘 활용하려면 메모하는 습관을 길러야 한다. 혹자는 상황에 따른 메모의 도구를 잘 고르고 메모하는 순서를 읽히기를 권장하지만, 우선은 습관을 길러야한다. 자신이 어디에 있던 메모할 수 있도록 펜과 메모장을 항상 지니고 다니는 습관을 붙여야한다. 아이디어는 불현듯 스쳐가기도 하고 업무와 관련된 상담도 나의 지금 환경을 가리지 않고 불쑥 끼어드는 경우가 허다하다. 일행 4명이 자동차를 타고가다 그 중 한사람에게 전화가 걸려오고 그 쪽에서 가르쳐주는 전화번호를 기억해야 할 상황이 되었다. 일행 들 모두 메모하는 습관이 없던 터라 번호를 셋으로 나누어 한 부분씩 기억했다가 통화가 끝난 후 그 번호들을 다시 조합을 하여 완전한 번호를 기억해내는 경우도 있다.

메모는 속도가 생명이다. 갑자기 떠오른 아이디어를 메모지를 찾다가 놓쳐버릴 수도 있다. 형식에 얽매여 꾸물거리다가 중요한 것을 놓치게 된다. 기록을 해야 할 것인지 말 것인지 고민할 시간도 없다. 하찮은 것이라도 메모부터 하는 것이 필요하다. 메모한 내용이 나중에 필요가 없으면 그때 버리면 된다. 글씨가 바른지 맞춤법은 맞는 지 앞뒤 연결은 정확한지 고민할 이유도 없다. 남에게 보여주려고 메모하는 것이 아니므로 나만 알아볼 수 있으면 된다. 생각나는 대로 간단히 요점만 재빨리 낙서하듯이 기록하는 것이 중요하다.

잊기 위해 기록한다. 기록은 기억보다 강하다. 메모란 잊어버리지 않기 위해 하는 것이 아니라 기록한 후 잊기 위해 하는 것이다라는 말이 있다. 정보의 홍수 시대에 필요한 것들만 기억하려해도 우리의 뇌 용량이 부족하다. 사람의 뇌를 컴퓨터의 CPU에 비유한다면, CPU가 사고 · 분석 · 결정의 일을 원활하게 할 수 있도록 사용율을 적절히 줄여 줄 필요가 있다. 즉, 머리를 창의적으로 쓸 수 있도록 뇌에 여유를 주어야 한다.

메모장은 천금과 같다. 메모장에 있는 기록이 큰 거래 건을 성사시킬지도 모르는 일이다. 더구나 그 속에 있는 아이디어가 대박을 터뜨릴 수도 있지 않겠는가. 보물과도 같으니 잘 있는 지 자주 살펴보고 항상 닦아주어야 한다. 메모를 잘했으면 그 가치도 잘 활용할 수 있어야 한다. 메모장을 잘 활용하는 방법은 자주 들여다보는 것이다. 기록해 두었던 아이디어를 실현시킬 또 다른 아이디어가 떠오르기도 하고 잊고 있었다가는 큰 낭패를 볼 일을 챙길 수도 있다. 메모를 하는 것도 습관이지만 메모장을 열어보는 것도 습관처럼 익숙해져야 한다.

메모의 기본은 메모장과 펜을 항상 지니고 다니다가 무엇이든 재빨리 기록하고 자주 들여다보는 데 있다. 이런 습관이 만들어지면 자기만의 메모하는 노하우가 생기고 다양한 기술도 저절로 개발 될 것이다.

7.2 메모의 기술

① 언제 어디서든 메모하라.

갑자기 떠오르는 생각을 그 자리에서 바로 기록하는 것이 메모의 기본이다. 그래서 항상 지니고 다니는 것 또는 늘 보이는 곳에 메모를 해야 한다. 전화벨이 울리면 전화기보다 메모장과 펜을 먼저 들어라. 움직일 때는 메모장과 펜부터 챙기는 것이 메모의 기술이다.

② 기호나 아이콘을 적극 활용하라.

메모할 때 반드시 글자만 쓰란 법은 없다. 자신이 보고 무슨 내용인지 알 수 있으면 된다. 속기하는 법을 배운 사람이라면 글씨만으로 메모의 속도를 충분히 낼 수 있지만, 그렇지 않다면 자기만의 기호나 암호를 만들어 사용하면 효과적으로 메모할 수 있다. 컴퓨터 문화가 보급되고 사용자 인터페이스 중 그래픽 사용자 인터페이스(GUI)가 발달하면서 물리적인 공간의 제한 없이 온 세계인들이 이해할 수 있는 아이콘이 개발되고 사용되고 있다. 컴퓨터 화면상에서도 복잡한 컴퓨터언어보다는 한눈에 알 수 있는 아이콘이 더 유용하기 때문이다. 동료들과 볼링을 하기로 했다면, 볼링이라는 글자보다는 볼링핀(♁)을 아이콘으로 표시하는 것이 훨씬 빠르다. 글자보다 기호나 아이콘 또는 상징물로 기록을 하면 속도도 빠르지만 인간의 두뇌를 자극하는 효과도 있다. 나중에 메모장을 볼 때 메모할 당시의 연관된 상황이 적당한 그림으로 인해 더욱 생생하게 재현될 가능성이 높다.

③ 개인정보관리는 핸드폰(셀룰러폰)에 맡겨라.

PIMS(Personal Information Management System)는 컴퓨터 사용자들이 개인정보를 쉽게 관리할 수 있게 해주는 소프트웨어 프로그램의 총칭이다. 이 부류의 소프트웨어는 많은 종류가 있지만, 텍스트 형태의 간단한 메모부터 시작해서, 전화번호부, 기념일, 명함관리, 약속이나 일정관리, 달력, 계산기 등의 기능을 지원하는 것이 대부분이다. 현재 웬만한 핸드폰에는 PIMS가 구현된다. 약속이나 일정관리는 핸드폰에 입력하면 알람기능이 있으므로 메모장에 메모하여 수시로 확인해야하는 수고를 덜어준다. 이렇게 함으로써 메모장은 정보의 보고로서 충실한 역할을 할 것이다.

PDA(Personal Digital Assistants)는 PIMS 외에도 녹음기능이 있어 매우 유용한 메모장이 될 수 있다. 다만 수첩이나 메모장보다는 늘 가까운 곳에 두고 습관화시키기 어려운 단점이 있다. 메모를 위한 유용한 도구는 많이 있다. 얼마나 습관화하느냐가 메모의 기술이다.

④ 메모를 재활용하라.

메모를 잘 활용하려면 메모장을 열어보아야 한다. 예전의 메모를 다시 읽어보는 습관부터 기른다. 다시 읽을 때는 느낀 점이나 아이디어는 추가하여 적어둔다. 메모한 것들은 가능하다면 날짜별 혹은 주제별로 정리하여 데이터베이스화한다. 메모는 어떤 형태로든 남겨두면 훗날 효력을 발휘한다.

⑤ 마인드맵을 활용하라.

인간은 문자정보보다 그림이나 그래프같은 시각적인 정보를 더 잘 이해하고 기억한다고 한다. 마인드맵은 문자정보보다 그림이나 아이콘을 이용하여 자유롭게 메모하는 방법이다. 마인드맵으로 메모를 하면 나중에 기억을 재생할 때 유용할 뿐만 아니라 사고에도 발상의 전환을 일으키게 하고 창의력을 자극하는 효과도 있다. 마인드맵에 대한 사용법은 다음 장에서 설명한다.

7.3 마인드맵(Mind Map)

세계는 지금 정보 홍수시대이다. 지난 수천 년간 인류문명과 역사가 축적한 총 정보량이 정보지식 사회에 진입한 지금의 1일 생산 정보량에도 미치지 못할 정도로 우리는 급격한 변화의 시대를 살고 있다. 현대 정보화시대 이전에 정보의 활용은 사실을 기억하고 그 사실이 요구될 때 그것들을 반복해 내는 것이었다. 그러나 오늘날은 컴퓨터가 그러한 일을 무한정으로 즉시에 해내고 있다. 이제 인간은 창의력, 직관력, 감성을 최대한 발휘하여 정보를 유용하게 사용하는 능력을 계발하는 것이 더 중요하게 되었다. 메모를 하는 이유도 메모한 것을 활용하기위해서다. 지식경영도 정보를 지식화하고 지혜로 발전시켜 이용하기위해서다.

창의성은 감동과 초월성, 번득이는 통찰력을 바탕으로 하여 확산적이고 생산적인 과정을 통해 새롭고 유용한 아이디어를 산출하는 고도의 정신기능이라 정의되고 있다. 이러한 창의성은 개인차가 있으며, 아무리 훌륭한 창의적 잠재력을 가지고 태어났다 하더라도 계발하지 않으면 그 능력은 발현되지 못한다. 창의성이 학습에 의해 크게 신장될 수 있다고 볼 때, 마인드맵(Mind Map)은 창의성 계발을 돕고 사고력을 증진시킬 수 있는 프로그램의 하나이다.

7.3.1 마인드맵이란?

마인드맵은 영국의 심리학자이자 언론인인 Tony Buzan이라는 사람이 창시해서 유명해진 이론이다. 기록하면 시야가 좁아지고, 노트하는 습관은 인간 두뇌의 종합적 사고를 가로막는다는 것이다. 대신에 마인드맵은 읽고 분석하고 기억하는 모든 것을 마음속에 지도를 그리듯 해야 한다는 사고훈련법이라고 할 수 있다. 마인드맵은 '인간 뇌 속의 신경세포의 모양과 유사한 선을 그리고, 여기에 다양한 문자, 그림, 기호와 색을 덧붙여 사고의 과정을 기술하는 법'이라고 할 수 있다.

마인드맵은 좌·우뇌를 동시에 효율적으로 사용하게 함으로써 아이디어 창출방법으로, 사업계획을 세우는 도구로, 복잡한 내용을 간단하게 정리하는 방법 등으로 다양하게 활용될 수 있다.

마인드맵으로 메모하고 정리하는 습관을 기르면 다음과 같은 효과를 볼 수 있다.

① 마인드맵은 좌뇌의 논리력과 우뇌의 상상력을 동시에 개발할 수 있도록 좌·우뇌를 효율적으로 사용하므로, 짧은 시간 내에 많은 내용을 이해하고 저장할 수 있다.

② 마인드맵은 세부적인 내용은 물론 전체적인 구조를 파악하는 능력을 키워준다.

③ 마인드맵은 핵심단어, 이미지, 컬러, 기호, 아이콘 등을 사용함으로써 간단히 정리할 수 있어 기록의 량이 줄어든다.

④ 마인드맵은 하위 단계로 계속 진행할 수 있으므로 세부적인 사항도 놓치지 않고 정리할 수 있다.

7.3.2 마인드맵의 기술

(1) 마인드맵의 작성법

마인드맵을 작성하는 방법은 마치 나무의 줄기에서 가지가 뻗어나고 그 가지에서 또 다른 가지가 뻗어나듯이 관련된 항목들을 계속 그려나가는 것이다. 우리의 뇌를 자극하기 위해서는 표시하는 펜의 색을 다양하게하고 가지는 직선형보다 곡선형으로 표시하는 것이 바람직하다.

① 중심이미지 그리기

메모장이나 백지의 중앙에 기록하려는 내용의 핵심이 되거나 대표할 수 있는 이미지나 심벌을 그린다. 중심에서 시작하는 이유는 이 중심이미지에서 상하좌우로 하부단계가 계속 진행될 것이기 때문이다.

② 주가지 치기

중심이미지에서 상하좌우로 코뿔소 뿔이 나듯이 필요한 개수의 주가지들을 그린다. 주가지 위에는 문자, 심벌, 아이콘, 그림 등이 표시될 것이므로 주가지들이 서로 간섭받지 않도록 여유를 두고 그린다. 주가지 위에는 중심이미지에 관련된 내용을 담은 축약된 문자, 심벌, 아이콘, 그림을 표시한다.

③ 부가지 치기

하나의 주가지에서 나무줄기에서 가지가 나듯이 필요한 개수의 작은 가지들을 그린다. 부가지 위에는 주가지에 표시된 내용과 관련된 하부단계의 내용을 담은 축약된 문자, 심벌, 아이콘, 그림을 표시한다. 기록의 목적이 달성될 때까지 가지치기와 내용 표시를 계속해 나간다.

(2) 마인드맵 그리기 연습

여름 방학 동안에 외국으로 배낭여행을 하려는 대학생 홍길동의 예를 들어보자. 길동이는 우선 백지에 아래와 같이 필요한 사항을 적어보았다. 아직 여행지를 정하지 못하였지만 구체적으로 확정된 것은 여행 경비에 대한 확보계획 정도이다.

[표 7.1] 홍길동의 배낭여행계획표

2005년 여름 배낭여행 계획

- 여행지
  - 북미
  - 남미
  - 유럽
  - 중국
  - 아프리카
  - 일본
  - 동남아시아
- 경비
  - 예상
  - 확보
    - 예금통장 : 100만원 잔고
    - 부모님 찬조 : 금연을 조건으로 100만원 지원 약속
    - 아르바이트 수입 : 5개월(월 20만원) 아르바이트 예정
- 동반자
  - 동홍길
  - 길동홍
- 준비물
  - 음식
  - 의류

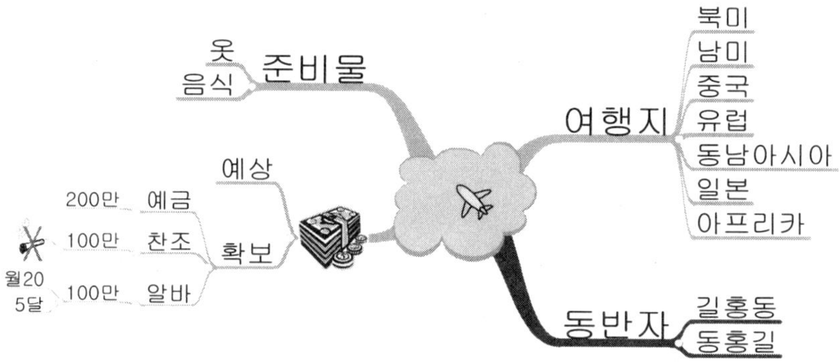

[그림 7.1] 홍길동의 배낭여행계획에 대한 마인드맵

[표 7.2] 홍길동의 배낭여행계획 추가정보

시간이 지나면서 점차 여행계획이 구체화 되어 갔다. 길홍동이는 여름 방학 동안에 중소기업에서 현장 체험을 할 계획이라 같이 가지 못한다고 하였으나, 동홍길이는 같이 가보자고 하였다. 또한 여행지로서 북미, 남미, 유럽은 항공료가 경비의 대부분을 차지하기 때문에 제외하기로 하고, 아프리카는 오지이고 선배 여행자들의 경험담이나 정보를 구하기 어려워 취소하기로 했다. 동남아시아, 일본, 중국을 후보지로 하여 조금 더 고민해보기로 했다. 동홍길이는 잠잘 때 코골이가 심하기 때문에 그에 대한 대비책도 있어야겠다. 일지매가 여행계획을 듣고서 자기도 끼워달라고 한다. 일지매는 여자라서 같이 여행하려면 좀더 세심한 계획이 서야겠다.

계획표와 같은 개조식으로 필기했다하더라도 표와 같은 추가정보가 계속 발생한다면 계획표를 처음부터 다시 작성하는 것을 반복해야할 지도 모른다. 그런데 마인드맵으로 기록하면 여유 공간이 충분히 확보되어 일관성 있게 계획을 세울 수 있다. 또한 뻗어 나온 가지에 관련된 항목이 계속 연결되어 나올 수 있기 때문에 꼭 필요한 항목을 빠뜨릴 위험성이 적다.

이 절에서 보여준 마인드맵은 (주)심테크시스템의 ThinkWise로 작성한 것이다. 추가정보를 가진 마인드맵과 원래 마인드맵의 가지 위치가 달라진 것은 이 소프트웨어가 여유공간을 스스로 찾아 가지들을 위치시키기 때문이다. 백지나 메모장에 수작업으로 기록할 때에는 가지들 간에 충분한 여유 공간을 두고 작성해야 한다.

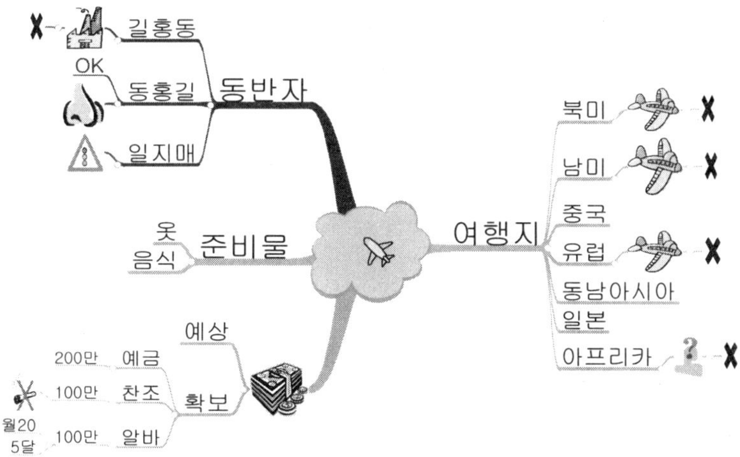

[그림 7.2] 추가정보가 첨가된 마인드맵

싱크와이즈 외에도 마인드매니저, 컨셉리더, 지니웨어, 컨셉드로우, 노바마인드, 프리마인드 등과 같은 소프트웨어를 사용할 수 있다.

7.3.3 마인드맵의 활용 분야

마인드맵은 간단한 내용의 메모의 용도로부터 복잡한 보고서나 논문의 내용을 이해하기 위해 요점만 정리하는 용도까지 다양한 범위에서 유용하게 사용될 수 있다.

① 기획 또는 제품개발

기업에서 신제품 개발 또는 신규사업을 기획하거나, 개인이 사적인 모임을 추진하려할 때에도 기획이 필요하다. 9.2.3 여행계획 마인드맵에서 보듯이 마인드맵은 기획단계에서 효율적인 기획의 방법을 제공한다.

② 프로젝트관리(Project Management)

프로젝트관리란 반복되는 업무가 아니기 때문에 철저한 관리가 어렵다. 마인드맵을 이용하면 업무의 선후관계가 잘 정리되고 관리 지점이 명확해진다. MS사의 프로젝트관리 전문 소프트웨어인 MS Project에서 업무의 선행관계를 나타내는 도표가 마인드맵과 유사하다고 할 수 있다.

③ 브레인스토밍(Brainstorming)

브레인스토밍이란 일정한 테마에 관하여 회의형식을 채택하고, 구성원의 자유발언을 통하여 제안을 하게함으로써 아이디어를 찾아내려는 방법이다. 자유연상법이라고도 하는 이 방법은 마인드맵으로 쉽게 진행할 수 있다. 중심이미지에 주제를 두고 한 참석자가 중심이미지에서 가지를 치고 의견을 제시하면, 다른 참석자가 그 가지에서 다시 연상되는 가지를 쳐 나가는 것이다.

④ 의사결정

복잡하고 여러 단계를 거쳐야 하는 문제는 짧은 시간 내에 문제의 본질을 정확히 파악하여야 최선의 결정을 할 수 있다. 다단계의 복잡한 문제를 해결할 때 의사결정기법으로 의사결정나무분석(Decision Tree Analysis)을 사용할 수 있는 데, 의사결정나무와 마인드맵이 매우 유사하다. 일의 결과(특성)와 그것에 영향을 미치는 원인

(요인)을 생선의 뼈처럼 계통적으로 정리한 그림을 특성요인도(Cause and Effect Diagram)라고 하는 데 특성요인도도 마인드맵과 매우 유사하다.

⑤ 프레젠테이션(Presentation)

프레젠테이션에 사용할 수십 장의 슬라이드 내용도 마인드맵 하나로 요약될 수 있다. 혹자는 이 마인드맵 한 장으로 프레젠테이션을 하려고 덤벼드는 데, 바람직한 방법은 아니다. 마인드맵은 고도의 축약된 정보를 담고 있기 때문에 작성자가 아니면 쉽게 이해하기 어렵다. 따라서 청중에게 제시하는 슬라이드는 개조식의 기록을 담고, 마인드맵은 발표자가 프레젠테이션 중에 참고 용도로 쓰는 것이 유용하다.

⑥ 고객관리 및 인맥관리

마인드맵은 유사한 항목의 분류나 관련항목들의 연계성을 표시하는 기능이 탁월하다. 고객의 성향이나 인맥도를 마인드맵으로 작성하면 CRM(顧客關係管理, Customer Relationship Management)의 한 도구로 유용하게 쓸 수 있다.

⑦ 문헌의 요점정리

소설, 보고서, 논문 등 장문의 문헌을 읽고 감상문을 쓰거나 요점을 정리하는 데 마인드맵은 유용하게 사용된다. 특히 논문이나 보고서는 글의 주제가 몇 개의 장으로 나누어지고, 장은 다시 몇 개의 절로 나누어진다. 장은 주가지로 그리고 절은 부가지로 그려나가면 된다.

⑧ 강의노트 작성

전문적인 속기법을 읽히지 않은 이상 강사가 말하는 내용을 그대로 받아쓰기는 힘든 일이다. 마인드맵이 습관화되면 메모하는 속도가 향상된다. 요점만 연결시켜나가는 표기법이 강의노트를 작성하는 데 유용하게 쓰일 수 있다.

마인드맵은 개인적인 일이나 기업의 업무에서 다양한 용도로 활용될 수 있다. 그러나 마인드맵이 모든 범위의 업무에 유용하다고 할 수 없다. 가지에 가지를 쳐서 수십 단계까지 내려가는 복잡한 업무를 마인드맵으로 작성하면 작성자도 이해하기 어려운 미로처럼 변한다. 마인드맵은 개인 차원의 업무를 이해하고 정리하는 데 사용할 것을 권장한다. 대량의 정보를 처리해야하는 기업의 업무는 ERP(全社的資源

管理, Enterprise Resource Planning)시스템 등의 전문적인 도구에 맏겨야한다.

참고

특성요인도(Cause and Effect Diagram)

■ 개요

특성요인도란 일의 결과(특성)와 그것에 영향을 미치는 원인(요인)의 관계를 계통적으로 정리한 그림이다. 즉, 어떤 특성에 대하여 어떤 요인이 어떤 관계로 영향을 미치고 있는지 명확히 하여 원인규명을 하여 해결책을 쉽게 찾을 수 있도록 하는 기법이다. 그림의 모양이 생선뼈와 비슷하여 물고기 뼈 그림(Fishbone Diagram)이라고도 하는데, 이 기법은 품질개선 활동에서 널리 사용되고 있다. 또한, 일본의 품질관리 전문가였던 이시가와 가오루 박사가 고안하였기 때문에 이시가와 다이어그램(Ishikawa Diagram)이라고도 한다.

■ 작성 예

어떤 문제(특성)가 발생하였다면, 이런 결과를 일으킨 주된 요인(원인)들을 찾아 등뼈에 가지를 치고 가지 끝에 기입한다. 다시 각 요인들을 특성으로 하여 이런 결과를 낳는 원인을 찾아서 그 요인에서 곁가지를 치고 가지 끝에 그 원인을 기입한다. 더 이상 분석이 필요 없을 때까지 반복하여 특성요인도를 완성한다.

예를 들어 비만이라는 문제가 발생하였는데, 이 비만의 주된 요인이 나쁜 식습관, 운동부족 등으로 파악되었다. 또 나쁜 식습관은 과음과 과식에서 그 원인이 있었다. 과식은 지방함유량이 높은 육식이 그 원인이었고, 과지방질 음식을 자주 먹게 되는 원인은 조직 내의 잦은 회식 때문이었다. 이렇게 특성요인도가 완성면 문제의 해결책도 쉽게 찾을 수 있다. 과식을 제거하기 위해 조직 내의 회식을 다른 레저활동으로 대체를 하거나 그것이 불가능하면 회식의 식단을 채식위주로 바꾸어 준다.

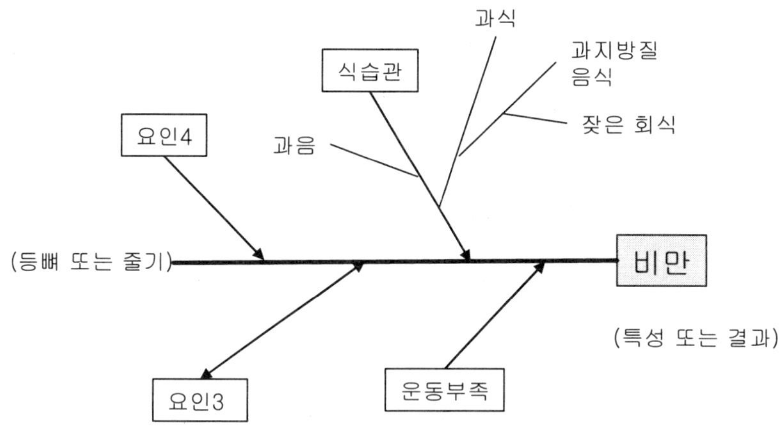

7.3.4 마인드맵의 활용 사례

다음은 마인드맵으로 책의 일부분을 정리한 것이다. '이제는 절대로 심리전에서 밀리지 않는다'(이토 아키라, 나이토 요시히토 지음, 이선희 옮김, 바다출판사, 2001.)의 13쪽부터 42쪽의 내용을 마인드맵으로 메모한 것이다. 총 270여 쪽의 책을 15장의 마인드맵으로 요약할 수 있었다. 당시 파워포인트로 마인드맵을 작성하였는 데, 지금은 워드프로세서나 파워포인트와 정보 교환이 되는 ThinkWise라는 소프트웨어가 상용화 되어있으므로 보다 효율적으로 정리와 요약을 할 수 있을 것이다.

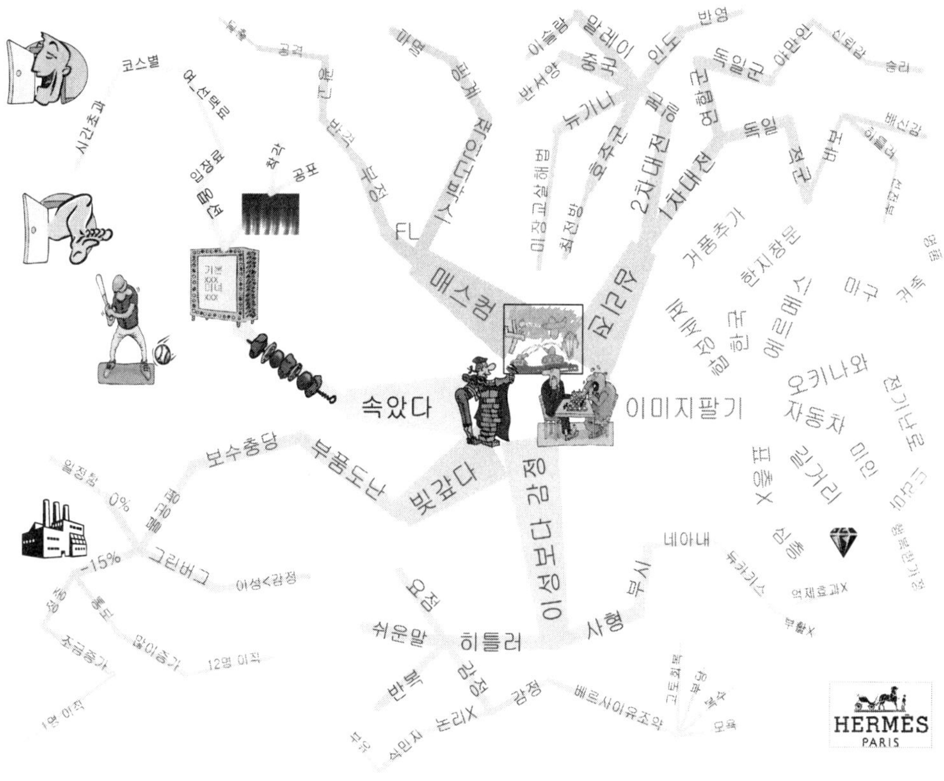

[그림 7.3] 책의 내용을 정리한 마인드맵의 예

08

프레젠테이션

Chapter 8 >>>

8.1 프레젠테이션의 의의

8.1.1 프레젠테이션이란?

우리는 오랜 동안 사회과 문화를 형성하여 사회적 개체간의 끊임없는 커뮤니케이션의 방법으로 언어라는 도구를 만들고 학습의 욕구에 의해 새로운 것을 전달하고 진화시키는 과정을 반복하고 있다. 프레젠테이션도 이러한 커뮤니케이션의 진화된 형태이다.

프레젠테이션(Presentation)을 사전에서 찾아보면, '광고 캠페인 실시에 있어서 광고회사가 광고주에게 제출하는 광고계획서'라고 풀이하고 있다. 광고주는 특정제품 또는 서비스에 대한 마케팅을 위하여 광고 캠페인을 실시하는 데, 광고회사 측에 그 광고 캠페인에 대한 상세한 계획서의 제출을 요구한다. 프레젠테이션에 담겨지는 내용은 ① 광고목적, ② 광고 캠페인 아이디어, ③ 소구점(訴求點, Sailing Point), ④ 소구지역(訴求地域) 및 소구대상, ⑤ 광고매체, ⑥ 광고예산 및 출고(出稿)계획 등이다. 따라서 광고회사는 광고주를 잘 설득하기 위하여 다양한 정보와 도구들을 이용하여 광고 발표회를 열었을 것이다. 이런 종류의 발표는 투자사업설명회, 신제품설명회, 논문발표회 등에서도 흔한 일이 되었다. 비록 광고 설명회에서 비롯되었지만 오늘날 모든 분야의 설명회나 발표회 등에서 발표하는 것을 프레젠테이션이라고 한다. 입사를 위해 면접시험을 치르는 지원자가 자신을 소개하고 설명하는 것도 프레젠테이션인 것이다.

프레젠테이션이란 듣는 사람에게 자신의 생각을 시각자료 등을 이용하여 조리있게 설득하고, 의도하는 행동을 하게 하는 것이라고 정의할 수 있다. 따라서 정보를 단순히 전달하는 것만을 프레젠테이션이라고 할 수는 없다. 단순히 언어적 전달 행위는 사회활동의 영역일 뿐 목적 달성을 위한 체계적인 활동으로 볼 수는 없다. 프레젠테이션은 상대방을 설득하여 내가 원하는 방향으로 유도해야하기 때문에 체계적이며 효과적인 기술이 필요한 것이다.

프레젠테이션이란 발표자가 사실, 아이디어, 경험, 노하우 등을 효과적으로 상대에게 전달하여 자신이 의도한 방향으로 상대방의 태도를 바꾸게 하는 활동이다. 따라서 혼자서 무인도에 살지 않는 이상 우리는 매일 프레젠테이션을 하면서 살고 있는 것이다. 아래와 같이 우리의 삶은 프레젠테이션의 연속이다.

제품설명회	팀 미팅	업무브리핑	컨설팅
프로젝트설명회	광고발표회	주주총회	회사설명회
입사면접	영업결산보고	논문발표회	강의·강연
결혼식 사회	행사 진행	모델하우스 안내	이벤트 진행

8.1.2 현대경영은 프레젠테이션으로 시작된다.

유명한 경영학자 Peter F. Drucker는 인간에게 있어서 가장 중요한 능력은 자기표현이며, 현대의 경영이나 관리는 커뮤니케이션(Communication or Presentation)에 의해서 좌우 된다고 주장하면서 프레젠테이션의 중요성을 강조한다.

세계적인 리더십 책 중의 하나인 James M. Kouzes가 쓴『불변의 리더십의 법칙』은 "Leadership is everyone's business.", 즉 리더십은 어느 한사람에게 국한된 것이 아닌 우리 모두에게 다 중요하다고 이야기하고 있다. 앞서 말한 것처럼 디지털 정보화 사회에서 언론과 정보미디어의 발전으로 인해 기업가나 정치인등 뉴 리더의 역할은 단순한 리더를 넘어서 영상이나 언론에도 강한 인물을 요구하고 있는 것이다. 따라서 현대경영은 체계적이고 이상적인 프레젠테이션을 구현으로 달성할 수 있다고 보는 것이다.

이제 기업이나 사회활동은 상대를 위한 대화로 시작하여 물건을 판매할 때, 직장상사에게 보고할 때, 회의나 인사말을 할 때도 프레젠테이션으로 생각하고 준비하고 말하고 대화하여야만 현대 경영에 뉴 리더로써 평가받을 수 있는 것이다.

8.2 프레젠테이션을 위한 준비

프레젠테이션은 발표회장에서 발표자가 미리 준비한 자료와 도구들을 이용하여 청중에게 설명하는 것으로 시작되는 것이 아니다. 이런 프레젠테이션을 잘하기 위해 분석을 하고 전략을 세워 준비하는 시점부터 프레젠테이션은 시작되는 것이다. 효과적인 발표기술을 아직 체득하지 못했다하더라도 최소한 아래에 설명하는 준비사항은 발표자가 기본적으로 해야 할 일이다.

8.2.1 프레젠테이션의 시작, 3P분석

손자(孫子)의 모공편(謀攻篇)에 '지피지기(知彼知己)면 백전불태(白戰不殆)'라는 말이 있다. 프레젠테이션을 제대로 하려면 누구를 향해서 어떤 목적으로 어떤 장소에서 하는가에 대해 상세히 분석을 해야 한다. 프레젠테이션의 목표를 구체적으로 설정하여 명확히 해두고, 실시장소와 청중을 치밀하게 분석하여야 전략을 세울 수 있다. Purpose(목적), People(청중), Place(장소)라는 3P를 사전에 분석하는 것이 프레젠테이션의 시작이다.

3P분석	
Purpose(목적)	프레젠테이션을 하는 목적이 무엇인가?
People(청중)	어떤 사람들이 발표를 들을 것인가?
Place(장소)	발표 장소는 어디인가?

(1) 목적분석

목적이 무엇인가? 왜 프레젠테이션을 해야 하는가? 이번 프레젠테이션을 통해 얻고자 하는 것은 무엇인가? 청중은 어떤 목적으로 참석하는가? 등 프레젠테이션에 대한 목적이 분석되어야 방향 설정을 할 수 있다.

프레젠테이션의 목적은 정보전달, 설득, 의례, 동기부여, 엔터테인먼트로 나눌 수 있다. 프레젠테이션 목적은 이런 단일 목적으로 실행될 수도 있지만 2가지 이상의

[표 8.1] 프레젠테이션의 목적분석 예

프레젠테이션의 예	프레젠테이션의 목적				
	정보전달	설득	의례	동기부여	오락
회사설립 기념일 축사			○		
신제품설명회	○	○			
이벤트개최와 회원모집		○			○
로봇경진대회 개회사 및 장려사			○	○	
목장체험하기	○	○			○

복합적인 목적을 가질 수도 있다. 이런 경우 복합적인 목적 달성을 위하여 어떤 목적에 중점을 둘 것인지 적절한 비중을 결정해 두어야 한다.

(2) 청중분석

- 청중은 누구인가?
- 그들은 왜 참석하는가?
- 그들은 발표자에게서 무엇을 원하는가?

최소한 위와 같은 청중에 대한 기본적인 분석이 없다면 프레젠테이션을 준비할 수 없을 것이다. 청중을 분석하여야 프레젠테이션의 목적을 달성하기 위한 후속 준비를 할 수 있다. 청중의 수, 기초적 인구통계학 정보, 청중의 지식수준, 청중의 학력, 청중의 자세·태도, 핵심인물 등을 조사하여 분사한다. 일반적으로 같은 관심사를 가진 적은 수의 청중에 대해서는 구체적이고 압축적인 프레젠테이션을 준비하고, 서로 관심사가 다른 다수의 청중에 대해서는 일반적이고 개념적인 프레젠테이션을 준비해야한다.

[표 8.2] 청중 수에 따른 프레젠테이션의 특징

	다수	소수
프레젠테이션 유형	전람회, 강연회, 국제회의	팀 미팅, 임원회의, 학술세미나
청중 수	100인 내외	10~20인 정도
청중의 성격	혼합체 청중 상호간 면식 미흡 어수선한 분위기	동질체 청중 상호간 면식 넓음 긴장감 유지
프레젠테이션 주의점	일반적 주제 평이한 개념 자료는 전후에 일괄 배포 공을 들인 연출 필요	구체적 주제 압축된 개념 시각자료 유용

수년전 일이지만, 초등학교 2학년이었던 아이의 반에서 일일교사로 수업을 한 적이 있다. 그때 초등학교 저학년 수준에 맞는 적당한 그림들을 제법 공을 들여 찾아서 OHP용 슬라이드를 만들었다. 물론 리허설도 해보았다. 그런데, 막상 발표 때에 당황한 일이 발생하였다. 초등학교 저학년에 맞는 어휘를 미리 준비하지 않았던 것이다. 이해하다란 단어보다는 안다라는 말을, 접촉하다는 단어보다는 만지다라는 말을 순간적으로 생각해내어 말을 하느라고 정작에 해야 할 말은 제대로 못하고 말았다. 학술논문을 수십 차례나 발표한 노련한 발표자도 청중분석의 실수로 초등학생을 대상으로 한 프레젠테이션에 실패를 한 것이다. 프레젠테이션의 성공은 청중의 수준에 좌우되는 것이 아니라 청중의 분석과 그 분석에 맞는 준비에 달린 것이다.

아래 표와 같이 청중의 특성에 따라 해야 할 준비가 달라지므로 청중분석을 명확히 하여야 한다.

[표 8.3] 청중의 유형에 따른 프레젠테이션의 구성

청중의 유형	프레젠테이션의 구성
남성	인과관계나 근거자료제시 등 논리적 구성 인건비, 재료비 경비 등 원가의 구성을 보여주고 제품의 가격이 적절함을 주장
여성	경험담이나 구체적 사례 등을 통한 감성 자극 유사한 제품에 대한 기능이나 디자인 등의 차이점을 비교하여 가격의 적절함을 주장
발표자보다 젊은 층	이상주의적, 혁신적, 자극적, 모험적, 도전적 특성에 적합한 자세나 키워드로 청중과의 벽을 제거 캐주얼한 스타일로 그들의 문화에 공감하는 구성
발표자보다 나이든 층	실제적, 현실적, 보수적, 논리적, 원칙적 특성에 적합한 자세 유지 경의를 표하며 겸손한 태도 유지
사회적 · 경제적 지위가 높은 층	전문가로서의 의견제시와 공평하고 넓은 시각에서 접근한 구성
전문가 층	풍부한 자료를 준비하고 정성을 들여 구성 전문가로서 인정하는 자세로 청중의 자부심도 고양
핵심인물 유무	프레젠테이션에 대해 Yes라는 결정권을 가진 핵심인물 파악 핵심인물의 성향에 맞춰 구성
혼합 집단	피해야 할 사항 : 종교, 정치적 신조, 이데올로기, 성차별, 인종차별, 개인공격, 이혼문제, 낙태문제 등

(3) 장소분석

프레젠테이션이 실내에서만 이루어진다는 법은 없다. 실내라고 생각하고 프레젠테이션을 준비를 했는데 장소가 실외라면 준비했던 많은 것들이 무용지물이 될 수도 있다. 프레젠테이션의 준비를 위해서는 장소의 분석도 매우 중요하다. 프레젠테이션을 진행하는 장소나 환경, 좌석 배치 등에 따라 프레젠테이션의 효과나 청중의 반응, 결과 등이 상당히 다를 수가 있다. 그러므로 효과적인 프레젠테이션을 위해서는 그 목적과 상황에 적합한 장소를 선택해야 한다. 예를 들어, 일반 정보 전달형적인 교육은 기업의 강의장이나 전문 교육센터에서 하는 것이 좋으며, 전문적인 프레젠테이션은 비주얼 장비 시설이 되어 있는 교육장이나 전문 강의실 같은 곳을 이용하는 것이 보다 효과적이다. 기업의 회사 설명회나 투자유치 같은 경우에는 호텔이나 각종 공공시설 등 일반인들의 접근성과 함께 편리한 시설 또한 점검해 보아야 할 것이다.

장소분석에서는 **장소, 환경, 설비와 배치**, 3가지 사항을 반드시 확인하여야 한다. 프레젠테이션 자료 준비를 위해 장소를 확인해야하겠지만 위치도 반드시 사전에 알아두어야 한다. 발표장까지 소요시간, 교통기관, 교통사정 등을 확인하여 절대로 지각하는 일이 있어서는 안 된다. 관중을 애태우게 하여 등장할 때 관중이 더 열광하도록 인기 가수가 공연장에 늦게 나타나는 전술을 사용할 수도 있다. 그러나 상대를 설득하여 거래를 성사시켜야하는 목적의 프레젠테이션에서 지각이란 치명적인 실수가 된다. 발표자에 대해 신뢰감을 잃은 청중을 프레젠테이션으로 회복하는 것은 쉽지 않다. 더구나 허겁지겁 시작한 프레젠테이션이 제대로 진행될 리 없다.

환경에 있어서, 실내 면적, 발표장의 조명, 온・습도, 테이블과 의자의 편안함 등을 확인하여 초청자 측에 조명시설, 냉・난방 설비, 의자 등 필요한 설비들을 요구하여 적절한 환경이 갖추어지는 지 확인하는 것이 바람직하다. 만약 불충분한 환경에서 프레젠테이션을 해야 한다면 그런 환경적 불리함을 고려하여 프레젠테이션 준비를 해야 한다.

설비를 확인하지 않아 낭패를 보는 경우도 있다. 사전에 확인하지 않아도 OHP 정도는 당연히 사용할 수 있을 것으로 생각하고 발표장에 왔다가 OHP가 없다는 것을 알았다고 하자. 청중은 초청자의 준비 부족을 탓할 수도 있겠지만, 발표자가 무성의하다는 청중의 발표자에 대한 첫인상은 피할 수 없는 일이며 이것은 프레젠테이션에 치명적인 영향을 준다. 또한 적절한 표현도구도 없이 말로만 프레젠테이션을 진행해야한다면 발표자의 능력을 최대한 발휘한다하여도 성공을 기대할 수는 없는 일이다.

발표의 효과를 극대화하기 위하여 효과적인 Layout(좌석배치)도 매우 중요한 요소 중의 하나이므로 상황에 따라 사전에 적절한 좌석배치를 하는 것이 좋다.

■ 좌석배치의 유형과 특징

① **교실형**(School Type)

주로 정보전달을 목적으로 할 때 배치하는 것이 좋다. 또는 대규모의 세미나를 할 때에 대부분이 이 형태를 이용한다. 청중이 다수인 환경에 적당하지만, 다만 소수의 제한된 인원으로서 교실형으로 진행할 경우에는 일방적인 의사전달이 되기가 쉬우므로 진행에 유의할 필요가 있다.

② 반원형

적당한 인원의 청중과 효과적인 커뮤니케이션을 위한 타입으로는 반원형(Semi-Circle Type)이 가장 효율적이라고 할 수 있다. 스피치나 리더십, 프레젠테이션 트레이닝 과정에서도 선호하는 타입 중의하나 이다. 이러한 타입의 경우에는 진행하는 강사를 중심으로 참가자들 또한 같이 마주 볼 수 있으므로 집단적인 트레이닝 과정이나 레크리에이션 등에도 매우 효과적이다.

③ ㄷ자형, V자형, U자형

보통의 교육 세미나 또는 산업교육 트레이닝 과정에서 가장 많이 활용되는 레이아웃이다. ㄷ자형(Semi-square Type), V자형(V Type), U자형(U Type) 배치는 외국의 기업교육 전문 컨설팅기관들이 선호하는 교육 형태로서 교육의 효과적인 측면에서도 가장 선호되는 타입이다. 이 타입의 가장 큰 장점은 참가자들끼리 쌍방향 커뮤니케이션이 가능하다는 점이다.

④ ㅁ자형, 대면형, 세모형, 섬형

ㅁ자형(Square Type), 대면형(Faced Type), 세모형(Triangle Type), 섬형(Island Type) 또는 분산형(Dispersed Type)은 참가자가 10~20명 정도로 제한된 경우에 흔히 사용하는 레이아웃 형태로 역시 쌍방향 커뮤니케이션이 중요시되는 경우가 대부분이다. 예를 들어, 아이디어나 조직 간의 협의를 창출하기 위한 분임토의 또는 브레인스토밍 기법을 이용할 때에 많이 이용된다. 특히, 섬형은 다수의 참가자가 단위별로 모여 회의나 조별 미팅을 가질 때 유용한 타입이다.

⑤ 원형

쌍방향 커뮤니케이션뿐만 아니라 야유회나 각종 이벤트 등 조직 간이나 팀간 화목을 도모하는 프로그램에서는 원형(Circle Type)을 많이 이용한다. 이럴 경우에는 책상 없이 의자만으로도 진행이 가능하다. 또한 각국 정상회담 등 쌍방향 커뮤니케이션을 위한 미팅에도 이러한 원형을 많이 이용한다.

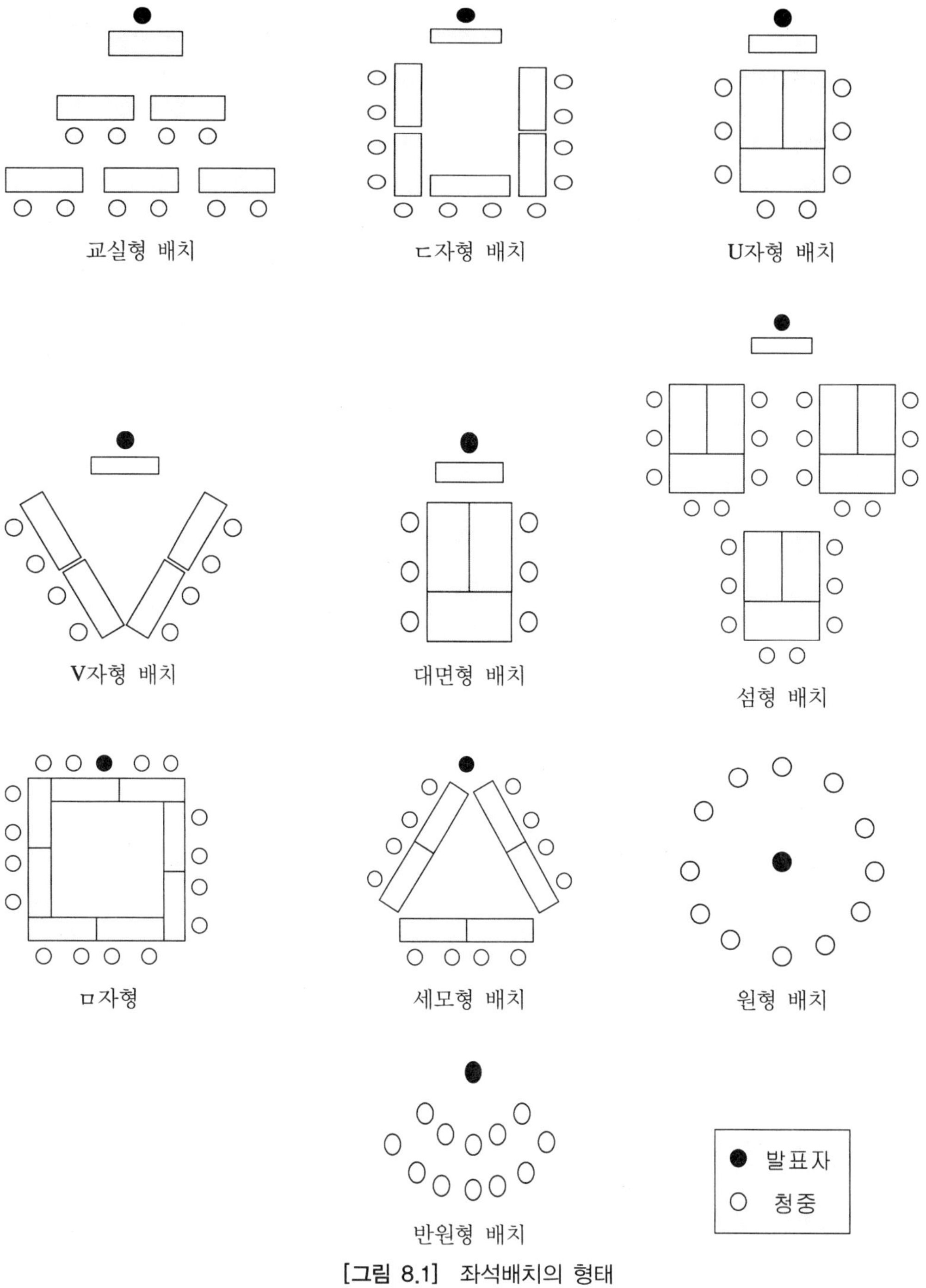

[그림 8.1] 좌석배치의 형태

(4) 3P분석을 위한 체크리스트

3P분석을 위하여 확인해야할 사항을 체크리스트로 만들어 조사를 하면 필요한 사항을 빠트리지 않고 챙길 수 있다. 다음 표는 기업의 관리자급에 대한 PR교육을 위한 체크리스트의 예이다.

[표 8.4] PR 3P분석을 위한 조사표의 예

PR교육 프레젠테이션을 위한 3P조사표 2005.05.01			
회사명	(주)위일시스템즈		
교육일시	2005.05.20		
장소	기업 내 세미나실		
항목	내용	조치	확인
교육목적	관리자들의 PR기술 향상		√
교육내용	PR기술		√
교육시간	3시간	담당자와 강의시간표 협의	
교육대상 및 인원	간부 및 중간관리자 30명		
참석자 직위	부장 3명, 차장 5, 과장 10, 대리 12		
참석자 학력	석사이상 5명, 대졸 23명, 고졸 2명		
핵심인물	없음		
유사교육 이수 여부	없음/일부는 개인적으로 경험		
교육내용 사전 지식	없음/일부는 개념 정도 이해		
교육장소의 환경	냉난방 시설 있으며 세미나실이라 교육에 최적임		
준비된 시청각 장비	OHP. 빔 프로젝터, 스크린, 노트북, 화이트보드, 마이크	빔프로젝터+노트북 연결 작동, PR S/W설치	
좌석배치	교실형/변경가능		
교통편과 소요시간	시청 앞에서 승용차로 30분		√
기타	50분 교육 10분 휴식, 간단한 시험으로 평가 필요		

8.2.2 전략수립

3P분석이 끝나면, 분석의 결과를 고려하여 발표할 주제를 어떻게 표현할 것인지 전략을 수립한다. 예를 들면, 동영상을 제작하여 상영할 것인지, 실물을 체험하게 하여 할 것인지, 또는 슬라이드 쇼를 활용할 것인지 등 발표 전략을 수립한다. 전략 수립은 3P분석의 결과인 목적, 환경, 제약 조건 등을 고려하여 가장 효과적인 프레젠테이션 방법을 정하는 것이다.

프레젠테이션의 준비 및 진행에서 항상 잊지 말아야 할 것은 Easy(쉽게), Simple (간단하게), 그리고 Impression(감명 깊게) 한다는 것이다.

8.2.3 원고작성

발표전략이 수립되면, 전략에 따라 발표할 내용을 담을 자료를 작성해야한다. 여기서는 슬라이드 쇼를 중심으로 설명한다. 3P분석의 결과를 고려하여 발표할 내용을 담을 원고의 아우트라인을 구성한다. 아우트라인은 3부 구성을 따르는 것이 좋다. 3부 구성이란 어떤 주제를 표현 할 내용이 많다면 3가지로 분류하여 표현하는 것이다. 전체 내용을 서론, 본론, 결론으로 나누어 진행할 내용의 원고를 작성한다. 본론부에는 일반적으로 많은 내용이 들어가므로 다시 3항목으로 나누어 표현하고, 분할된 항목에 또 많은 내용이 포함된다면 이것도 3항목으로 나누는 것이다. 예를 들면, 어떤 제품의 장점을 9가지 정도로 나열할 수 있다면, 이 장점들을 같은 수준에서 나열할 것이 아니라 가능하다면 3가지로 분류하고 각 항목에 장점들을 3가지씩 나열하는 것이다.

특히, 내용상 핵심이 들어갈 본론 부분은 매우 중요하다. 그러므로 원고에 대한 작성 순서는 가장 먼저 본론부를 작성하고 그 다음으로 서론, 결론의 순으로 작성하는 것이 좋다. 하지만 서론 부분에서 결론을 먼저 제시하는 것이 바람직하다. 청중은 장황한 배경이나 유도과정보다는 결론을 먼저 듣고 싶어 하는 경향이 있다. 결론을 먼저 제시하여 청중의 호기심을 만족시키고 흥미를 유발한 뒤 이유나 과정을 설명한다. 그런 다음에 다시 결론으로 마무리 짓는다.

여기서 작성한 원고는 프레젠테이션을 진행할 때 발표자가 참고로 할 메모카드,

청중이 보게 될 슬라이드, 그리고 청중에게 배포할 유인물 등을 작성하는 초안이 된다. 일부 발표자들은 이 원고를 그대로 복사하여 OHP 슬라이드나, 배포자료로 사용하는 경우도 있다. 이런 경우 전달의 효과가 떨어져 성공적인 프레젠테이션을 기대하기는 어렵다. 예를 들면, 원고에 기업의 대차대조표나 손익계산서가 포함되었다고 하자. 기업의 재무제표를 A4 크기의 슬라이드로 표시하면 글자가 너무 작아 청중이 알아 볼 수 없게 된다. 따라서 자산, 부채, 자본 중 큰 항목 위주로 대차대조표를 간단하게 표시한 전시용 자료를 따로 만들어야 한다. 또한 발표자가 참고로 할 메모카드는 분량을 최소한으로 줄이기 위해 키워드만으로 따로 작성하는 것이 바람직하다.

[표 8.5] 발표 원고의 아우트라인

1. 서론부
   1. 사회자에 대한 예의 표시
   2. 인사
   3. 자기소개
   4. 환영인사(청중의 존재 부각)
   5. 배경설명(발표자의 필연성 부각)
   6. 결론(청중의 기대 충족과 호기심 유발)
   7. 발표순서 소개(전체적인 윤곽 이해)
2. 본론부
   8. 1부
   9. 2부
   10. 발표순서 재소개(기억을 자극)
   11. 3부
3. 결론부
   12. 요약
   13. 결론
   14. 질의응답
   15. 인사

[표 8.6] 3부 구성의 예

1부 구성	3부 구성
제품의 장점 가격이 싸다 유지비가 적게 든다 안전장치가 있다 조작법이 간단하다 튼튼하다 감성공학을 이용하여 설계했다 분리배출이 용이하게 설계 수납이 쉽고 보관이 용이하다 배송료는 무료이다 제품의 구조	제품의 장점 ① 비용 가격이 싸다 유지비가 적게 든다 배송료는 무료이다 ② 기능 안전장치가 있다 조작법이 간단하다 튼튼하다 ③ 디자인 감성공학을 이용하여 설계했다 분리배출이 용이하게 설계 수납이 쉽고 보관이 용이하다 제품의 구조

(1) 3부 구성의 원칙

본론부의 구성은 3부 구성이 바람직하다고 하였다. 그런데 3부 구성은 그 효과를 최대화하기 위해 다음과 같은 원칙을 따라 작성하는 것이 좋다.

① 항목은 구분은 종속관계를 명확하여야 한다

10.2.3의 예에서 보는 바와 같이 제품의 장점을 대항목이라고 하면, 중항목은 비용, 기능, 디자인, 3가지 항목인데 이 중항목들은 모두 제품의 장점에 종속적인 관계가 있다. 또 비용이라는 중항목에는 비용과 관련된 가격이 싸다, 유지비가 적게 든다, 배송료는 무료이다라는 소항목이 나열되어야 한다.

② 하나의 항목은 한 주제를 내포해야 한다

10.2.3의 예에서, 중항목을 비용과 기능, 디자인, 2가지 항목으로 나누면, 비용과 기능이라는 중항목은 2가지 주제를 포함하고 있으므로 이 중항목의 주제가 복합적이라 전달의 효과를 반감될 수 있다. 또한 이 중항목에 뒤따라서 나열되는 소항목들도 혼란스러워진다. 따라서 3부 구성으로 분할할 때 한 항목은 유일한 주제를 담

는 것이 원칙이다.

③ 강조할 항목을 먼저 나열한다

10.2.3의 예에서 보는 바와 같이, 청중의 주관심이 기능이나 디자인보다 비용에 있다면 3부 구성의 첫 부분에 비용항목을 두는 것이다. 청중의 관심은 프레젠테이션이 진행될수록 줄어들므로 강조할 사항이나 중요한 사항은 앞에 두어서 청중의 관심이 높을 때 그 항목을 각인시켜야 전달의 효과가 큰 것이다.

(2) 3부 구성의 나열방법

본론부는 서론부에서 언급한 결론의 근거나 이유를 나열하고 도출과정 등을 설명하는 부분이므로 포함되는 정보의 량이 서론부나 결론부보다 방대하다. 따라서 3부 구성 방법을 제일 많이 사용하는 곳이다. 10.2.3.1에서 언급한 3부 구성의 원칙을 지키되 항목들을 나열할 때 논리성이나 개념의 양립성이 유지되는 자연적인 흐름을 따르는 것이 전달의 효과를 높일 수 있다.

[표 8.7] 3부 구성 방법

3부 구성	표현 순서	사용 목적	적용 예
시계열적	과거→현재→미래	정보전달/보고	공정/성장사/역사
지리 · 공간적	장소1→장소2→장소3	정보전달/보고	배치/도면/네트워크/사건방송
확장식	소→중→대	정보전달/보고	발달사/처리방법/네트워크
논리적	인과성→예증→가치기준	동기부여/설득	제안/기획/문제해결
변증법적	정→반→합	정보전달/보고/동기부여/설득	발견/증명/신기술/문제해결
연역법적	대전제→소전제→결론	설득/동기부여	제안/정책/마케팅
귀납법적	사실1→사실2→결론	정보전달/보고/동기부여/설득	문제해결/제안/마케팅

8.2.4 전시용 자료 제작

발표자는 원고의 내용을 청중에게 쉽고 빠르게 전달하고 오랫동안 기억할 수 있도록 설명하여야 한다. 사람은 매일 엄청난 정보를 받아들인다. 입력된 정보는 중요도, 의지, 필요성, 감각의 차이 등에 의해 선별되어 일부만 기억에 남게 된다. 인간은 오감(시각, 청각, 미각, 후각, 촉각)으로 정보를 받아들이지만 대부분의 정보가 듣고 보는 것으로 입력된다. 새로 개발된 향수설명회에서는 청중이 직접 냄새를 맡아보게 하는 것이 다른 설명보다 효과적일 것이다. 또 새로 개발된 직물의 질감은 설명보다는 만져서 느끼도록 촉각을 이용하는 것이 바람직하다. 이와 같이 특별한 경우 외에는 청각정보나 시각정보가 대부분이다. 청각정보와 시각정보 중에서 어느 것이 오래 기억되는가하는 것은 답하기 어려운 문제이다. 미디어 이론가이자 문화비평가인 Canada 출신의 H. M. Mcluhan의 연구에 따르면, 인간의 두뇌에 남겨진 기억을 1로 칠 때, 이 기억에 시각적 효과가 더해진다면, 기억되는 정도가 자그마치 580배에 이른다고 한다. 그러나 신생아의 청각적 정확도는 시각적 정확도보다 더 좋기 때문에 두 사람의 얼굴을 변별하는 것은 두 사람의 목소리의 차이로 변별한다고 한다. 하지만 시각과 청각을 동시에 활용하면 시너지효과로 기억성이 더욱 높아지는 것은 사실이다. 이것은 공포영화에서 무서운 장면과 함께 기괴한 음향이 깔리면 공포 분위기가 한층 심해지는 것과 같다. 따라서 발표자가 준비할 전시용 자료는 주로 시각 및 청각자료이겠지만 미각, 촉각, 후각을 자극할 자료도 적절히 사용해야 할 것이다.

프레젠테이션에서 가장 많이 사용하는 전시용 자료는 OHP나 빔 프로젝터에 사용할 슬라이드이다. 이런 슬라이드는 문자보다 그림, 도형, 심볼, 도표 등으로 표현하는 것이 전달효과가 더 크다. 한서(漢書) 조충국전(趙充國傳)에 백문불여일견(百聞不如一見)이란 말이 있다. 먼 변방의 전장에 대한 정보를 도성에 앉아서 듣는 것보다 직접 그 전장에 가서 상황을 보고 작전을 세워 승리했다는 일화에서 나온 말이다. 예를 들어 영업실적을 표현한 아래 표와 그래프를 비교해 보자.

[표 8.8] 문자로 표현

연도	매출액(원)
1990	2,000,000,000
1991	2,500,000,000
1992	2,700,000,000
1993	2,850,000,000
1994	3,100,000,000
1995	3,400,000,000
1996	3,700,000,000
1997	2,850,000,000
1998	2,400,000,000
1999	2,500,000,000
2000	2,300,000,000
2001	4,000,000,000
2002	6,500,000,000
2003	8,000,000,000
2004	9,300,000,000
2005	10,200,000,000

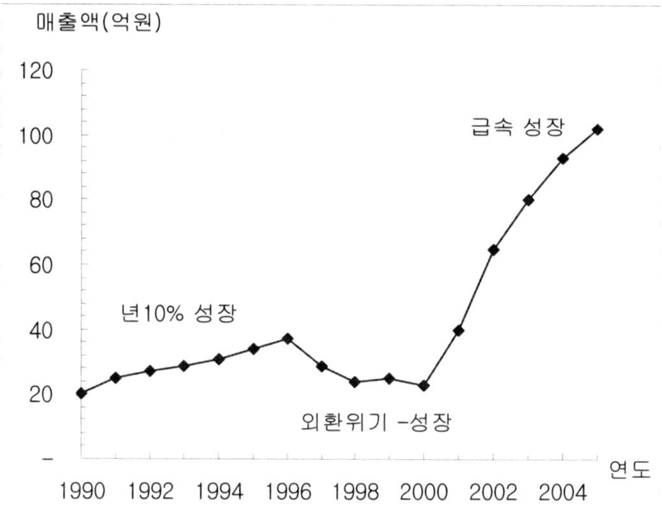

[그림 8.2] 그래프로 표현

위 표를 보여주며, '…1990년도에 출시되어 매년 10%씩 매출이 신장되다가, 1997년 외환위기로 이후 2000년까지는 마이너스 성장을 했습니다. 2001년에 매출이 외환위기 이전 수준으로 회복되었고 2005년 현재는 내수만으로 매출 100억원을 달성하였습니다.…'라는 발표자의 장황한 설명을 듣다보면 청중은 2000년 이전 상황은 금방 잊어버리게 될 것이다. 또한 그동안 매출액의 변화 추세가 어떤지 쉽게 이해하기도 어렵다. 그러나 그림과 같이 그래프로 표현하면 발표자의 설명이 없어도 매출액의 변화 추세가 청중에게 쉽게 전달될 수 있다.

전시용 자료는 프레젠테이션 전문 소프트웨어를 사용하는 것이 좋다. 프레젠테이션용 소프트웨어로 MS사의 PowerPoint나 한글과 컴퓨터사의 한컴 슬라이드를 사용하면 OHP 슬라이드 제작이나 빔 프로젝터로 슬라이드 쇼를 할 수 있으므로 프레젠테이션 진행이 한층 편리해진다. 또한 동영상이나 음향을 슬라이드에 담을 수 있어 매우 효과적인 표현도구가 된다. 이런 사무용 응용프로그램들은 서로 데이터 호환이 되므로 자신에게 편리한 것을 사용해서 제작한 파일을 다른 소프트웨어에서 작동시킬 수 있다. 슬라이드를 작성할 때는 다음과 같은 사항을 유의한다.

- 개조식 표현 : 전시용 슬라이드는 키워드만으로 내용을 압축하여 간단명료하

게 작성한다. 특별히 필요한 경우가 아니라면 2줄 이상의 서술형 문장은 피해야 한다.

- 문자의 크기 · 량 · 종류 : 청중분석의 결과를 고려하여 맨 뒷줄의 청중도 알아볼 수 있도록 적절히 선택하여 사용한다.
- Graphic Elements 사용 : 가능하다면 문자보다는 그림을 사용한다. 슬라이드 쇼에서는 동영상과 같이 멀티미디어도 사용한다.
- Color : 흑백보다 색채를 풍부하게 사용하는 것이 이미지 전달에 효과적이다. 그러나 너무 많은 색채를 사용하면 전달의 효과가 떨어진다.
- 한 장의 슬라이드에는 한 개의 개념을 담도록 한다.

8.2.5 메모카드 및 유인물 제작

메모카드는 발표자가 프레젠테이션 중에 참고하는 자료이다. 슬라이드 등 전시용 자료를 보면서 발표할 때에는 그다지 필요하지 않지만 전시용 자료 없이 발표할 때에는 발표순서나 내용을 잊지 않도록 작성해야 한다. 메모카드는 발표를 원활하게 하기 위해 재빨리 보아야하기 때문에 알아보기 쉽게 만드는 것이 중요하다. 메모카드는 아래 사항을 고려하여 작성한다.

- 알아보기 쉽게 작성한다.
- 키워드만으로 표시한다.
- 발표순서대로 작성하고 쪽 번호를 매긴다.
- A6나 A7 정도의 용지를 사용한다.

청중에게 나누어줄 유인물은 정보전달이나 설득력을 높이기 위해 상세한 내용이나 전시용 자료에서 표현하지 못한 내용을 포함하여 작성한다. 일반적인 작성방법은 10.2.3에서 설명한 원고 내용을 청중의 편의성을 고려하여 약간 수정하면 된다. 전시용 자료인 슬라이드를 그대로 인쇄 복사하여 유인물로 배포하는 것은 발표의 효과를 저해하는 일이다. 전체 내용을 일괄하여 살펴본 청중의 일부는 발표에 흥미를 잃을 수도 있다. 또한 발표 중에 청중의 일부는 전시용 자료와 유인물의 쪽을 일치시키느라고 발표자의 발표에 집중하지 못하게 된다.

8.2.6 리허설

예행연습은 반드시 해야 한다. 리허설(Rehearsal)은 실제와 같은 환경에서 자신이 직접 한번이상 해보아야 한다. 평생을 좌우할 중요한 거래가 걸린 상황인데도 원고를 그냥 소리 내어 한번 읽어보는 것으로 리허설이 끝났다고 생각하는 것은 중대한 실수이다. 리허설은 혼자하기보다 동료나 가족 등 청중 있는 데서 하는 것이 좋다. 연습과정을 비디오카메라로 녹화하여 두었다가 문제점이나 개선점을 찾는 것도 효과적인 방법이다. 리허설을 해봄으로써 여러 면에서 발표의 효과를 증대시킬 수 있는 귀중한 것들을 찾아내게 된다.

- 자신감이 생긴다.
- 정해진 시간에 맞출 수 있다.
- 오류를 고칠 수 있다.
- 보다 효과적인 방법으로 개선할 수 있다.
- 청중의 질문을 예상할 수 있다.
- 발표 기술이 늘어난다.

리허설 과정은 다음과 같은 사항에 대해 체크리스트를 만들어 평가하고 개선하는 것이 효과적이다.

[표 8.9] 리허설 체크포인트

점검 항목	내용
내용(Content)	주제가 명확하고 이해하기 쉽도록 구성되었는가?
시간(Time)	정해진 시간 내에 종료되는가?
전시용 자료(Visual data)	청중이 보기 쉽고 이해하기 쉽도록 작성되었는가?
보디랭귀지(Body Language)	보디랭귀지를 적절히 사용하고 있는가?
눈맞춤(Eye Contact)	청중에 대한 시선주기는 적절히 배분되었는가?
음성(Voice)	분명한 음성, 적절한 어조 변화, 표준말을 구사하는가?
속도(Speed)	말의 속도가 너무 빠르거나 느리지 않는가?

8.2.7 Q&A 준비

프레젠테이션에서 발표자가 가장 부담스러워하는 부분의 하나가 질의응답(Q&A, Questions & Answers) 시간일 것이다. 그러나 발표자가 발표 내용에 대해 잘 이해하고 있으며 리허설을 충분히 했다면 질의응답 시간을 두려워할 이유가 없다.

발표 중에 질문을 받을 경우, 청중의 관심이나 이해를 방해하지 않는 범위 내에서 간단하게 답하고 추가적인 응답이 필요할 경우에는 Q&A 시간에 자세히 토의할 것을 제의하고 연기한다.

발표자를 곤경에 빠뜨리려고 공격적인 질문을 의도적으로 하는 청중도 있다. 또는 질문의 의미가 불명확하거나 다른 의도가 숨어있는 경우도 있다. 이런 곤란한 질문도 예상하고 충분한 준비를 하고 답변하는 기술도 평소에 습득해 두어야 한다. 적절하지 못한 답변으로 공들여 한 프레젠테이션의 보람도 없이 청중의 관심을 한 순간에 날려버릴 수도 있다.

[표 8.10] Q&A의 처리순서

질문의 처리순서	응답의 예
질문 경청	
질문내용 반복	방금 ○○○님께서 □□□에 대해 질문을 해주셨습니다. 이런 요지의 질문이었습니다.
칭찬	대단히 좋은 질문입니다. 좋은 지적이라고 생각합니다.
전체 공유	여러분은 □□□에 어떻게 생각하십니까? 이런 질문은 같이 생각해볼 문제라고 봅니다.
간단명료하게 답변	그럼 결론부터 말씀드리겠습니다.
관련사항 언급	본 질문에 관련된 사항으로 ◇◇◇을 참고하시면 도움이 되리라 생각합니다.

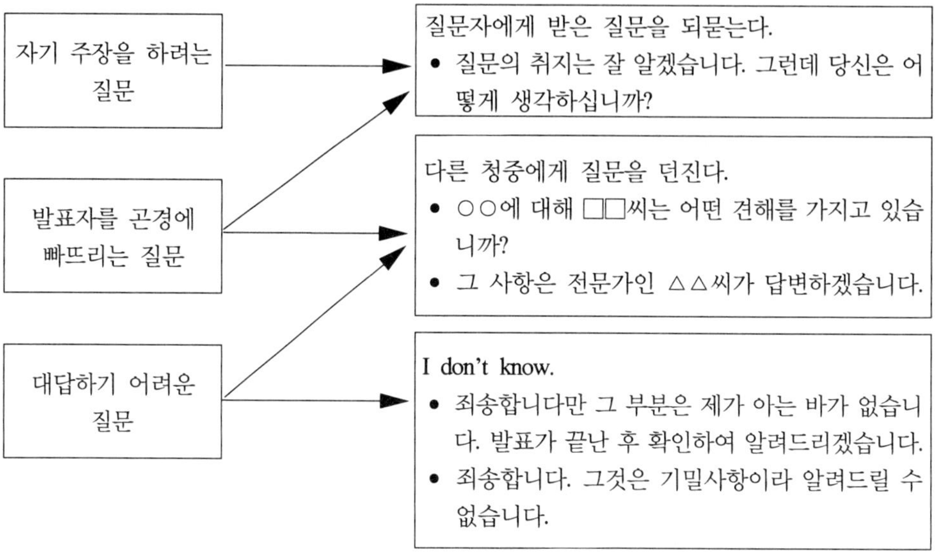

[그림 8.3] 응답의 기술

8.3 프레젠테이션 성공의 3요소

유명한 심리학자인 Albert Mehrabian 박사는 커뮤니케이션을 구성하는 것은 단어, 소리, 보디랭귀지이지만, 의사전달에 미치는 영향이 언어적인 요소인 단어는 7%에 불과하고 비언어적 요소는 93%나 된다는 것이다. 이는, 우리가 일상적으로 하는 커

[표 8.11] Mehrabian의 법칙

언어 형태	Communication의 요소		의사전달의 임팩트
Verbal Communication	단어(Word)	무엇을 말하는가?	7%
Non-Verbal Communication	소리(Voice)	소리의 대소, 고저, 음색 등	38%
	보디랭귀지 (Body Language)	태도, 자세, 몸놀림, 표정, 시선 등	55%

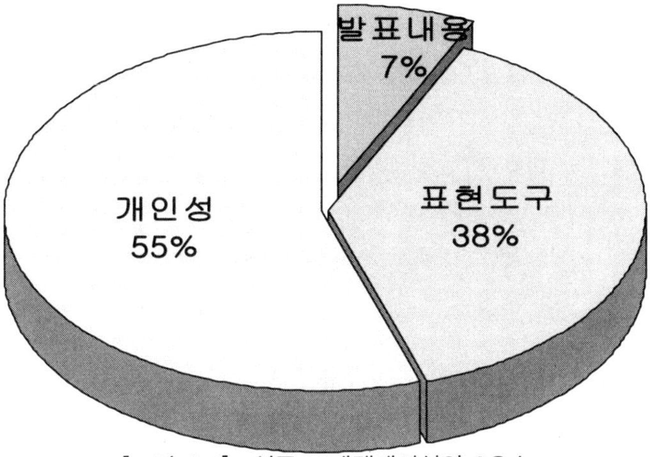

[그림 8.4] 성공 프레젠테이션의 3요소

뮤니케이션 활동이 효과적이기 위해서는 말의 내용이 아닌 전달 방법에 보다 주의를 집중해야 함을 시사해 주는 연구 결과이다.

프레젠테이션의 성패는 어떤 내용을 어떤 표현 도구를 사용하여 어떤 발표능력을 가진 발표자가 하느냐에 달려있다. 따라서 이 세 가지를 프레젠테이션 성공의 3요소라 할 수 있다. 프레젠테이션도 Communication의 일종이므로 Mehrabian의 법칙을 프레젠테이션에도 적용할 수 있다. 프레젠테이션에서 **발표내용**이란 전달하려고 하는 대상이므로 Communication의 **단어**에 해당한다고 할 수 있다. 또 **시각적 표현**이나 **발표자의 표현능력**은 발표내용을 효과적으로 전달하기 위한 방법에 해당하므로 Communication의 **소리**와 **보디랭귀지**에 해당한다. 따라서 프레젠테이션에서도 발표내용보다 **시각적 표현**과 **발표자의 개인성**이 발표의 성공을 좌우하게 된다.

8.3.1 발표내용

프레젠테이션에서 발표내용은 전달하려는 대상물이므로 없어서는 안 되는 핵심요소이다. 불행히도 발표내용은 발표목적에 따라 정해지므로 발표자가 임의로 정하거나 바꿀 수 없는 경우가 대부분이다. 예를 들면, 논문설명회에서 논문의 내용이 학문적이라 청중이 지루하고 재미없어할 것 같다고 제품설명을 할 수는 없는 것이다. 그러나 다행히도 발표내용이 프레젠테이션의 성공에 미치는 영향은 그다지 크지 않다는 것이다. Well-Being 열풍이 부는 사회에서는 Well-Being 제품이나 문화에 대한 설명회는 사람들의 관심도가 높기 때문에 프레젠테이션 기술이 별로 없어도 쉽게 성공될 것으로 생각해서는 안 된다. 프레젠테이션이 끝나고 청중의 반응이 '그렇게 재미있는 내용을 그렇게 재미없게 설명하는 사람은 처음이다'라고 나온다면 그 프레젠테이션은 안 한 것만 못하다. 지루하고 재미없을 것 같은 내용도 발표하는 기술에 따라 청중으로부터 호응을 얻을 수 있다.

8.3.2 개인성을 결정하는 3요소

프레젠테이션에서 발표자의 개인성(Personality)은 발표기술의 대부분을 차지하는 것으로 매우 중요하다. 그런데 이 개인성은 연습을 통하여 누구나 습득할 수 있다. 발표자의 개인성은 Confidence(자신감), Knowledge(지식), Skill(기술)이라는 3요소로 이루어진다.

(1) 열정과 자신감

진행하는 사람들의 마음과 몸에서 우러나오는 청중을 압도하는 듯한 당당한 자신감은 사람들마다 많은 차이가 난다. 이러한 자신감은 연습을 통하여 형성될 수 있다. 뜨거운 열정(Passion)과 함께 당당한 자신감(Confidence)을 가진 사람의 프레젠테이션은 청중으로부터 강한 신뢰감과 함께 설득력을 얻을 수 있다. 자신감을 키우는 방법으로는 NLP(Neuro Linguistic Programming)원리를 이용하여 자기최면요법을 쓰는 방법이 있다.

① 공포감의 실체를 파악한다.

누구나 많은 청중 앞에 서면 긴장하기 마련이다. 연단 공포증은 나만 가지고 있는 것이 아니다. 연습과 경험을 쌓이면 청중 앞에 서는 것이 익숙해진다.

② 철저하게 준비한다.

발표하려는 내용에 대해 완전히 이해하고 전시용 자료를 준비하고 리허설까지 한다면 자신감이 생길 것이다. 발표 내용에 대해 미심쩍은 부분이 있다면 이해할 수 있을 때까지 노력해야한다. 그래도 안 된다면 발표 중에 그 부분에 대해서는 청중에게 솔직히 고백할 준비를 해둔다.

③ 잠재능력을 일깨워 적극적·긍정적 사고로 무장한다.

인간의 잠재능력은 무궁무진하다. 내 안 어딘가 있을 능력을 의도적으로 개발해야 한다. 전문가의 도움을 받든지 잠재능력을 개발하는 훈련기관에서 훈련을 받는 것도 고려한다.

잠재능력 개발에 NLP(Neuro Linguistic Programming, 신경언어 프로그래밍)원리를 주로 활용하는 데, 이것은 인간의 오감(청각, 후각, 미각, 시각, 신체감각)을 이용하여 뇌신경에다 자기가 원하는 목표를 프로그래밍 시키는 방법이다. 이 신경언어 프로그래밍은 대단히 중요한 의미를 가진다. 고사성어에 사념동화부소행현(思念童畵不消行現)이란 말이 있는 데, 이는 자기가 원하는 목표를 마음속에서 움직이는 그림, 즉 동영상으로 그리다 보면 언젠가는 그 꿈이 반드시 이루어질 수 있다는 말이다.

개인적으로 간단히 실천해 볼 수도 있다. 구체적인 목표달성 기간과 실천방법을 정하여 A4 정도의 종이에 적어 가장 잘 보이는 곳에 붙여 놓는다. 시간이 날 때마다 항상 보고 외친다. 똑같은 것을 하나 더 만들어 자신이 가장 많이 사용하는 곳에 넣어두고, 쳐다보면서 중얼거리고 염원한다. 잠자리 들기 전 약 5분 동안, 아침에 일어나기 전 이불속에서 약 5분 동안, 길을 걸어가는 중에도 모든 감각을 동원해서 자신이 원하는 모습을 반복적으로 시각화 한다.

예) 나는 ○○년 ○○월까지 반드시 우리 회사에서 인정받는 최고경영자가 되겠다.

- 항상 메모한다.
- 시간관리를 하고 지각하지 않는다.
- 마인드 맵을 활용하여 기획한다.

④ 태연한 척 연기한다.

청중 앞에서 경험이 많은 전문가처럼 행동할 필요가 있다. 청중은 노련한 전문가로부터 무언가 얻을 것이 있으리라 기대하고 참석한다.

(2) 지식(Knowledge)

스피치나 프레젠테이션을 잘 하는 사람들은 대체적으로 여러 분야에 걸쳐서 해박한 지식을 가진 경우가 많다. 이 해박한 지식이란 하루아침에 쌓이는 것이 아니다. 부단한 자기개발과 노력을 통한 학습이 요구된다. 그러나 해박한 지식을 갖춘 사람만 프레젠테이션을 하는 것은 아니다. 따라서 발표자는 최소한 발표 내용에 대해서는 누구보다도 분명하게 이해하고 있어야한다. 발표자 자신도 정확히 이해하지 못하는 내용을 청중에게 어떻게 전달할 수 있겠는가? 이런 발표자에 대해서 시간과 비용을 들인 청중은 분노와 함께 배신감을 느낀다. 발표할 내용을 잘 이해하지 못하고 있다면 차라리 발표를 하지 않는 것이 더 낫다.

(3) 기술(Skill)

프레젠테이션은 경험 이전에 하나의 기술이라고도 이야기한다. 프레젠테이션 스킬에는 보디랭귀지, 제스처, 시선주기, 발성, 각종 비주얼 준비, 기기 사용법 등이 있다. 또한 효과적인 진행을 위한 프레젠터의 올바른 태도도 매우 중요하다. 연단 앞으로 걸어가는 법, 청중 앞에 서는 법, 마이크 잡는 법, 진행 중에 청중을 대하는 태도 등 어느 것 하나 무시할 수 없다. 발표자의 개인성에 관련된 발표기술인 목소리 변화, 시선주기, 신체언어, 3가지는 적절히 사용하면 엄청난 전달효과를 볼 수 있다.

① 목소리 변화(Voice Modulation)

청아한 목소리, 다소 쉰 듯한 목소리 등 발표환경에 따라 어울리는 목소리를 발표자가 지니고 있다면 좋겠지만 불행히도 타고난 목소리를 바꾸는 것은 쉽지 않다. 그래서 프레젠테이션에서는 발표자가 지닌 고유의 목소리를 그대로 내는 수밖에 없다. 다만 모든 청중이 알아들을 수 있도록 분명한 음성과 크기를 내는 것이 중요하다. 또한 일반적으로 프레젠테이션에서는 말하는 속도가 평소보다 빨라지는 경향이 있으므로 평소보다 조금 천천히 하도록 주의한다. 그리고 특별한 경우 외에는 표준말을 사용한다.

- 음성의 크기(Volume): 한번에 맨 뒷사람까지 전달되도록 적당한 크기 사용
- 음조의 변화(Varity): 강조하거나 변화를 주기 위해 적절한 Tone 사용
- 말의 속도(Speed): 너무 빠르거나 늦지 않도록 적당한 속도 사용

② 시선주기(Eye Contact)

사람은 항상 인정받고 싶어 한다. 청중 개개인은 여러 사람 가운데 한 명에 불과하므로 미미한 존재로서 더욱더 인정받고 싶어진다. 이런 청중이 발표자의 시선을 받으면 자신의 존재를 입증하게 되고 발표에 관심과 흥미를 가지게 된다. 또한 발표자의 시선을 받은 청중은 발표자가 질문을 던질지도 모르니까 긴장하게 되고 발표에 주목하게 된다. 청중의 집중력이 높아지면 이해도도 높아지게 된다.

청중에 대한 주시율과 발표자에 대한 인상에 관련된 통계는 시선주기의 중요성을 입증해 준다. 즉, 발표자가 프레젠테이션 전체에서 청중에 주는 시선이 15%이하라면 발표자는 주로 원고만 보고 읽는다든지, 전시용 자료만 보고 말한다든지, 또는 허공을 보고 발표하는 경우이다. 이런 발표자는 냉정하다, 변명투이다, 미숙하다, 자신이 없다, 신뢰성이 없다 등의 인상을 청중에게 주게 된다. 반대로 발표자의 청중에 대한 주시율이 높으면 높을수록 성실함, 친근감, 숙련도, 자신감, 신뢰감 등에서 청중은 높은 평가를 하게 된다.

발표자가 청중에게서 눈을 떼면 청중은 한 눈을 팔거나, 그렇다고 한 번에 모든 청중에게 시선을 줄 수는 없다. 따라서 청중 개개인에 시선을 주어 발표에 집중하도록 한다. 그러나 동양문화는 상대방을 빤히 쳐다보는 것을 결례로 친다. 따라서 한 곳에 시선을 너무 오래 주지 말고 시선을 이리저리 옮겨야한다. 시선주기는 다음과 같이 Zigzag법을 활용한다.

- 시선을 이쪽에서 저쪽으로 Zigzag로 옮겨 다니며 한사람과 눈을 맞추어 대화하듯이 말한다.

③ 신체언어(Body Movement)

언어적 커뮤니케이션보다 비언어적 커뮤니케이션의 정보전달 효과가 더 크다고 하였다. 몸짓, 손짓, 표정 등으로 하는 보디랭귀지는 커뮤니케이션에서 언어보다 큰 비중을 차지하므로 적절히 사용하면 매우 큰 전달효과를 볼 수 있다.

보디랭귀지의 종류는 아래와 같이 세 가지로 볼 수 있다. 이 중에서 표상이나 도해표현의 동작은 습관화시켜 잘 활용하는 것이 좋으나 신체적 조작은 대부분 나쁜 습관인 경우가 많으므로 프레젠테이션 중에 그런 동작이 나오지 않도록 고쳐야 한다. 양손을 비비기, 안경테를 빼는 동작, 접이식 지시봉을 뺐다 넣었다 하기, 발을 계속 떠는 행위, 발돋움을 반복하는 행위 등은 발표자가 긴장감을 줄이는 데 도움이 될 수도 있지만 청중에게는 발표자의 정서가 불안정하다는 인상을 줄 수 있다. 또한 불필요한 동작에 청중의 관심을 모으게 되어 청중의 집중력을 방해하게 된다.

- 표상(表象, Emblem) : 엄지손가락을 치켜세우면 최고라는 언어를 대신하는 역할을 한다. 이외에도 강조나 부정하는 언어를 대신하는 역할을 말한다.
- 도해표현 동작(Illustration) : 동그라미, 네모, 꺾은선 그래프의 변화 모양 등 형상을 그림 그리듯 표현하는 동작을 말한다.
- 신체적 조작(Body Manupulation) : 신체 일부를 다른 부분에 접촉시켜 규칙적으로 움직이는 일, 물체를 본래 이외의 목적으로 사용하는 일, 어떤 동작을 의미없이 반복하는 일 등.

발표자는 전달효과를 높이기 위해 보디랭귀지를 자연스럽게 사용해야하지만 한편으로 청중이 주는 보디랭귀지를 볼 줄도 알아야 한다. 청중의 반응은 대개 보디랭귀지로 나타난다. 따라서 발표자는 발표 중에 청중의 반응을 점검하여 발표에 피드백시켜야 한다.

[표 8.12] 보디랭귀지로 보는 청중의 심리 파악(계속)

보디랭귀지		의미
얼굴	얼굴 일부분을 만진다	자기의 허약함을 감추려는 의사표시
	맞장구를 치지 않고 가벼운 미소를 짓는다	완곡한 거부나 상대방이 귀찮다는 표시
	잠시 웃음을 짓다가 곧 웃음을 거둔다	속으로 무언가 계산하고 있는 사람
	갑자기 미소를 중단한다	쓸데없는 행위에 대한 무언의 경고
	특별히 무관심한 표정을 짓는다	상대에게 호의를 갖고 있다는 표시
눈	상대방을 보지 않는다	무언가 숨기려는 마음
	상대를 곁눈질로 쳐다본다	대화 내용에 불만이나 의문을 있음
	상대를 위아래로 훑어본다	상대를 불신하거나 경멸

[표 8.12] 보디랭귀지로 보는 청중의 심리 파악(계속)

보디랭귀지		의미
눈	눈을 크게 뜨고 상대를 바라본다 / 상대를 오래도록 주시한다	상대에 강한 흥미나 관심을 느끼고 있는 상태
입	말을 하면서 손으로 입을 가린다	상대를 경계하면서 본심을 감추려는 행위
	손을 입에 대고 묵묵히 있는다	더 이상 대화하고 싶지 않다
	입술 양끝을 약간 뒤로 당긴다.	상대의 이야기를 경청하고 있다
코	대화 중에 코를 만지작거린다	부탁 따위에 대한 부정적인 의사 표시
	코에 손을 대고 앞으로 숙인다	상대의 말에 불신 표시
	콧날을 잡고 심사숙고하는 동작	상대의 시선을 끌기 위한 제스처
턱	턱을 만지작거린다	불안이나 고독한 기분을 바꾸고 싶은 심리
	대화중 두 손바닥으로 턱을 고인다	누군가에게 위안을 받고 싶은 상태
목	고개를 끄덕인다	찬동표시이나 형식적인 동조일 수도 있다
	고개를 갸웃한다	망설이고 있다, 의문이 있다
머리	머리를 긁적인다	불만이나 난처함 또는 수줍음이나 자기 혐오
	머리를 쓰다듬는다	긴장되어 있거나 머릿속으로 재빨리 생각
	자기의 머리를 툭툭친다	머리를 써서 생각하고 있음을 강조
	세 손가락을 가볍게 머리를 두드린다	당황하거나 난처한 입장에 처해 있다
	음성을 낮추면서 머리를 숙인다	대화를 중단시키고 싶어 하는 상태
손	손가락으로 톡톡 소리를 낸다	상대의 말에 동의할 수 없다
	주변의 물건을 만지작거린다	긴장하고 있다
팔	심장부나 젖가슴 위로 팔짱을 낀다	상대에 대한 거절이나 방어의 표현
	비스듬히 팔짱을 낀다	상대의 말을 비판적으로 듣고 있다
	대화도중 웃으면서 팔짱을 낀다	상대방의 이야기를 경청하고 있다

[표 8.12] 보디랭귀지로 보는 청중의 심리 파악

보디랭귀지		의미
어깨/배	어깨를 움츠린다	불쾌, 당황, 의혹 등 상대에 대한 방어적 심리
	배를 구부려 안쪽으로 감추려고 한다	불안하거나 불만을 품고 있다
다리/발	다리를 꼬고 앉는다	상대를 받아들이지 않겠다는 거부
	눈에 띄지 않을 정도로 다리를 흔든다	마음이 불안하거나 조바심이 나 있는 상태
	발바닥으로 땅을 두드린다	불안하고 초조하며 안달이 난 상태
	꼬고 앉은 다리의 위쪽 발을 흔든다	상대에 대해 긴장을 풀고 있다

8.3.3 시각적 표현

프레젠테이션이 보다 설득력을 가지려면 청중의 시각에 호소할 수 있는 비주얼 정보를 이용하는 것이 좋다. 적절한 표현 도구를 사용하여 10.3.2에서 설명한 발표 기술을 발휘한다면 그 프레젠테이션은 성공을 보장할 수 있다. 전시용 자료의 작성법은 10.2.4에서 이미 소개하였다. 이 전시용 자료를 OHP와 같은 기기를 사용하여 발표하는 것이 비주얼 프레젠테이션이다.

① 비주얼 프레젠테이션의 장점

- 집중도 및 이해도를 높일 수 있다.
- 전달 및 진행이 매우 용이하다.
- 발표자의 긴장감과 부담을 줄여준다.
- 반복 사용할 수 있다.
- 전문가적인 느낌을 준다.
- 언어의 장벽을 뛰어 넘게 한다.
- 시간을 절약해 준다.

② 비주얼 기기의 종류

비주얼 프레젠테이션의 종류로는 OHP나 빔 프로젝터 외에도 환등기, 화이트보드, 영화, 비디오, 오디오, 플립 차트, 패널포스트, 모형이나 유인물 등이 있다. 과거에는 비주얼 기기의 성능이 현재와 비교하여 많이 떨어졌기 때문에 차광막을 치고 조명을 어둡게 하여야만 전시용 자료를 볼 수 있었다. 이런 경우에는 발표자가 시선주기를 할 수 없고 청중의 반응을 알 수 없어 전달효과가 현저히 떨어질 수밖에 없었다. 이제는 기기의 성능이 탁월하여 강력한 광선의 방해만 없다면 실내조명 아래에서도 전시용 자료를 볼 수 있게 되었다. 따라서 프레젠테이션을 시작하면 습관적으로 조명을 낮추어 발표자와 청중 사이에 벽을 만드는 일을 해서는 안 된다.

[표 8.13] 비주얼 프레젠테이션 종류(계속)

종류	장점	단점
빔 프로젝터 Beam Projector	편리함 전달효과 뛰어남 애니메이션 가능 반복사용 가능 청중의 수에 제한이 없음 내용 수정 및 첨가 간편 다양한 발표기술 구사 가능	기기사용법 학습 고가임 전용강의실(스크린 · PC · 차광막) 필요
두상 투영기 Overhead Projector	편리함 대부분 보유 비용부담 적음 사용법이 간편함 다양한 발표기술 구사 가능 반복사용 가능	화면의 크기가 제한적 동영상과 음향 전달 불가 전용강의실(스크린 · 차광막) 필요 정적 표현
환등기 Lantern Projector	해상도 우수 반복 사용 가능 편리함	슬라이드 작성 고가 슬라이드 작성 장시간 소요 전용강의실(스크린 · 차광막) 필요 정적 표현 내용 수정 및 첨가 불가

[표 8.13] 비주얼 프레젠테이션 종류

종류	장점	단점
영화 /Video/Audio	편리함 전달효과 뛰어남 애니메이션 가능 반복 사용 가능 청중의 수에 제한 없음	자료작성 장시간 소요 자료작성 고가 전용강의실(스크린 · 차광막) 필요 내용 수정 및 첨가 불가
화이트보드/ 칠판	저렴 청중의 참가 가능 즉시 내용 수정 및 첨가 이동성 낮음 즉흥적 표현 가능	반복 사용 불가 반듯한 글씨 요구 그래픽 표현이 제한적 소수의 청중으로 한정
플립 차트 Flip Chart	저렴 옥외 사용 가능 반복 사용 가능 이동성 좋음	괘도 작성 장시간 소요 소수의 청중으로 한정 반듯한 글씨 요구 내용 수정 및 첨가 불가 정적 표현
유인물	저렴 상세한 표현 가능 청중의 수에 제한 없음 이동성 좋음	전달 정보량이 소량 내용 수정 및 첨가 불가 정적 표현 다양한 발표기술 구사 불가
모형/실물	발표의 신뢰성 향상 실연 가능 옥외 사용 가능 반복 사용 가능	물건에 따라 취급 불편 소모 · 파손 · 분실 위험

(1) 슬라이드 쇼

비주얼 기기의 발달로 요즈음은 OHP나 빔 프로젝터를 사용하는 것이 일반적이다. OHP나 빔 프로젝터는 슬라이드를 다양한 방법으로 표현할 수 있어 전달효과를 높일 수 있는 장점이 있다. OHP를 이용한 슬라이드 쇼는 발표자가 직접 수작업으로 진행해야 하므로 발표자가 많은 연습을 통하여 익숙해져야 한다. 그러나 빔 프로젝터를 이용하는 슬라이드 쇼는 소프트웨어로 조작하므로 마우스를 클릭하는 것으로 가능하다. 또한 동영상이나 음향과 같은 멀티미디어를 포함시킬 수 있으므로 전달효과가 매우 크다. 그러나 소프트웨어로 슬라이드 파일을 만드는 기술이 필요하다.

① Touch-Turn-Talk가 기본

슬라이드 이용 원칙은 전시용 자료의 항목을 가리키고 청중을 향해 돌아선 뒤 설명을 한다.

청중과 마주서야만 시선주기 등의 발표기술을 발휘할 수 있다.

② 슬라이드 필름에 직접 기입

간단한 사항은 슬라이드에 직접 기입하면 전달효과를 높일 수 있다.

기본이 되는 사항을 표시한 모 슬라이드(Mother Slide) 위에 공 슬라이드를 겹친 후 변화 모습을 직접 기입하여 묘사한다.

③ 가리기(Masking)

슬라이드에 3가지 항목이 표시되어 있다면 발표자가 첫 번째를 설명하면 청중은 이미 둘째, 셋째 항목까지 보고 난 뒤가 된다. 모든 정보를 획득했다고 생각하는 청중은 발표자에 더 이상 관심을 두지 않는다.

가려두면 무엇이 들어있나 알고 싶은 호기심을 유발한다.

④ 겹치기(Overlay)

여러 장의 슬라이드를 겹쳐서 보여주는 것으로 사물을 비교할 때 유용하다.

⑤ Switch Off

OHP에 바르게 슬라이드를 올려놓은 후 스위치를 켠다. 설명이 끝나면 스위치를 끈다.

강한 광선과 화려한 전시용 자료는 발표자보다 더 청중의 시선을 끈다. 역할을 마친 슬라이드는 스위치를 끄고 청중의 시야에서 사라지게 한다.

8.4 프레젠테이션에서 유용한 기술

8.4.1 자신감과 열정 개발을 위한 방법

내성적인 성격으로 대인관계나 커뮤니케이션에 자신감이나 열정이 부족하다면 전문적인 훈련이 필요할 수 도 있다. 많은 훈련기관이 NLP원리를 이용한 훈련방법을 쓰고 있다.

뇌의 신경사고를 바꾸는 신경언어의 프로그래밍 원리를 NLP(Neuro Linguistic Programming : 신경언어 프로그래밍)라고 한다. 원래 신경언어 프로그래밍 이론은 미국의 John Grinder와 Richard Bandler라는 두 박사에 의하여 개발된 것으로 인간의 뇌신경 원리를 이용한 것이다. 이 원리는 바로 인간의 능력을 획기적으로 변화시킬 수 있는 변화와 성취 원리를 바탕에 둔 것으로 현재 미국, 유럽, 일본 등 선진국에서 산업, 경영, 교육뿐민 아니라 상담과 심리지료 등 많은 부분에서 활용되고 있다.

① NLP원리의 핵심요소

Max Landsberg는 평범한 사람도 비범한 성취를 이루는 동기부여 방법을 소개한 **엑스칼리버 프로젝트**에서 NLP원리의 실천을 위한 핵심요소를 다음과 같이 들고 있다.

자신이 설정한 목표가 무엇이든 실제로 이룰 수 있다.

목표를 향해 전진하기 위해 실제 목표를 풍부한 이미지를 도출하고, 과거에 유용했던 방법에 따라 목표에 도달하는 방식을 의식적으로 모방해야 한다.

항상 주변 환경 변화에 대응하면서 정보를 피드백시켜 목표와 관련된 정신 모델을 수정한다.

자신의 모든 감각을 동원한다.

② 작동원리

의식 → 무의식 → 전의식 → 잠재의식

무의식은 일반적으로 각성(覺醒)되지 않은 심적 상태, 즉 자신의 행위에 대하여 자각이 없는 상태.

억압당하고 있는 무의식의 내용이 다소라도 기억이나 의식에 나타나는 경우가 있다. 이것을 무의식과 구별하여 **전의식**이라고 부른다.

잠재의식은 의식이 접근할 수 없는 정신의 영역, 또는 우리들에게 자각되지 않은 채 활동하고 있는 정신세계

③ Success Training Program

이 트레이닝 프로그램은 MDT(연기식 기법의 훈련, Mono Drama Training)나 EET(감정표현 훈련, Emotional Expressional Training)기법 등 연기나 감정표현 연출 기법에 바탕을 둔 독특한 트레이닝 프로그램으로 크게 4가지 원리, 즉 변화와 성공을 위한 7가지 성공원칙, NLP, 커뮤니케이션(Communication), 트레이닝(MDT/EET와 Action)을 바탕으로 만들어졌다.

④ MDT/EET

MDT(연기식 기법의 훈련, Mono Drama Training)나 EET(감정표현 훈련, Emotional Expressional Training)기법은 기존의 점잖은 스타일의 화술훈련에서 벗어나 배우가 무대에서 연기를 하듯 감정과 동작을 표출하면서 화술이나 커뮤니케이션 훈련을 하는 방법으로 훈련 효과가 크다.

8.4.2 프레젠테이션 이미지

발표장에서 사회자로부터 소개를 받고 프레젠테이션을 진행하고 끝낼 때까지 전 과정을 이미지화하여 각인시켜두면 항상 자연스럽고 여유롭게 프레젠테이션을 진행할 수 있다.

[표 8.14] 일반적인 프레젠테이션 진행 과정

구분	행위	대처 기술
소개	발표장의 정해진 위치에 앉는다	부드러운 미소와 자연스런 자세로 앉는다
	사회자가 발표자를 호명한다	속히 일어나고 의자는 원위치 한다
	연단까지 걸어간다	앞을 보면서 당당히 걸어간다
	메모를 탁자 위에 둔다	메모나 원고를 탁자 위에 놓는다
	첫 시트를 OHP에 올린다	똑바로 놓되 스위치는 켜지 않는다
도입부	사회자에게 예를 표한다	사회자에게 가볍게 목례하고 소개에 대한 감사 표시
	청중에게 인사한다	두 손은 탁자에 가볍게 대고 천천히 청중을 둘러보면서 인사한다
	자기소개를 한다	이름은 천천히 분명하게 발음한다
	환영을 표시한다	미소와 보디랭귀지로 청중의 참석에 환영을 표한다
	배경을 설명한다	발표를 하게 된 배경이나 필요성, 발표자의 전문성을 설명한다
	결론을 말한다	결론부터 강조하여 말한다
	발표순서를 제시한다	제스처와 함께 발표순서(3부 구성의 제목)에 대해 설명하여 청중에게 진행 방향을 알려준다
본론부	본론부의 1부를 설명한다	시선주기, 보디랭귀지 등 적절한 기술을 구사한다
	본론부의 2부를 설명한다	시선주기, 보디랭귀지 등 적절한 기술을 구사한다
	발표순서를 제시한다	진행 방향을 잊고 헤매는 청중이 있을 수 있으므로 다시 한번 제시한다
	본론부의 3부를 설명한다	시선주기, 보디랭귀지 등 적절한 기술을 구사한다
결론부	내용을 요약하여 말한다	지금까지의 내용을 요약하여 정리해 준다
	결론을 말한다	본론부와 인과관계를 살려 결론을 강조한다
	질의응답시간을 준다	
	마무리 인사를 한다	천천히 청중을 둘러 보면서 마지막 인사를 한다
	자리로 돌아간다	사회자에게 시선주기를 하고 지리로 돌아간다

8.4.3 청중에게 첫인상 주기

옷차림은 진행하는 프레젠테이션에 어울리도록 입어야 한다. 3P분석을 통한 청중의 성향을 판단하여 그들의 시선에 방해되지 않을 정도의 깔끔한 옷차림이 좋다. 정장이 요구되는 프레젠테이션일 경우는 상하의 색깔을 동일하게 입는 것이 좋다. 경우에 따라서 특정 회사의 제품에 대한 소개 프레젠테이션일 경우는 그 회사의 제복 또는 그 제품과 연관성이 있는 복장을 하고 프레젠테이션을 하는 것도 효과적인 프레젠테이션이 될 수 있다.

발표장에 30분 정도 일찍 도착하여 표현도구들이 정상적으로 작동하는지 확인한 후 청중과 이야기를 나눈다. 신변잡담이나 날씨 등 가벼운 화제로 자연스럽게 청중에게 다가가는 것이다. 이렇게 함으로써 발표자는 긴장감을 해소할 수 있고, 청중의 관심을 높일 수 있다.

사회자의 소개를 받기 전에 잠시 의자에 앉아있을 때는 부드러운 미소와 함께 자연스런 자세로 앉아 기다린다. 사회자가 발표자를 소개하면 청중의 시선을 한 몸에 받게 된다. 이때 고개를 숙이고 있으면, 수줍음이나 자신이 없는 인상을 준다. 만약 눈을 감고 있으면, 비장감을 주어 청중이 부담스러워 한다.

호명을 하면 속히 일어나고 앉았던 의자가 제멋대로 놓여 있다면 조용히 원위치 시킨다. 연단으로 걸어 나갈 때는 상체는 똑바로 세우고 얼굴은 정면을 향한 채 패기 있는 모습의 걸음걸이를 보여주는 것이 대단히 중요하다. 당당하고 자신감에 찬 모습의 걸음걸이를 보여 줌으로써 청중에게 기대감을 갖게 하고 좋은 이미지를 심어주는 것이다. 얼굴을 숙이거나 힘이 없는 걸음걸이는 청중에게 '나는 자신감과 열정이 없다.'라고 미리 이야기하는 것과 같다. 경쾌하면서도 약간 빠르게 걷는 것이 좋다.

상대방에게 호감을 주는 환한 미소와 함께 밝고 명랑한 목소리, 그리고 절도 있고 품위 있는 인사는 자신의 첫 이미지에 대단히 중요한 역할을 한다. 청중의 기억에 남을 자기소개법을 개발하여 활용함으로써 강한 인상을 준다. 간단하면서도(Simple), 뭔가 지적이고(Smart), 깔끔한 이미지(Clean Image)를 주는 자기소개법을 몇 가지 개발해두고 프레젠테이션 환경에 따라 적당한 것을 사용한다. 보통 자기소개에 대한 시간은 상황에 따라 다르나 대개 공식석상에는 약 30초~1분 정도가 적당하다. '안녕하십니까? 홍길동입니다.'라고 끝내지 말고 자기의 직업이나 소속, 취미, 출신, 가족 사항 등 자기신변에 관련된 사항을 이야기함으로써 단조로움을 피할 수 있을 뿐만 아니라 발표자의 구체적인 소개에 대해 청중은 한결 친근감을 받는다.

청중 앞에 나가서는 약간 여유를 갖고 참석한 청중을 전체적으로 한번 훑어보는 것이 좋다. 이러한 여유 있는 태도는 청중에게도 침착함과 자신감이 있는 사람이라는 이미지를 줄 수 있기 때문이다. 그런 다음 청중을 보면서 바른 자세를 갖추어 약 45도의 각도로 정중하고도 천천히 인사를 한다. 항상 청중 앞에 나서면서 인사를 할 때는 나도 하나의 상품이다. '절대 싸구려로 보이지 말자!' 라고 마음으로 생각한다. 인사가 경박스럽다든가 또는 싸구려로 보이면 진행하는 발표 내용도 같이 저급하게 보인다.

8.4.4 프레젠테이션의 화술

예화, 비유, 사건 등을 적절히 섞어 이야기하면 추상적인 개념이 구체화되고 청중은 이해도가 높아지고 기억하기도 쉽게 된다. 말의 서두에 먼저 자기가 하고자 하는 주제에 맞는 예화나 실제로 일어나 사건을 이야기의 소재로 삼는다. 발표자가 실제 경험한 경험담이나 주위에서 일어나 실화 등을 바탕으로 한 생동감 있는 화제가 가장 좋다. 그러나 이 예화나 사건은 반드시 발표 내용과 연관 또는 암시가 담겨진 이야기라야 한다.

프레젠테이션의 주제나 강조점을 나타내는 키워드를 자주 반복하여 사용한다. 예를 들면, 제품설명회에서 제품의 안전성을 부각시키려면 '안전한 제품'이란 키워드를 자주 사용하는 것이다.

청중이 얻게 될 편익을 앞세워서 말한다. 예를 들면, '이 제품은 안전성이 뛰어나다.'라는 표현보다 '이 제품을 사용하면 이런 일을 안전하게 할 수 있다.'라고 청중의 편익을 피력한다. 즉, 프레젠테이션이 청중에게 어떤 이점이나 이익을 내포하고 있는가에 초점을 맞추어 이야기 하는 것이다.

조크나 여담을 적절히 사용한다. 인간이 집중할 수 있는 시간에는 한계가 있다. 훌륭한 발표자가 하는 잘 구조화된 프레젠테이션이라도 청중의 집중도는 시간이 지나면 떨어지게 마련이다. 청중의 집중력의 한계는 보통 20분 정도로 본다. 따라서 발표자는 15분 정도 발표한 후 청중의 분위기에 따라 조크나 유머를 적절히 사용할 수 있는 기술을 익혀두어야 한다. 소재를 발굴해서 평소에 써보아야 한다. 발표자나 주변 사람의 생활에서 나온 이야기는 친근감이 있고, 책에서 읽은 이야기는 신뢰감을 높일 수 있다. 프레젠테이션을 잘 설명해 줄 수 있는 것이면 더 좋다. 가끔 쇼맨쉽을 발휘하는 것도 청중의 집중력 향상에 도움이 된다. 그러나 유머나 쇼맨쉽의 사용을 남발하면 전달이나 설득의 효과가 떨어지므로 주의해야 한다. 필자가 다녔던 대학의 한 교수는 쇼맨쉽이 특별나서 그 교수의 강의는 한 편의 코미디를 보는 것 같았다. 그래서 그 과목은 항상 만원이었고 그 강의를 들었던 학생들은 친구들에게 그 코미디를 신나게 재연하고 모두들 떠들썩하게 웃곤 했던 경험이 있다. 그런데 문제는 그 강의를 신나게 웃으면서 듣고 나서 무엇을 배웠는지 모른다는 것이다.

8.4.5 청중의 반응에 대한 대처

발표자가 발표내용을 잘 전달하는 것도 중요하지만, 청중도 발표자에게 전달하려는 메시지가 있다는 것을 알아야한다. 비록 무언의 메시지이지만 프레젠테이션에 대한 반응 메시지라는 점에서 매우 중요하다. 따라서 청중이 전달하는 메시지를 정확히 읽고 적절히 대처할 수 있어야 한다.

① 흥미가 없다든가 지루하다는 부정적 메시지에 대한 대처법

- 유머, 여담, 쇼맨쉽 등 분위기를 바꾸는 기술 사용
- 네 , 좋습니다. 그러면 이 부분은 어느 정도 이해된 것으로 알고 다음 주제로 넘어가도록 하겠습니다.
- 이 부분에 대해서는 별 흥미나 관심이 없으신 것 같으니 그러면 다음 장으로 넘어가도록 하겠습니다.
- 박수치기나 기지개 켜기 등으로 기분 전환: 몇 시간째 교육만 받으니까 지루하고 따분하시지요. 그러면 기분전환 겸 워밍업(Warming Up)을 한번 합시다!

② 졸고 있거나 또는 관심이 없는 표정을 하는 청중이 있을 때

- 그 청중에게 의도적으로 질문을 던진다.
- 진행을 하면서 자연스럽게 그 청중에게로 다가선다. 발표자가 가까이 오는 것

만으로도 청중은 긴장하게 된다.

③ 청중이 의아해 하거나 또는 의문을 가질 때

- 질문을 유도 : 혹시 궁금하신 분이 계시면 질문을 주시기 바랍니다.
- 이 부분에 의문이 있으시지요? 여기서 의문을 가지는 분들이 많습니다.

④ 고자세의 청중이 있는 경우

- 프레젠테이션 중에도 발표자는 시선을 그 사람에게 더 많이 준다.
- 상황에 따라 발표자는 의도적으로 그 사람에게 질문을 하여 주목을 집중시킨다.

참고 문헌

1. 강기영, 누구나 쉽게 할 수 있는 문서서식 300+, 더난출판, 서울, 2001.
2. 김영실 외 2인, 지식경영의 실천, 삼성경제연구소, 서울, 1999.
3. 노나카 이쿠지로, 곤노 노보루, 지식경영, 21세기북스, 서울, 2001.
4. 니시무라 아키라 저, 권성훈 역, CEO의 다이어리엔 뭔가 비밀이 있다, 디자인하우스, 서울, 2003.
5. 다가니시 도모히도, 지식경영, 크라운출판사, 서울, 2002.
6. 무한경제연구소, 문서서식작성의 모든 것, 청림출판, 서울, 2002.
7. 반다 노스 저, 김재영 역, 비즈니스 마인드맵, 사계절출판사, 서울, 1999.
8. 배원병 외 3인, 글쓰기와 발표하기, (주)북스힐, 서울, 2003.
9. 사카토 켄지 저, 고은진 역, 메모의 기술, 해바라기, 서울, 2004.
10. 야하타 히로시 저, 나상억 역, 프리젠테이션 박사, 21세기북스, 서울, 1996.
11. 야하타 히로시 저, 나상억 역, 프리젠테이션 박사, 최신개정판, 21세기북스, 서울, 2004.
12. 이순철, 정보화 시대의 신경영, 도서출판 청양, 서울, 1996.
13. 이순철, 사례로 본 지식경영 방법론, 삼성경제연구소, 서울, 1999.
14. 이철근, 사무문서관리, 갑진출판사, 서울, 1995.
15. 이토 아키라, 나이토 요시히토 공저, 이선희 역, 이제는 절대로 심리전에서 밀리지 않는다, 바다출판사, 서울, 2001.
16. 장용진, 프리젠테이션 모든 것, 청림출판, 서울, 2002.
17. 제니퍼 로톤도, 마이크 로톤도 공저, 고광모 역, 프레젠테이션의 기술, 지식공작소, 서울, 2004.
18. 최효찬, 메모의 기술 II, 해바라기, 서울, 2004.

글쓰기와 발표하기

2009년 2월 15일 초판 인쇄
2013년 8월 30일 3 쇄 발행

저　　자　김진욱
발 행 인　송기수
발 행 처　도서출판 GS 인터비전
편 집 처　도서출판 GS 인터비전
인 쇄 처　대일문예사
등록번호　제 313-2011-120호
I S B N　978-89-93668-00-0 (92550)

주　소　서울시 마포구 신수동 448-6
전　화　02-976-7898 02-3272-7898, 070-7720-7898
팩　스　02-6468-7898
E-mail　gsinter7@gmail.com
홈페이지　gsintervision.co.kr

정　가　**14,000원**